潮州文化丛书·第一辑

《潮州文化丛书》编纂委员会 编

曾楚楠 编著

韩愈在潮州 （增订本）

SPM
南方传媒

广东人民出版社

·广州·

图书在版编目（CIP）数据

韩愈在潮州 / 曾楚楠编著. —增订本. —广州：广东人民出版社，2021.7（2023.6重印）
（潮州文化丛书·第一辑）
ISBN 978-7-218-14801-4

Ⅰ. ①韩… Ⅱ. ①曾… Ⅲ. ①韩愈（768-824）—生平事迹 Ⅳ. ①K825.6

中国版本图书馆CIP数据核字（2020）第257661号

封面题字：汪德龙

HAN YU ZAI CHAOZHOU（ZENGDINGBEN）
韩愈在潮州（增订本）

曾楚楠 编著

出 版 人：肖风华

出版统筹：卢雪华
责任编辑：伍茗欣
封面设计：书窗设计工作室
版式设计：友间文化
责任技编：吴彦斌 周星奎

出版发行：广东人民出版社
地　　址：广州市越秀区大沙头四马路10号（邮政编码：510199）
电　　话：（020）85716809（总编室）
传　　真：（020）83289585
网　　址：http://www.gdpph.com
印　　刷：广州市人杰彩印厂
开　　本：787mm×1092mm　1/16
印　　张：21.75　字　数：180千
版　　次：2021年7月第1版
印　　次：2023年6月第2次印刷
定　　价：108.00元

如发现印装质量问题，影响阅读，请与出版社（020-85716849）联系调换。
售书热线：020-85716833

总序

坚定文化自信
打造沿海经济带上的特色精品城市

◎ 李雅林

　　文化是民族的血脉，是人民的精神家园。2020年10月12日，习近平总书记视察潮州，指出："潮州是一座有着悠久历史的文化名城，潮州文化是岭南文化的重要组成部分，是中华文化的重要支脉。"千百年来，这座古城一直是历代郡、州、路、府治所，是古代海上丝绸之路的重要节点，是世界潮人根祖地和精神家园。它文化底蕴深厚，历史遗存众多，民间艺术灿烂多姿，古城风貌保留完整，虽历经岁月变迁王朝更迭，至今仍浓缩凝聚历朝文脉而未绝，特别是以潮州府城为中心的众多文化印记，诉说着潮州悠久的历史文化，刻录下潮州的发展变迁，彰显了潮州的文明进步。

　　灿烂的岁月，簇拥着古城潮州进入一个新的历史发展时期。改革大潮使历史的航船驶向一个更加辉煌的世纪。习近平总书记强调，文化自信是更基础、更广泛、更深厚的自信，是更基本、更深沉、更持久的力量。坚定中国特色社会主义道路自信、理论自信、制度自信，说到底是要坚定文化自信。党的十九大向全党全国人民发出了"坚定文化自信，推动社会主义文化繁荣兴盛"的伟大号召，开启了新时代中国走向社会主义文化强国的新征程。潮州市委、市政府认真按照省委"1+1+9"工作部署和关于"打造沿海经济带上的特色精品城市"的发展定位，趁势而为，坚持走"特、精、融"发展之路，突出潮州的优势和特点，把文化建设放在经济社会发展的重要位置，加强文化建设规划，加大文化事业投入，激活潮州文化传承创新"一池春水"，增强潮州城市文化软实力和综合竞争力，推动潮州文化大繁荣大发展，为经济社会发展提供坚实的文化支撑。

历史沉淀了文化，文化丰富了历史。为进一步擦亮"国家历史文化名城"这张城市名片，打造潮州民间工艺的"硅谷"和粤东文化高地，以"潮州文化"IP引领高品质生活新潮流，在全省乃至全国范围内形成一道独特而亮丽的潮州文化风景线，2019年，潮州市印发了《关于进一步推动潮州文化繁荣发展的意见》。2020年开始，中共潮州市委宣传部启动编撰《潮州文化丛书》这一大型文化工程，对潮州文化进行一次全方位的梳理和归集，旨在以推出系列丛书的方式来记录潮州重要的历史人物事件和优秀民间文化，让潮州沉甸甸的历史文化得到更好的传承和弘扬。这不仅为宣传弘扬潮州文化提供了很好的载体，也是贯彻落实习近平新时代中国特色社会主义思想和党的十九大精神的一个有力践行，是全面开展文化创造活动、推动潮州地域文化建设与发展的一件大事和喜事。

文化定义着城市的未来。编撰《潮州文化丛书》是一项长期的文化工程，对促进潮州经济、社会、政治、文化建设具有积极的现实意义和深远的历史意义。作为一部集思想性、科学性、资料性、可读性为一体的"百科全书"，内容涵括潮州工艺美术、潮商文化、宗教信仰、饮食文化、经济金融、赏玩器具、民俗文化、文学风采和名胜风光等等，可谓荟萃众美，雅俗共赏。这套丛书的出版，既是潮州作为历史文化名城的生动缩影，又是潮州对外展现城市形象最直观的窗口。

　　"千古文化留遗韵，延续才情展新风"。《潮州文化丛书》的编撰出版，是对潮州文化的系统总结和传统文化的大展示大检阅，是对潮州文化研究和传统文化教育的重要探索和贡献。习近平总书记对潮州文化在岭南文化和中华文化体系中的地位给予的高度肯定，更加坚定了我们的文化自信，为进一步推动潮州文化事业高质量发展提供了根本遵循。希望全市宣传文化部门能以《潮州文化丛书》的编撰出版为契机，牢记习近平总书记的谆谆教导和殷切期望，乘势而上，起而行之，进一步落实市委"1+5+2"工作部署，积极融入"粤港澳大湾区"建设，围绕"一核一带一区"区域发展格局，推动文化"走出去"，画好"硬内核、强输出"的文化辐射圈，使这丰富的文化资源成为巨大的流量入口。希望本丛书能引发全社会对文化潮州的了解和认同，以此充分发掘潮州优秀传统文化的历史意义和现实价值，推动优秀传统文化创造性转化和创新性发展，创造出符合时代特征的新的文化产品，推出一批知名文化团体和创意人才，形成一批文化产业龙头企业，打造一批展现文化自信和文化魅力的文化品牌，开创文学大盛、文化大兴、文明大同的新局面，为把潮州打造成为沿海经济带上的特色精品城市、把潮州建设得更加美丽提供坚实的思想保障。

目录

2

目 录

目 录

目 录

目 录

目录

目 录

一、韩愈简介

韩愈（768—824），字退之，河阳（今河南省孟州市）人，唐代杰出的文学家。

韩愈出生在一个有着浓厚的儒家正统思想和文学氛围的小官吏家庭中。少年时即发愤苦读，打下深厚的文化基础，立下积极用世的志向。唐德宗贞元二年（786），18岁的韩愈离家到京城长安参加进士科考试，但连续三次落第。一直到贞元八年（792）24岁时才中了进士。接着在吏部主持的"博学宏词"科考试（即授官考试）中又三次碰壁。贞元十二年（796），韩愈28岁时开始入仕，先后在徐州节度使董晋、宣武节度使张建封幕下任推官，后在国子监任四门博士。贞元十九年（803）升任监察御史，因向唐德宗进《御史台上论天旱人饥状》，反对官吏横征暴敛，请求朝廷宽免徭赋而得罪权贵，被贬为阳山县令（今广东省阳山县）。唐宪宗元和元年（806）获赦，被召回朝廷，任国子博士。其后几次升迁，任过河南县令、兵部职方员外郎、比部郎中、史馆修撰，后任考功郎中、知制诰，进中书舍人，改太子右庶子。元和十二年（817），韩愈随宰相裴度在平定吴元济之役中有功，升任刑部侍郎。

元和十四年（819），因上《论佛骨表》，反对唐宪宗佞佛，被贬为潮州刺史，不久改知袁州（今江西省宜春市）。元和十五年（820），被召回长安任国子祭酒，转御史大夫、京兆尹，后又转兵部侍郎、吏部侍郎。唐穆宗长庆四年（824），卒于长安。死后赠礼部尚书，谥号为"文"，故后世称其为韩文公。又称韩吏部、韩昌黎、昌黎先生。

韩愈一生高揭儒家旗帜，并以儒家"道统"继承者自居。他反对藩镇割据，维护国家统一；提倡"仁政"，反对暴虐；"抵排异端，攘斥佛老"。希望通过恢复儒家"道统"以维护和复兴唐王朝的统治秩序。他所宣扬的儒道，虽然理论上新意不多，但是锋芒所指，始终针对中唐时期最尖锐的社会现实，即藩镇割据和佛道二教泛滥等问题，客观上适应了当时中兴统一的历史要求，因而具有一定的积极作用和意义。

韩愈最主要的成就在于倡导古文运动。他提出"文以载道""不平则鸣""唯陈言之务去"等一系列理论，并以自己杰出的创作实践，一扫六朝以来靡丽的文风，开创了中国文学史上一个辉煌灿烂的时代，并对后世产生了巨大的、深远的影响。因此，宋代大文学家苏轼赞美他"文起八代之衰，而道济天下之溺"（《潮州韩文公庙碑》）。在中国思想史上，特别是文学史上，韩愈确实是一位有着重要地位和重大影响的承前启后的杰出人物。

韩愈被贬到潮州后，曾切实为老百姓办了不少的好事。在短短七八个月里，他恶溪驱鳄、兴学育才、释放奴婢、关心农桑……所有这些，都被历代官吏视为施行"德政"的楷模，并为民众所缅怀传颂，以至于"江山易姓为韩"。今粤东地区尚流传、保存着很多有关韩愈的传说和文物胜迹。

二、韩愈与潮州文化

清康熙二十三年（1684），两广总督吴兴祚参谒潮州韩文公祠后，题诗勒石，其后半谓："文章随代起，烟瘴几时开。不有韩夫子，人心尚草莱。"在这位吴制台心目中，若非韩愈被贬来潮，潮州民众将无法摆脱蒙昧状态。这当然是高度夸张、近乎神化的诗歌语言。但毋庸置疑的是，在潮州文化发展史上，韩愈确实有过独特的、不可低估的贡献。对此，大量的文献、碑刻实物，皆言之凿凿。而"江山易姓为韩"的事实，更是韩愈在潮人中享有崇高威望的最好证明。

韩愈对潮州文化究竟有过什么贡献，产生过什么影响？我们该如何去评价？要作出比较恰当的评价，首先必须对唐代潮州的概貌和韩愈的作为有所了解和分析。

（一）唐代的潮州

按通常的说法，唐代的潮州是荒凉偏僻的"蛮烟瘴地"，是惩罚罪臣的流放场所。不少名公巨卿如常衮、韩愈、李德裕、杨嗣复、李宗闵等都曾远贬潮州。韩愈的诗文中曾对潮州作过这样的描述："飓风鳄鱼，患祸不测；州南近界，涨海连天；毒雾瘴氛，日夕发作"（《潮州刺史谢上表》），"恶溪瘴毒聚，雷电常汹汹。鳄鱼大于船，牙眼怖杀侬。州南数十里，有海无天地。飓风有时作，掀簸真差事"（《泷吏》）。因此，"潮州——唐代荒凉的流放地"这一概念，可谓蒂固根深，几成不刊之论。

这样的结论，与当时的实际情况应该说有不小的差距。

首先，古代地方官员升迁、贬谪的标准，除职务高低外，很重要的一条就是看未来的任职处所与作为政治、经济、文化中心的都城之间的地域距离。也就是说，罪越大，贬得就越远，而贬地的具体境况倒是次要的因素。唐代的潮州距离长安近8000里（1里=500米，下同），它成为安置罪臣的地方主要是地理位置使然，不能以此而视之为"未开化地区"。比方说，袁州和潮州同属"下州"，都辖有三县，但因为它离京师只有3580里，所以韩愈后来量移袁州，意味着他已经一定程度上得到了皇帝的宽宥。①

韩愈是因为谏迎佛骨而被远贬潮州的。在皇帝带头佞佛，满朝文武无人敢言是非得失的情况下，韩愈慷慨陈词，敢于批揭"龙鳞"，这自然是他的过人之处。然而，耿直忠谏所得到的竟是远贬边州的下场，这亦是他本人极大的不幸。封建时代，臣子对皇帝，几乎无独立意志可言。所以，韩愈尽管被"龙"啃了一口，几乎丧生，也只能悄悄地舔干伤口，低声下气地向"龙飞天子"求饶乞罪。而作为"认罪书"式的《潮州刺史谢上表》，自然就充斥着哀求的语气，难免把贬所说得十分荒凉可怖，以期皇帝能动恻隐之心，早日予以宽赦。所以说，《潮州刺史谢上表》中对潮州的描写，只能说是带有韩愈个人浓烈感情色彩、高度夸张渲染的文学语言，而不能无分析地当作潮州历史的实录资料。

当然，由于资料匮缺，我们至今还很难对唐代的潮州作出明确、完整的描述。但是，如果把散见的文物、文献资料罗列一下，还是可以从中看出一些端倪来。

潮州地处亚热带，土地肥沃，雨量充沛，自然条件相当优越，因此，"稻得再熟，蚕亦五收"②，农业生产已呈现繁荣景象。

可与潮州农业生产相媲美的是当地的手工业。据新中国成立后的调查及发掘资料初步统计，唐代全国瓷窑作坊共50多处，分布在现在

---

① （后晋）刘昫：《旧唐书·玄宗纪》："大赦天下，左降官量移近处。"
② 《永乐大典》卷5345。

的13个省、区内，其中就包括了广东的潮州窑。①在窑址中还发现了圆筒形的平底匣钵。这种装烧用具是唐代中期陶瓷业一项重大工艺改革措施，它的发现说明唐代潮州的陶瓷业工艺水平，与中原地区相比差距并不大。

唐代刘恂的《岭表录异》记录了他所见闻的很多岭南物产，其中潮州枹木屐，做工精致，施以油漆彩绘，美观又实用，是广州驿舍必备的迎宾用品，堪称唐代潮州手工艺品之佼佼者。

建筑水平是一个地区人文概貌的重要标志。相传早在晋代，潮属境内的潮阳县西即建有西岩寺。明确见诸文献、目前仍有实物遗存的寺院，则有建于开元二十六年（738）的潮州开元寺和建于贞元七年（791）的潮阳灵山寺。相传前者占地100亩（1亩≈666.67平方米），是一个宫殿式的建筑群。"凡五百楹，为一郡之表。"②仅此一斑，可见唐代潮州建筑的规模和水平。

潮州南濒大海，境内有绵长的海岸线，有优裕的水产资源，因此潮州先民很早便从事渔盐业生产和航海活动，并积累了丰富的经验。潮州的甲香、水马等是唐代法定的贡品。《元和郡县图志》称，潮州海阳县"盐亭驿，近海。百姓煮海水为盐，远近取给"。尤其值得一提的是，早在隋炀帝大业六年（610），武贲郎将陈稜与朝请大夫张镇周奉诏率东阳兵万余人击琉球国时，其舰队出海地点即在义安郡（隋代的潮州曾称义安郡）。③这充分说明了潮州的海上交通在隋代已具有比较雄厚的基础。

唐代全国户数的变动很大。大体来说，唐代人口数在开元、天宝年间达到高峰，安史之乱后则急剧下降。但潮州因不在战乱中心区，

① 卢建国：《论唐代制瓷业的大发展》，《文博》1985年第2期。
② 释慧原：《潮州开元寺志》，引宋康定元年（1040）《开元寺记》。
③ 参见《隋书·陈稜传》及《资治通鉴》。

户数反而略有增加。开元时9337户①，至元和十四年（819），"此州户万有余"②。户数的相对稳定反映了社会的稳步发展。

此外，在文化教育方面，潮州隽彦赵德登大历十三年（778）进士；翌年宰相常衮贬潮，积极"兴学教士"。这些都是韩愈贬潮州前40多年的旧事，可见潮州的文教事业在唐代已有了相当的根基。

综上所述，我们可以这样认为，唐代的潮州虽远隔京畿，僻处边陲，但由于本身具有较优越的自然条件，加上自秦汉两晋以来，衣冠望族、戍卒征夫的不断南迁、渗透，加速了中原文化与地方文化的交流融合，因此到了隋唐时代，潮州和江南其他州郡一样，已逐步进入了文化发展的上升期，它与先进地区的差距正在缩小，并非如有些人所描述的那样恐怖、荒凉。

然而，潮州毕竟是一个开发较晚的边远地区。不论是经济基础还是风气民俗，依然存在不少落后的地方。这里仅举两例予以说明：

一是岭南习俗多崇鬼神，以致"有病不求药"。有人患病，先杀鸡、鹅等祀神，请神降福；不愈，再杀猪、狗；又不愈，便以太牢（牛、羊、猪）祈祷；再不痊愈，就认定命该如此，再不祈神，更不延医。人死后，则于堂上鸣钟击鼓，直到殡葬完毕。其民风如此。③这种"祷神不服药"的习俗，一直持续到宋初。④二是由于"山高皇帝远"，潮州法制很不健全，人口贩卖成风。唐律已明确规定不准"没良为奴"，但当地依然把良人男女看成与犀象、杂物相似的货物。正如韩愈所说的："岭南以口为货，其荒阻处，父子相缚为奴。"⑤

---

① （唐）李吉甫：《元和郡县图志》。

② （唐）韩愈：《潮州请置乡校牒》。

③ （唐）张鷟：《朝野佥载》卷五。

④ （元）脱脱：《宋史·陈尧叟传》。

⑤ （唐）韩愈：《唐正议大夫尚书左丞孔公墓志铭》。

此外，在文化普及、民俗风气等方面，潮州确亦存在不少弊端。因此，唐代杜佑在《通典》中曾感慨地说："五岭之南，人杂夷獠，不知礼义，以富为雄……是以汉室常罢弃之。大抵南方遐阻，人强吏懦，豪富兼并，役属贫弱，俘掠不忌，古今是同。"

总而言之，唐代的潮州，从整体上说，已向文明社会迈出了可喜的步伐，正处在一个历史发展的关键时刻：逐步坚实的经济基础，正召唤着与之相适应的精神文明。被贬来潮的新刺史韩愈，在这陌生、古老而又偏僻的治所内，又将如何施展自己的抱负和才能呢？

（二）韩愈在潮州的作为

在唐代，朝廷大员贬为地方官佐，一般都不过问当地政务。[①]

远贬潮州，是韩愈一生中最大的政治挫折之一。在他被押送出京后不久，其家眷亦被斥逐离京。就在陕西商县层峰驿，他那年仅12岁的女儿竟病死在路上！

仕途的蹭蹬，家庭的不幸；因孤忠而罹罪的锥心之恨，因丧女而愧疚交加的切肤之痛；对宦路的愁惧，对人君的眷恋……悲、愤、痛、忧，一齐降临到韩愈身上。像这样一个沉浮于险象迭生的宦海中，挣扎在命运漩涡里的官僚，谁能指望他去忠于自己的新职守！

然而，韩愈不愧是一位继承了儒家积极用世精神，以"修身、齐家、治国、平天下"为己任的人物。在到达贬所之后，他不但马上视事，而且切切实实地为潮人办了不少好事。

1. 驱鳄除害

关于潮州鳄鱼的残暴酷烈，韩愈在到达粤北的昌乐泷时，即已耳闻。但鳄害之严重，则是在莅潮之后才真正地了解到。《旧唐书·韩

---

① （唐）皇甫湜：《韩文公神道碑》："大官谪为州县，簿不治务。先生临之，若以资迁。"

愈传》载："初，愈至潮阳，既视事，询吏民疾苦，皆曰：'郡西湫水有鳄鱼……食民畜产将尽，以是民贫。'"

鳄害如此严重，韩愈的前任官员却无动于衷，或者说是束手无策，任其肆虐。为了解除民瘼，韩愈断然采取了措施："居数日，愈往视之，令判官秦济炮一豕一羊，投之湫水，祝之……"这就是"爱人驯物，施治化于八千里外"①的祭鳄行动。可是，因韩愈写了《鳄鱼文》②，《旧唐书》中又有"祝之夕，有暴风雷起于湫中。数日，湫水尽涸，（鳄鱼）徙于旧湫西六十里"的记述，使上述行为笼罩了一层神秘的色彩，因此曾经受到历代不少士人的诋责。如宋代王安石说韩愈"诡怪以疑民"（《送潮州吕使君》）；近代则有人认为，他简直就是中国古代的堂吉诃德，是在演一出"无聊的闹剧"。③凭一纸文章当然不可能根治鳄害。事实上，直到明代，韩江还有鳄鱼出没。但是，我们却不能因此而全盘否定韩愈驱鳄的积极意义。

如前所述，岭南（当然包括潮州）习俗多崇信鬼神。他们有病必祷，不注重医药，遑论其他？鳄鱼残暴凶狠，老百姓受其荼毒，虽然苦不堪言，但如果真要他们动手驱杀之，难免顾虑重重、恐惧万分。所以，在"选材技吏民，操强弓毒矢，以与鳄鱼从事"之前，先通过祭祀的形式，做一次声势浩大的动员，以消除百姓的畏惧感，增强除鳄的信心，不但是非常必要、及时的，亦是在当时当地所能采取的唯一可行的途径和形式。

必须指出的是，韩愈驱鳄，是在一个有限的区域内进行的活动，而不是漫无目标，在茫茫的大江中去和鳄鱼宣战。关于韩愈祭鳄的具

---

① 潮州韩文公祠联语。
② 《昌黎先生集》中，《鳄鱼文》归入"杂文类"，历代韩集版本和朱熹《韩文考异》等均作此题。明代茅坤《韩文公钞引》则妄改为《祭鳄鱼文》，其后《古文观止》沿用之。
③ 郭朋：《隋唐佛教》。

体地点，向无定论。据《永乐大典》卷5343引宋元《三阳志·古迹》所述，在宋代初年，对韩愈祭鳄处已有两种不同意见：一是距城5里的"越王走马坪"；一是金山后的"石龟头"。但不管是哪里，总之是在城北临江面湖（潮州西湖）一带。

唐代的潮州西湖，原是恶溪的一部分，它们之间还没有北堤相隔。①如果细读《鳄鱼文》和《韩愈本传》，我们可以发现，"以羊一豕一，投恶溪之潭水""鳄鱼睅然不安溪潭""郡西湫水"等，所谓的"潭""湫"，所指皆一，那就是水面较平静的内河即西湖前身。《古今图书集成》卷1335谓"湖山，在府治西，前连鳄溪"；清代陈珏《修堤策》谓"堤筑自唐韩文公"，此皆唐代恶溪与西湖贯通之旁证。而自古至今，环湖一带已有众多民居，近年考古发现其区域内尚有不少窑址。湖的东边是金山，山麓则是州治所在。因此，在西湖即州郡的心腹地带出现鳄鱼残害人畜事件，事态的严重和紧急程度可想而知。这就是新刺史上任后必须把驱鳄列为第一件大事的原因。

鳄鱼皮是唐代循州的贡品之一。但正如岑仲敏先生在《隋唐史·手工业及物产》中所言："封建时代之土贡，往往出以榨取，不尽是当地原产……如江南诸州贡犀角者十余，则必有异于安南府各属之贡。"何况，《旧唐书·地理志四》谓："武德五年，改为循州总管府，管循、潮二州。"两州地域毗邻，自然环境大体相同，故循州贡鳄鱼皮，自应包括潮州在内。由此，或许可以认为，潮州原有一批捕杀鳄鱼的能手，他们就是韩愈所称的"材技吏民"，是驱鳄行动中的骨干力量和生力军。

这样，在新刺史的动员组织下，在一个范围有限的"溪潭"中，在以富有经验的猎户为核心的驱鳄大军的合力围歼下，穷凶极恶的鳄鱼不仓皇"南徙"，还能有什么出路呢？当然，由于时代的局限，而

009

----

① 饶锷：《潮州西湖山志》卷四。

且驱鳄只是一时性的行动，因此在过了一段时间以后，鳄鱼再度潜回内河、沼泽，也就不是什么不可理解的事。[①]

何况，"湫水尽涸，（鳄鱼）徙于旧湫西六十里"只是后人的夸张描述，韩愈的文章中并无片言只字提及。这一描述虽然见诸《旧唐书》的《韩愈传》中，其源头却出自唐代张读的志怪小说《宣室志》。该书卷四"韩愈驱鳄"条云："命廷掾以牢礼陈于湫之傍，且祝曰……是夕，郡西有暴风雷，声振山郭，夜分霁焉。明日，里民视其湫，水已尽。公命使穷其迹，至湫西六十里，易地为湫，巨鳄也随而徙焉。"将上文与《韩愈本传》相比较，其源流关系，一目了然。

《宣室志》成书于韩愈去世30多年后，作者张读是深州陆泽（今河北省深州市）人，他从未到过潮州，故上述文字，很可能是录自民间传说，关于韩愈驱鳄的原始记载。

可见，把并非韩愈自我吹嘘，而是出自后人著作的传说当成确凿的"证据"，进而指斥韩愈"诡怪以疑民"，是不公正的、不实事求是的提法。相反，在韩愈去世后不久，驱鳄的传说便迅速流传到北方，这一事实本身足以证明韩愈驱鳄行动的巨大影响。

当然，民间传说难免有夸大失真甚至无稽荒诞的地方。但是，人世间绝没有无缘无故的爱和憎，传说中的主角不是其他官员而是韩愈，这充分说明了驱鳄行动绝非子虚乌有，以至于韩愈离开潮州后，潮人犹不时传颂，并在传播的过程中不断丰富加工，几乎失去了本来面目，成为几近虚诞的神话。

把民间传说当作信史，或者因传说有部分不实成分就予以全盘否定，都不是实事求是的态度。韩愈驱鳄的过程也许是一件已经湮没、无法稽考的历史陈案，但是作为被贬官员，置个人忧愁、不幸于度

---

① （唐）刘恂：《岭表录异》："太尉李德裕贬潮州，经鳄鱼滩，损坏舟船，平生宝玩古书图画一时沉失……"

外，为了解除民瘼，刚上任即"询吏民疾苦"，并付诸行动、形诸文字的动机和行为，理所当然地会受到人们的肯定和赞扬。明乎此，则不难理解驱鳄行动何以会成为宋代以后潮人尊韩的一项重要内容。

"到官才八月，潮平鳄渚，于今香火遍瀛洲。"[①]千秋功罪，自有评说！

2. 关心农桑

重视农业生产，是我国历代封建统治者的治国方针，韩愈到任后也非常重视农业。他说："粟，稼而生者也；若布与帛，必蚕绩而后成者也。其他所以养生之具，皆待人力而后完也。"[②]他在潮州任上如何致力于农业生产，今天虽无直接记载可考，但从他在潮州所写的几篇文章可以看出，其关心农桑的赤诚，明确可辨。

元和十四年（819）的潮州，风不调、雨不顺。春夏之交，"间者以淫雨将为人灾……乃于六月壬子，奔走分告，乞晴于尔明神"（《祭城隍文》）。刺史为民请命，奔走呼号的情景，如在眼前。后来，"淫雨既霁，蚕谷以成。织妇耕男，忻忻衎衎"（《祭界石神文》）。刺史又为早稻、夏蚕丰收，百姓安居乐业而感到由衷的喜悦。但到了深秋，阴雨又绵绵不断，"稻既穗矣，而雨不得熟以获也；蚕起且眠矣，而雨不得老以簇也。岁且尽矣，稻不可复种，而蚕不可复育也。农夫桑妇将无以应赋税继衣食也"。过量的雨水使韩愈焦虑不已，并为自己无力救灾而感到愧疚。"非神之不爱人，刺史失所职也。百姓何罪，使至极也！……刺史不仁，可坐以罪；惟彼无辜，惠以福也。"（《又祭止雨文》）为了百姓的忧苦而向上苍虔诚祈祷，又敢于公开责备自己，承担责任，刺史对农桑的关切之情，跃然纸上。

---

① 潮州韩文公祠柱联。

② （唐）韩愈：《圬者王承福传》。

　　两度乞求，淫雨依然不止，韩愈更加焦迫。于是他对神明发火了："神聪明而端一，听不可滥以惑也。"他要求神明听刺史的话，不要被其他的胡言乱语所迷惑。为什么呢？因为"（百姓）幸身有衣、口得食，给神役也"。何况他们还要"选牲为酒，以报灵德也。吹击管鼓，侑香洁也。拜庭跪坐，如法式也"。这样毕恭毕敬，你神明难道还不知足？——这哪里是在祭神，简直是在对品行不端的下属当面揶揄、训斥！而透过祭拜的表象，我们看到的正是韩愈那祈望丰收的炽热心肠。

　　相传韩愈在潮州还有修堤凿渠之举。《海阳县志·堤坊》引陈珏《修堤策》曰，北堤"筑自唐韩文公"。潮州磷溪镇砀山有一道水渠叫金沙溪，当地传说是韩愈命人开凿的。清澈的渠水，至今仍在滋润

图　金沙溪

着两岸的田畴。碧堤芳草，遏拒洪流；银渠稻海，扬波叠翠。溅溅的水声，千载以来，似在不断地诉说着韩刺史当年奖劝农桑的业绩。

3. 赎放奴婢

韩愈从袁州调回长安以后，曾写过《应所在典贴良人男女等状》，叙述他在袁州时放免男女奴婢731人，故历来史志均将释奴一事系于他任袁州刺史之时。

其实，韩愈在潮州时已注意到并切实解决了"没良为奴"这个陋习。他的学生皇甫湜在《韩文公神道碑》中说得很清楚："贬潮州刺史……掠卖之口，计庸免之，未相计值，辄与钱赎。及还，著之赦令。转刺史袁州，治袁州如潮。"显然，袁州释奴是韩愈治潮时善政的继续。唐代的奴隶问题虽然在不同的阶段出现不同程度的浮沉反复，但较之前代已有明显的进步。最重要的表现就是明确地以法律的形式规定严禁以良为贱，如规定"略人、略卖人为奴者绞"[①]等。

南方是"夷獠杂处"的地方，社会发展较为缓慢，人们的法治观念相对淡薄，加上陋俗的影响，故奴婢问题比中原地区更为突出、严重。这一情况已为少数明智官员所注意。如元和四年（809），李绛、白居易上奏"岭南、黔中、福建风俗，多掠良人卖为奴婢，乞严禁止"。而一些流放的官吏，则采取措施，明令禁止。如党仁弘在戒州、阳城在道州、李德裕在剑南、韦丹在容州、柳宗元在柳州，都曾不同程度地解决当地货卖男女之事。[②]因此，可以这样说，韩愈在潮州、袁州计庸以偿，赎还奴婢，是明智的地方大员依法施政的必然措施。

债务纠葛是没良为奴的一个重要原因。对此，韩愈在《柳子厚墓志铭》中有过明确的阐述："子厚得柳州……其俗以男女质钱，约不时赎。子本（指子金，即利息和本金）相侔，则没为奴婢。"因此，

013

---

① （唐）长孙无忌：《唐律疏义》卷二十。

② 孟昭庚：《唐代的奴仆问题》。

韩愈用"计庸"的方式（即人质为债主做工，以工钱抵债）来解决债务矛盾：当工钱和债款相当时，人质便须放归。差距太大的，则由官府以钱赎。及至人质归还了，便以正式的契约文书为证，毋使反悔。平心而论，这在当时当地确实是一种合情合理合法的好措施。

除了债务纠葛，武力掠夺人口是"没良为奴"的另一个重要原因，"夷獠"则是掠夺的主要对象。在唐代，政府派往南方的地方大员"类多贪纵"。他们经常挑起纠纷，制造战乱，把矛头指向少数民族，以便从中掠夺人丁。对这种"侵欺虏缚，以致怨恨""人神共疾"的罪恶行径，韩愈是深恶痛绝的。他主张对因受压迫而反抗的"夷獠"实施羁縻政策。[①]因此，释放奴婢之举，不但是维护法制、移风易俗的需要，其实也是缓和民族矛盾、巩固统治的重要措施。正因为韩愈具有"德治"意识并采取了相应的措施，所以才迎来了"海夷陶然"、和睦共处的局面。

唐代对达官贵族的奴婢占有数的控制较严，如玄宗天宝八年（749）规定的限额是：上至王公不得超过20人，一品职事官不得超过12人，下至八、九品官不得超过1人。对于养尊处优的权贵来说，这无疑是杯水车薪，因此"帅海南者，京师权要多托买南人为奴婢"。[②]可见，代买奴婢还是被流放官员向京师当权者献媚取宠的一条捷径。获罪远贬的韩愈，何尝不希望京城权要援手相救，以便早日回朝，重居高位。他完全可以依样画葫芦，为自己谋求晋身之阶。然而，他却反其道而行之。除了向皇帝请罪求情外，他根本不屑于这一类违背人伦、有亏政理的勾当。因此，潮州释奴一事，对刺史而言，是德政；对庶民特别是少数民族来说，是福音；而从个人品德去衡量，则是韩愈刚正廉明性格的具体反映。

---

① （唐）韩愈：《黄家贼事宜状》。

② 《旧唐书·孔戣传》。

4. 延师兴学

韩愈并不是潮州乡学的创办者。嘉靖《潮州府志》谓："常衮，京兆人，德宗初以宰相贬潮州刺史，兴学教士。"明朝万历郭棐《粤大记·张玄素传》则说，唐太宗贞观十八年（644），废太子李承乾的老师张玄素被重新启用为潮州刺史，到任后"抚摩困穷，兴建学校，悉心以勤民事"。以此可知韩愈贬潮前100多年，潮州已有学校。

但是，对于潮州的教育事业，韩愈自有不可磨灭的功绩。他认为，对国家的治理必须"以德礼为先，而辅之以政刑"，而要用德礼即推行儒家的"仁义"之道，"未有不由学校师弟子者"。[1]他不管在什么职位，都坚持把兴学育才作为施政的根本措施。

所以，为了办好潮州乡校，韩愈花了不少心血。办学需有一定资金，为此，"刺史出己俸百千，以为举本，收其赢余，以供学生厨馔"[2]。

百千之数，其值几何？唐代币制颇乱，很难定出标准。据《李文公集》卷九所言，元和末年，一斗米合五十钱，故百千可折合米两百石，数目不可谓少。唐代官员的俸禄由月俸（类似当今之"基本工资"）、食料、杂项等部分组成。如按《唐会要》卷九一所载，唐玄宗开元二十四年（736）定令，四品官（潮州刺史为正四品下阶）月俸十二千四百，百千相当于八个多月的俸金。也就是说，韩愈把治潮八个月的所有俸金全数捐给了学校。一位受贬罪臣能如此热心当地教育，精神确属难得。

《永乐大典》卷5343引宋元《三阳志》谓，韩愈在潮州期间，还曾"以正音为潮人诲"，即积极从事语言规范化的工作。于此一端，

---

① （唐）韩愈：《潮州请置乡校牒》。

② （唐）韩愈：《潮州请置乡校牒》。

也可见其兴学育才、推动文教之苦心。但是，韩愈对潮州文教的最大贡献还不在于捐款多少，或教育方式是否得当，而在于他能大胆启用当地人才，即推荐地方隽彦赵德主持州学。

相传赵德是唐代宗大历十三年（778）进士，比韩愈早登第14年。唐代登进士第者，还要通过吏部主持的"博学宏词"科考试，合格方能授官（故该科试亦称"释褐试"，即脱下百姓的褐衣而换上官袍）。也许是赵德未能顺利通过此关，故当韩愈刺潮时，他依然是个"婆娑海水南，簸弄明月珠"的庶民。但是，赵德"心平而行高，两通诗与书"①的品行学识，终于为韩愈所发现，他对赵德的评价是"沉雅专静，颇通经，有文章，能知先王之道，论说且排异端而宗孔氏，可以为师矣"。于是毅然举荐他"摄海阳县尉，为衙推官，专勾当州学，督生徒，兴恺悌之风"。②启用当地人才主持州学是一项意义重大、影响深远的英明决策。从此，潮州教育事业揭开了新的一页。苏轼在《潮州韩文公庙碑》中说："始潮人未知学，公命进士赵德为之师。自是潮之士，皆笃于文行，延及齐民，至于今，号称易治。"这些话虽不无溢美之嫌，但确实在一定程度上肯定了韩愈对发展潮州文化的杰出贡献。

（三）韩愈在潮州文化史上的地位和影响

平心而论，韩愈在潮州的作为，并非惊天动地的壮举。论政绩，他或许还不如后代那些筑城、修堤、造桥的官员；论权位，他生前的最高职务不过是侍郎，远不及历代来潮的名公巨卿；论任职时间，他更似匆匆过客。但是，在潮州发展史上，韩愈的地位最高，对后代的影响最深远。正如苏轼在《潮州韩文公庙碑》中所说的："公去国万

---

① （唐）韩愈：《别赵子》。

② （唐）韩愈：《潮州请置乡校牒》。

里，而谪于潮，不能一岁而归……而潮人独信之深、思之至，焄蒿凄怆，若或见之。""潮人之事公也，饮食必祭，水旱疾疫，凡有求必祷焉。"之所以如此，当有深刻的原因。

首先，韩愈的治潮方针顺应了历史的潮流，因此他成为潮州发展史上一位承先启后的转捩性人物。在漫长的古代社会中，儒家学说一直是统治者的精神支柱，是确立与维护统治秩序的指导思想。唐代是封建社会高度发展的时期，但就全国范围而言，这种发展是很不平衡的。特别是那些"山高皇帝远"的边缘地区，往往成为封建链条中的薄弱环节。因此，作为儒家道统继承人、儒家积极用世精神体现者的韩愈，从儒家立场出发而制定出来的"以德礼为先，而辅之以政刑"的治潮方针，既符合大一统国家的根本利益，又对健全潮州的统治秩序，发展经济、文化具有重大的指导意义。对此，明宣德年间的潮州知府王源有过中肯的论述。他称颂韩愈："学吞鲁生，贤负伊鼎；文则变雅，行乃规物。其为政也毅以断，其律身也耿而刚。""刺潮八月，兴学范民；存恤孤茕，逐远恶物。""拨伪反真，剔腐除蠹，以兴典宪；进谏陈谋，秋霜凛冽。使君臣以位，父子以亲；家国致理，鬼神革奸；人道益明，儒道益尊。"（《增修韩祠之记》）正因如此，千百年来，韩愈被历代治潮者视为典范，当成学习的榜样，甚至奉若神明，也赢得了潮州士庶的深切怀念和颂扬。

其次，韩愈治潮措施得当，成效斐然。他对潮州最大的贡献是振兴文教一事。如前所述，潮州兴学，非自韩愈始，但因主事者举措不当而难以持之以恒，以致韩愈莅潮时，"此州学废日久"。韩愈高明的地方在于，大胆启用当地人才主持学政，从而使文教事业不会因主管官员的变迁而受到影响。这一决策可以说是开潮州风气之先。在赵德及其继承者们的辛勤努力下，潮州文教终于得到持续稳定的发展。

"学校和人才的关系，自古以来就非常密切。孔子在鲁国推崇'有教无类'，因之东鲁人才就出得很多，直到西汉之初，学者还多数来自东方。"①但人才的培养又绝非朝夕之间所能造就者。十年树木，百年树人。到北宋时期，潮州遂赢得了"海滨邹鲁"的美誉②，成为一个人才辈出的边城。南宋乾道年间的潮州太守曾造曰，潮州文物之富，始于唐而盛于宋，因为"爰自昌黎韩公以儒学兴化，故其风声气习，传之益久而益光大"。这是"学校作成积习之所致也"③这些话，可说是中肯地评价了韩愈在潮州文化发展史上的杰出贡献。

正因为韩愈兴学的做法顺应了历史发展的趋势，体现了潮州人民群众尊重知识的心愿，为迅速起步的唐代潮州经济注入了旺盛的精神活力，所以历代治潮者奉韩愈为表率，皆以兴学为首务。至南宋时，除州学、县学外，潮州已正式设立韩山、元公两所书院。当时潮州的人口总数只有14万多人，而每科参加考试的士子最多时竟达1万多人，比例达到14∶1。④登进士第者也从唐代的3名激增至172名。⑤难怪宋元间修成的《三阳志》以自豪的口气说："潮二书院，他郡所无；文风之盛，亦所不及也！"因学韩而兴学，在兴学中益尊韩，这一良好的风气形成了良性循环，而韩愈在潮人心目中的地位也随之与日俱增。

此外，韩愈作为一位政治上受到打击，自身难保的罪臣，尽管家庭和个人都遭受到诸多不幸和磨难，但是他不消沉颓废，不肯沿袭"大官谪为州县，簿不治务"即躺倒不干的陋习，反而不遗余力地为地方做好事，这种积极用世的精神，也是其赢得后人景仰的重要原因。他在中国文学史上的辉煌地位，加上宋代大文豪苏轼的极力推许，亦是韩愈在潮人中影响至巨的不容忽略的因素。

在潮州，士人学子固然尊韩，农工也不例外，而商界甚至把他奉

---

① 程应镠：《谈历史人物的研究》。
② （宋）陈尧佐：《送人登第归潮阳》："从此方舆载人物，海滨邹鲁是潮阳。"
③ （宋）陈傜庆：《重修州学记》。
④ 《永乐大典》卷5343。
⑤ 乾隆《潮州府志·选举表》。

为不祧之祖。现存苏州、立于康熙初年的《潮州会馆记》云："我潮州会馆……敬祀灵佑关圣帝君、天后圣母、观音大士。已复买东西旁屋，别祀昌黎韩夫子。"商务组织中尊关帝、祀天后、拜观音，到处皆然，而奉祀韩夫子，实为潮商所独有。韩愈在潮州各阶层人士心目中的地位于此可见一斑。

"去京华万里，化蛮烟瘴雨，胥泽诗书，从此遂称名郡。"①韩愈在历史文化名城潮州的形成和发展上，特别是在其文化史上，确有不容抹杀的地位和影响，以至于潮州山水易姓为韩。自宋代以来，对韩愈的评价，见仁见智，众说纷纭。毋庸置疑的是，在历代潮州尊韩活动中，确也夹杂着宣扬天命王权、神化名人、维护纲常名教等文化糟粕。但是，后人的尊韩是一回事，韩愈治潮又是一回事。作为有时代局限的官吏、文人，韩愈当然不可能超越历史。但只要他的所作所为有助于当时社会的发展，我们理所当然给予他应有的肯定。

019

（四）韩文在潮州的传播及影响

1. 《昌黎文录》的编纂

唐穆宗长庆四年（824）冬，韩愈逝世，他的门人、女婿李汉"收拾遗文、无所失坠"②，并目录合为41卷，这就是今犹传世的《昌黎先生集》。

但是，韩集的编纂工作并不自李汉始。在此之前，已有选集性的《昌黎文录》问世，编者即潮州进士赵德。该选集未经版刻，但南宋后，此书已有多家校本著录征引。元明以后，诸家书目未再录、引，可能已失传，唯《全唐文》中收有赵德《昌黎文录序》一篇。宋代洪兴祖《韩子年谱》谓："赵德秀才，即叙退之文章七十二篇为《文

---

① 潮州韩文公祠联语。

② （唐）李汉：《昌黎先生集序》。

录》者。"可知《昌黎文录》共收韩文72篇。宋代方崧卿《韩集举正序》称："校订韩集，旁取赵德《昌黎文录》《文苑英华》《唐文粹》，参互证征。"可见，南宋淳熙年间《昌黎文录》犹有传本。

赵德编《昌黎文录》的具体时间已难考定。但《昌黎文录序》曰："德（赵德自称）行道学文，庶几乎古。蓬茨中手持目览，饥食渴饮，沛然满饱。顾非适诸圣贤之域，而谬志于斯，将所以盗其影响。僻处无备，得以所遇，次之为卷，私曰《文录》，实以师氏为请益依归之所云。"可见：第一，赵德编集时，尚在"蓬茨"中，即在韩愈贬潮州前，赵尚未"摄海阳县尉，为衙推官"期间；第二，所谓"谬志于斯""盗其影响""私曰《文录》"者，说明《昌黎文录》的编纂，并非受韩愈委托，而是赵德出自对韩文的衷心仰慕，自发地编录成集。

韩文自宋代柳开、欧阳修等人大力提倡之后，才逐渐受到世人的推崇。而在韩愈生前，由他和柳宗元等倡导的古文并未得到社会的普遍认可。韩愈自己就说过："臣于当时之文（指社会通行之骈体文），亦未有过人者。" 而他的好友兼上司、宰相裴度则严厉地批评韩愈："不以文立制，而以文为戏，可矣乎！可矣乎！"甚至呼吁："今之不及之者，当大为防焉尔！"①然而，僻处边隅"蓬茨"中的赵德却独具慧眼，对韩愈的文章推许备至，他说："昌黎公，圣人之徒欤！其文高出，与古之遗文不相上下。"并预见韩文必能"光于今，大于后，金石燋铄，斯文灿然"。从而把"得以所遇"的韩文"次之为卷"，这真是了不起的眼光与举动！以生而并世之人，有此远见卓识，赵德堪称韩愈、韩文的知己、知音。

《昌黎文录》对韩文在潮州的传播，曾有过巨大的推动作用。由于它收录了《明水赋》《河南同官记》等李汉遗漏的篇目，故一直到

---

① （唐）裴度：与《李翱书》。

南宋淳熙年间，《昌黎文录》成为韩集注家们据以订校的善本，在辑佚、纠误等方面发挥了不可低估的功用。但随着韩集校勘工作的日臻完善，那些不见于《昌黎文录》的篇章已逐步收入《昌黎先生集·外集》。特别是在朱熹校本行世之后，作为选本的《昌黎文录》便渐渐地晦而不彰。而赵德其人其事，亦为世所寡知。

2. 韩集之潮州刻本

宋代方崧卿《韩集举正序》曰："今之监本已非旧集，然较之潮、袁诸本，犹为近古。"其所称之潮本，即韩集之潮州刻本。潮本始于何时，今难考定。据清代潘祖荫《滂喜斋藏书记》卷三载："宋刊小字本《昌黎先生集》后有影写绍兴己未刘昉序一页。略言：大观初，先大夫曾集京浙闽蜀刊本及赵德旧本，参以石刻订正之，以郡昌黎庙香火钱刊行。"[①]这是有关潮本韩集明确记年的珍贵记载。

刘昉是潮州海阳县（今广东省潮州市）东津人，宋徽宗宣和六年（1124）进士，官至龙图阁学士。"先大夫"即昉父刘允，绍圣四年（1097）进士，官至循州知州。《滂喜斋藏书记》又言，刘昉于绍兴己未年（1139）曾依旧集本重刊，可见宋时潮本韩集有大观（1107）及绍兴两种刻本。

又据《永乐大典》卷5343引《三阳志》云，潮州有"大字《韩文公集》并《考异》一千二百版；中字《韩文公集》九百二十五版"，这些书版均存于州学中。上述资料表明，宋代潮州的刻书业已相当繁荣发达，而韩愈文集在潮州的地位、影响和印刊情况确非其他文献所可比拟。在短短32年中即刊行两次，后来又有大字、中字两种规格的刻本问世，韩愈文集的流行，足令后人歆羡不已！

---

① 饶宗颐：《潮州志·艺文志》。

【附1】

昌黎文录序

（唐）赵 德

昌黎公，圣人之徒欤！其文高出，与古之遗文不相上下；所履之道，则尧、舜、禹、汤、文、武、周、孔、孟轲、杨雄所授受服行之实也，固已不杂其传。由佛及聃、庄、杨之言，不得干其思，入其文也。以是光于今，大于后，金石燋铄，斯文灿然。德行道学文，庶几乎古，蓬茨中手持目览，饥食渴饮，沛然满饱。顾非适诸圣贤之域，而谬志于斯，将所以盗其影响。僻处无备，得以所遇，次之为卷，私曰《文录》，实以师氏为请益依归之所云。

（据顺治《潮州府志·古今文章部》）

【附2】

昌黎先生集·书后

（宋）刘 昉

文公去潮，潮人庙事公，久益谨。今是集诸处往往镂板，潮为公旧治，顾可阙耶？大观初，昉之先大夫忧居乡，尝集京、浙、闽、蜀所刊凡八本及乡里前辈家藏赵德旧本，参以所见石刻订正之，疑则两存焉。又以公传志及他人诗文为公而作者，悉附其后，最为善本。郡以公庙香火钱刊行，资其赢以葺祠宇。中经兵火，遂无孑遗。今郡中访得先大夫所校旧本重刊之，属昉识其后，义不可辞，谨拜而书之，勒于左方。

绍兴己未中元日左朝散郎尚书礼部员外郎兼充实录院检讨官刘昉书

（刘真伦：《韩愈集宋元传本研究》，北京：中国社会科学出版社2004年版）

3. 韩文与潮州方言

韩文对潮州文化具有多方面的影响，其中较为彰著而且至今仍在发挥作用的是在语言方面。

韩愈是一位卓越的语言大师，他在文学上倡导并毕生为之努力的一条宗旨就是"唯陈言之务去"。他精研古籍，善于汲取古代语言和唐代口语中的精华，因此，韩愈的著作堪称一座内涵丰富的语言宝库。随着韩文在潮州的长期传播，其中大量精练、准确、鲜明、生动的语词便进入潮州方言中，有些甚至已经发展成为潮人的日常生活用语，现试举数例说明。

如韩愈《赠张籍》一诗开篇四句曰："吾老著读书，余事不挂眼。有儿虽甚怜，教示不免简。"首句若用北方话诵读，颇觉拗口，尤其是"著"字，历代注家颇费踌躇。南宋方崧卿云："杭、蜀本作'著读书'，比如'高士著幽禅''少年著游，之'著'。"朱熹《韩文考异》曰："诸本'著'作'嗜'。"清代朱彝尊附和此说，谓"嗜字明妥"，言下之意是不如把"著"字改作"嗜"字。何焯《义门读书记》则认为："东方朔《答客难》：'著于竹帛，唇腐齿落，服膺而不可释。此'著'字所本也。"他自以为找到了解诂的依据，但在笔者看来，其实仍是不得要领。近人张相曰："著读书，爱读书也。"①这样的解释才比较明白妥帖，但依然比不上用潮州方言去训读来得透彻。"著"是"着"的本字，在潮语中其义项之一为"应该、必须"，因此，前两句的意思是"我年纪大了，更应该多读点书，其他的事全不放在眼里"，诗意极为显豁。（"教示"一词，潮语仍保留着，北方话多作"教导""教训"）上述四句诗若用潮州话来读，轻松易懂，毫无拗口费解之嫌。

又如韩愈《初南食贻元十八协律》中有句曰："调以咸与酸，芼

---

① 以上各家注释均转自钱仲联：《韩昌黎诗系年集释》。

以椒与橙。腥臊始发越，咀吞面汗骍。" 其中的"芼"字当作何解释？钱仲联先生《韩昌黎诗系年集释》引《礼记·内则》："芼羹菽麦。"郑注："芼，菜也。"孔颖达《毛诗正义》："芼菜者，用菜杂肉为羹。"《集韵》："以菜和羹。"但不管是指菜或指羹，都难以圆释上面的诗义。因为前两句是对偶句，将"调"与"芼"对举，显然都是专指一种动作。那么，"芼"应该是什么动作呢？芼，潮语读为mao，其义有二：一是指遮盖、包裹，如用被子、风衣等把身体包盖严实，称为"芼紧紧"；二是指浸渍、拌和，如把切好的肉片用酱油、淀粉等拌匀，其过程也称"芼"，至今上点年纪的厨师仍保留这一职业用语。拿第二义对应韩愈的诗句，疑团便可迎刃而解。笔者认为，"调以咸与酸，芼以椒与橙"是指潮州菜的烹饪方法，即用各种调料（包括椒粉、椒油、橙汁、橙酱等）去拌和、腌渍海鲜类食物，或者是进食时，把熟食在调料碟中蘸一下，从而使"腥臊始发越"变得可口。

"芼"的本义可追溯到《诗经·关雎》："参差荇菜，左右芼之。"古人多解释为"择取"。吴小如先生认为，朱熹据《广川诗故》解"芼"为"熟而荐之"很有道理，并指出："在现代汉语中，特别是在北京方言，我们经常还听到用沸滚水把蔬菜'芼'（mao）一下的说法。即等水烧开后把生的菜放进去，'芼'之使熟，随即捞出。"①这样的解释，可能较接近《诗经》的原意，但仍有点距离。因为《关雎》篇的"左右流之""采之""芼之"，是以采荇菜比喻君子求淑女的过程：开始时目标未明，只能慢慢物色，就像顺着流水寻求中意的荇菜一样。及至目标已明，便动手"采之"。既采之后，再"芼"它一下，即把荇菜浸到水中，洗净沾附在菜上的尘土污物，这样采荇的过程便告完成。亦即是说，君子求淑女的目的已达到，可

---

① 吴小如：《说〈诗·关雎〉》，《文史知识》1985年第5期。

以"钟鼓乐之"了。把"芼"释为煮，与整个采荇过程恐亦不合。

《诗经》曾被韩愈誉为"正而葩"，与"奇而法"的《易经》并称。[1]正因为韩愈精于解诂，因此自然会把古诗中的用语准确、传神地应用到自己的诗作中。如前所述，韩文在潮州本有独特的地位，《初南食贻元十八协律》诗又是直接描述潮州饮食的珍贵文献，它理所当然会被潮人历代传诵。因此，类似"芼"字等精彩用语，遂融入潮州方言中，甚至成为日常生活用语而保留至今。韩文与潮州方言的关系，是一个值得语言工作者去开拓、探究的课题。

（五）有关韩愈的民间传说

韩愈离开潮州以后，当地流传着很多有关他的故事，今择要缕述，并略作评论。

1. 访问岭

相传韩愈当年进入潮州地界以后，便向居民问路，并访问当地风俗。今距潮州城北10余里的高厝塘附近有一座小山，山口狭窄如门，经常有强风吹来刮去，名为"风门岭"。因潮语的"风门"与"访问"读音很接近，故被传为韩愈曾到过的地方，山名也改称为"访问岭"

这则故事并非纯粹的杜撰臆说。《新唐书》云："初，愈至潮，问民疾苦。"故"访问"一事，确有所本。至于"问民疾苦"的地点是否即今之高厝塘，又当作别论。

2. 走马牵堤

相传恶溪（今韩江）两岸原无堤坝，时有水患。韩愈抵潮以后，率领百姓筑堤。他先骑马沿溪岸勘测地界，手下人则跟在马后，按他指定的路线插上竹竿作为标志。到了山脚下的终点，竹竿还没用完，便顺手撒在山上。隔天，在插过竹竿的地段，突然出现一道高大坚实

---

① （唐）韩愈：《进学解》。

的大堤。从此，汹涌的溪流即被堤坝和高山挡住，而终端的山坡则长出茂密的竹子，山名也改为"竹竿山"。这就是"走马牵堤"的故事。这虽是神话式的传说，但从中可寻索到韩愈当年关心农桑水利的一些痕迹。

3. 插薯苗

据说潮州人以前种甘薯都是用薯块下种。有位老寡妇的薯块被人偷走了，因此坐在路旁痛哭。韩愈见状，便教老寡妇摘些薯苗插种，结果薯苗不但成活，而且当年收获的甘薯还特别多。从此，潮州人种甘薯便改用插苗的方法。

甘薯也称红薯、番薯，是晚明才从海外引进的农作物，徐光启《农政全书》言之甚详。唐代自无甘薯可种，这则故事与"走马牵堤"有异曲同工之妙，亦是神话传说。

4. 灰墙瓦屋

相传唐代的潮州人还不会盖瓦屋，只能居住在茅寮草房。韩愈来潮州后，教给潮人烧砖瓦、筑灰墙、盖瓦屋的方法，此后潮人的居住条件才得到改善。

这则传说自唐至宋流传了200多年。宋元祐五年（1090），潮州知州王涤迁韩祠至州南七里，请苏轼撰写庙碑，并由苏轼的好友、潮州高士吴子野搜集有关韩愈的资料，作为撰碑的素材，其中即包括了这一传闻。后来苏轼回信说："然谓瓦屋始于文公者，则恐不然。尝见文惠公（陈尧佐，谥文惠）与伯父书云：'岭外瓦屋始于宋广平（唐玄宗名相宋璟，字广平），自尔延及支郡，而潮尤盛。鱼鳞鸟翼，信如张燕公（指唐玄宗宰相张说）之言也。'以文惠书考之，则文公前已有瓦屋矣。传莫若实，故碑中不欲书此也，察之。"[1]苏轼这种严谨求实的撰碑态度值得称许，但他认为岭南瓦屋始于宋璟的看

---

① （宋）苏轼：《与吴子野论韩文公庙碑书》。

法，也属"传莫若实"。1987年在澄海县（原属潮州海阳县地）龟山遗址中，曾出土了大量的筒瓦、板瓦、地砖、柱础等建材残件，经专家鉴定，该处系汉代官衙所在。又据文献记载，晋代的潮阳已有西岩寺，唐代开元、贞元年间，潮州更有规模宏大的开元寺、灵山寺等建筑。可见，潮州的灰墙瓦屋确非韩愈所"传授"。

这则传说只是老百姓善良情感的具体反映，他们总是把美好的事物归结到心目中的"好人"身上。

5. 叩齿庵

参见本书第三部分"叩齿庵"条。

6. 韩公帕

唐代潮州妇女没有戴头巾的习俗。相传韩愈来潮州后觉得妇女抛头露面，不合礼教，便命妇女出门时必须用长长的乌纱巾遮住头面。此后，潮州妇女出门用乌纱遮面便成为习俗，并称乌纱为"韩公帕"。

这则传说纯属误会和张冠李戴。韩愈在潮州确曾用过黑色伞盖遮阳。唐代冯贽《云仙杂记》卷五《传芳略记》云："韩愈刺潮州，尝暑中出，张皂盖，归而喜曰：'此物能与日轮争功，岂细事耶！'"岭南夏日酷烈，韩愈以皂盖挡阳光，是"利己"的做法，与潮州妇女全无干系。误会的渊源可能是出自清代梁绍壬《两般秋雨庵随笔》："广东潮州妇女出行，则以皂布丈余蒙头，自首以下，双垂至膝。时或两手翕张其布以视人，状甚可怖，名曰'文公帕'，昌黎遗制也。"

唐代确有"面帽""幂离"一类的衣饰，妇女着幂离，全身遮蔽，不给路人窥见。但那是宫女骑马远行时为防风沙、保护皮肤的特殊用具。至唐高宗时，已使用帷帽，"拖裙到领""渐次浅露"。[①]这从大量的图卷、壁画和唐俑中可得到充分的证明。杜甫的《丽人行》曰：

---

① （五代）马鉴：《续事始》，转引自朱瑞熙：《宋代社会研究》，中州书画社，1983年12月，第130页。

"三月三日天气新，长安水边多丽人。态浓意远淑且真，肌理细腻骨肉匀……头上何所有？翠微匎叶垂鬓唇。"假如贵妇们从头到脚遮得严严实实，杜甫又安能窥见她们细腻的肌理以及垂到鬓唇的头饰呢？

唐代妇女较后世享有比较自由和受尊重的地位，社会上也不甚注重贞节观念。即以韩愈女儿来说，先嫁李汉，后又改嫁集贤校理樊宗懿。[①]对亲生女儿改嫁，韩愈都不以为悖礼，他又怎会在边远州郡强制妇女出门须披戴头巾呢？《永乐大典》卷5313引《三阳图志·风俗形胜》谓："其弊俗未淳，与中州稍异者：妇女敞衣青盖，多游街陌；子父多或另居；男女多混宴集。"《三阳图志》系宋、元时修成的地方志，它所罗列的潮州"弊俗"，第一项便是"妇女敞衣青盖"。由此可知，一直到宋代潮州妇女身上根本就没有什么"文公帕"之类的装饰。

入宋以后，特别是明清两代，由于理学学说的风靡，妇女的地位每况愈下，她们的行动也受到越来越多的限制。宋高宗年间，朱熹任泉州同安县主簿，后知漳州，曾命妇女在莲鞋底下装上木头，使之走动有声，便于觉察，称为"木头履"，意在防止妇女"私奔"。他见到妇女抛头露面，往来街上，又下令规定妇人出门须用花巾兜面，后人称为"文公兜"。[②]原来，强令妇女出门以巾兜面的是朱文公而非韩文公（朱熹谥号也是文公），梁绍壬未加细考，便武断地下个"昌黎遗制"的结论，徒令韩愈在千百年后平添一条"罪行"。

漳、泉与潮州毗邻，朱熹又曾到过潮州，并有相当的影响，所以"帕首"之风后来逐渐传至潮郡，应属情理之中。而宋明以后，理学定于一尊，封建礼教的桎梏已紧紧钳制住人们的观念，诸如裹

---

① （唐）皇甫湜：《韩文公墓铭》。
② 《福建通志》卷21《风俗志·泉州府》，转引自朱瑞熙：《宋代社会研究》，中州书画社，1983年12月，第131页。

足、盖头等限制妇女的措施，被视为天经地义的律条。因此，潮人以讹传讹地把兜巾的发明权归于韩愈并推崇褒颂，亦就不是什么令人费解的事了。

（六）昌黎与大颠

韩愈因谏迎佛骨而被贬边州，但他到潮州以后，却与当地的大颠和尚过从甚密。对此，自宋代以来，学人褒贬迥异，纷争不已，成为一桩至今未了的公案。概括起来，学术界有三种不同的观点：

第一，贬责的观点。持此论者认为韩愈与大颠的交往，是其改变反佛立场的表现。如王安石《送潮州吕使君》诗曰："有若大颠者，高材能动人。亦勿与为礼，听之汩彝伦。"明代潮州状元林大钦认为，"知道贵明，守道贵笃"，韩、颠交往，是韩愈"守未笃，立未固"，是"生平以辟佛老自许者，其刚正方直之气，盖奄奄殆尽！"（《东莆先生集·韩愈篇》）今人的一些批判更严厉。如王芸生在《韩愈与柳宗元》中说韩愈是"用与和尚往来向长安表示他自己并无排佛的成见罢了，甚至用此表示悔过"。郭朋在《隋唐佛教》中指斥韩愈已由唯心主义走向"公开的僧侣主义"。

第二，褒扬的观点。持此论者认为韩愈与大颠交往，是他反佛言行的继续。明代刘子兴在《重修韩文公庙碑记》中说："又谓公刺潮时与大颠来往，有崇信释氏之嫌，则尤非也。盖当是时，远地无可语者，大颠颇聪明、识道理，公召与之语，亦将告以圣人之道，庶几援释而人于儒。"清代郑昌时于《韩江闻见录》亦谓："公之留衣，正欲人其人（还俗）、服吾服（从儒）耳！"今人陈克明在《韩愈述评》中说："韩愈对佛道两教的教旨，是壁垒森严，毫不妥协迁就。但对佛道两教的教徒，则不那么声色俱厉，严加峻拒，有时甚至和平共处，相安无事。前者出于斗争的需要，后者是对人才的赏识。"

第三，纯情谊的观点。持此论者认为，韩、颠交谊，乃人情之常而已。苏轼《东坡题跋·记欧阳论退之文》云："退之喜大颠，如喜澄观、文畅之意，非信佛法也。"清代彭象升《重建灵山留衣亭记》曰："不为利疚，不为威服。公与大颠同之。然则方内惟公一人，方外惟大颠一人，两相契合，莫逆于心，固未为一二流俗人道者，必拘拘较论于儒释之迹，不亦浅之乎视韩公，亦浅之乎视大颠也哉！"今人钱钟书先生《谈艺录·昌黎与大颠》谓："退之《与大颠第二书》谓海上穷居，无与语者，要颠相过。《第三书》怪颠不过，谓非通道，则是空谷之喜足音，岂《师说》'从而相师'之谊耶？"

对韩愈与大颠的交谊，究竟应作何评价？

能反映韩、颠交往的第一手资料，见于《昌黎先生集》中的有《与孟尚书书》《与大颠三书》。后文的真伪问题，迄今尚无定论。而地方文献《灵山正弘集》中托名孟简撰的《大颠别传》，其可靠性更成问题。因此，《与孟尚书书》应是检验韩、颠交谊真伪最可依据的材料。该文云：

来示云：有人传愈近少信奉释氏，此传之者妄也。潮州时，有一老僧号大颠，颇聪明、识道理。远地无可与语者，故自山召至州郭，留十数日。实能外形骸，以理自胜，不为事物侵乱。与之语，虽不尽解，要自胸中无滞碍，以为难得，因与来往。及祭神至海上，遂造其庐；及来袁州，留衣服为别，乃人之情，非崇信其法，求福田利益也。

上述文字，有几点可供讨论之处。

（1）韩愈与大颠结交，在当时就被他的反对者作为"少信奉释氏"的口实而加以攻击或利用。这使他受到极大的压力，因此不得不严正辟谣，指出"传之者妄也"。元代李治《敬斋古今注·逸文》却说："《与孟简书》则若与人讼于有司，别白是非，过自缘饰。"这实在是既不公正，又不负责任的苛责。

韩愈一生不遗余力地反对佛老二教，自然会引起佛老之徒的忌恨。当他因反佛被贬潮州时，"浮图之士，欢快以抃"（皇甫湜《送简师序》）。拍手称快之余，再挖空心思编造出一些混淆视听的谣言，这是再普通不过的伎俩。一直到若干年后，当韩愈卧病不起时，这种人身攻击仍在继续。宋代王谠《唐语林》卷三谓："韩愈病将卒，召群僧曰：'吾不药，今将病死矣。汝详视吾手足肢体，无狂人云韩愈癫死也。'"连死因都可作狂人的"素材"，可见韩愈当时作《与孟尚书书》确是不得已而为之。辩诬当然要阐明事件的原因、经过和实质，这与"过自缘饰"截然有别，是韩愈反佛的需要。

钱钟书先生《谈艺录》（补订本）谓："盖辟佛而名高望重者，如泰山之难摇，大树之徒撼，则释子往往不挥之为仇，而反引之为友。巧言曲解，称其于佛说貌离而神合，心是而口非焉。纪德尝谓：'虔信天主教者论文有术，于欲吞并而不能之作家则抹杀之，于欲抹杀而不得之作家则吞并之。'"部分僧徒造谣说韩愈"少信奉释氏"，正是采用了这样的"吞并术"。

（2）韩愈写《与孟尚书书》，胸怀是率真、坦荡的。他历述与大颠交往的过程：留郭十数日、交谈感受、造庐、留衣等，一一道来，毫不隐瞒保留。而且，"自山召至州郭"，实已包含了致书（哪怕是便条、口信）邀请的可能。因此，有人断定韩愈不曾作书给大颠，未免过于武断。当然，现存《昌黎先生集》中的《与大颠三书》是否全部出自韩愈手笔，确实难下定论，因其漏洞不少，如署衔不确、日期可疑、文理欠通、词语凡鄙等。但不管怎么说，《与大颠三书》真伪之争，并不妨碍对韩、颠交谊的探讨。

（3）韩愈为何要与大颠交往呢？究其原因，体现在《与孟尚书书》中的有三方面：

首先是因为大颠"颇聪明、识道理"。大颠俗姓陈，祖籍颍川，后移居潮州。早年曾师事西山寺和尚惠照，后又拜石头和尚希迁为师。石头希迁是六祖慧能的弟子，因此大颠是禅宗南宗的嫡传法孙。

唐德宗贞元七年（791），他率门徒于潮阳县西幽岭下，斩伐榛莽，创立灵山寺。韩愈刺潮时，大颠已届88岁高龄。

禅宗南宗是中国特有的佛教派系，主张不立文字，教外别传，直指人心，见性成佛。教义中融汇了儒家"性善"与"忠孝"的成分，因此与儒家学说在很多领域中便有了共同或接近的思想基础。

韩愈反对佛老的一个重要方面，就是僧道的不劳而获，正如《原道》所说的："古之为民者四，今之为民者六。""农之家一，而食粟之家六……奈之何民不穷且盗也！"但是，禅宗南宗却与佛教其他派别不同，特别是六祖的三传弟子百丈怀海更提出了"一日不作，一日不食"的口号，并制定了"百丈清规"，明确规定僧徒以至于方丈必须从事耕种，自食其力。大颠的生卒年略晚于百丈怀海，他带领僧徒斩伐榛莽，虽然不一定是执行"百丈清规"的结果，但是这种不甘于当寄生虫的行动，无疑亦是禅宗南宗传统的体现。

在这方面，大颠及其信徒们自然会令韩愈刮目相看，从而留下"颇聪明、识道理"的印象。诚如范文澜在《中国通史简编》中所论述的："所谓道理，当然是儒家的道理；佛徒谈儒道，自然是颇为聪明。"

其次是韩、颠彼此间以诚相待，"胸中无滞碍"，十分难得。

周汝昌先生在《苏辛词说》小引中说："禅宗最反对烧香念佛、繁文缛节、表面形式，而极端强调对任何权威都不可迷信，不惜呵佛骂祖，打倒偶像（把木佛劈了作柴烧），反对缀脚跟、拾牙慧，具有空前的勇敢大胆、自具心眼、创造精进的新精神。"这种精神，对于倔强好胜，勇于革新，主张"唯陈言之务去"，敢于将佛骨"付之有司，投诸水火"的韩愈来说，何其相似乃尔！由于他长期居留北方，接触的多是主张"渐悟"说的禅宗北宗，因此一旦南迁入粤，与南宗的嫡系传人相晤，自然产生清新之感。尽管彼此信仰有别，但基于进取精神的一致，因此在十几天的交谈中，"虽不尽解，要自胸中无滞碍，以为难得"。

清代陈澧《东塾集·书伪韩文公与大颠书后》谓："《与孟简书》所谓与之语虽不尽解者，韩公与大颠语，大颠不尽解也。胸中无滞碍者，大颠无滞碍也。朱子则以为大颠之语，韩公虽不尽解，亦岂不足暂空其滞碍之怀，此尤于文义不合矣。"其实，这种解释还是带有偏袒的情感。儒、佛虽有相通的地方，但分歧之处更多。因此，"虽不尽解"应是双方皆如此（或许还含有语言方面的因素）。

然而观点的不同并非是进行精神交流不可逾越的障碍，重要的是彼此胸无滞碍，能够直抒己见，哪怕是激烈的辩论，这样的心灵碰撞才是最难得的，这就是"因与来往"的精神基础。

再次是造庐、留衣，乃人之常情。韩愈反对佛老，却不反对僧道中人。他又是一个十分爱惜人才的官员，对于有一技之长者，如诗僧、琴僧、书僧、酒僧甚至是关心政事的"入世僧"，他都可以引以为友，这是他一贯的做法，或者说是其待人处世的一个优点。所以，当他到达潮州以后，在"远地无可与语者"（其实是少而已，赵德就是可与语者。私人信件不比公文，不必强求绝对精确），精神生活较为沉寂的情况下，终于有一个可与自己进行言谈或论辩的高僧（可能亦是诗僧）[①]，从而在公余常常与其接触，是完全可以理解的，根本没有什么可惊异之处。

韩愈是笃于友情的。皇甫湜《送简师序》云："韩侍郎贬潮州，浮图之士，欢快以抃。（简）师独愤起，访余求序，行资适潮，不顾蛇山鳄水万里之险毒，若将朝得进拜而夕死可者。"一个和尚竟能拼着老命，追随被贬的反佛官员，殊属难得。而韩愈对待朋友的挚情，于此也可见一斑。因此，在量移袁州时，他向大颠留衣，同样符合他

---

① 大颠的师父惠照便是精通诗翰的僧人。宋代余靖在《题惠照小影》中谓其"已向南宗悟，尤于外学精。士林传字法，僧国主诗盟"（顺治《潮州府志》卷十一）。隆庆《潮阳县志》亦称其"有诗名，士林重焉"。

034

的性格和一向重视友情的作风。衣者，依也。留衣二袭，正寓"依依惜别"之意。更何况，这种做法并不悖儒家礼仪。①此外，《与孟尚书书》中未曾提及的，促使韩愈与大颠交往的应该还有一些外部的、不便明说的原因。

大颠是一方高僧，"门人传法，众至千余人"②。这是一支不容忽视的宗教队伍。在一个只有1万多户的边远小州中，竟有这么多人崇信佛法。这不能不是作为地方最高官员的韩愈所必须正视的问题。唐代的僧人中，不法之徒大有人在。唐宪宗元和四年（809），韩愈任都官员外郎分司东都兼判祠部时，就曾按照"六典"与洛阳僧人集团作过激烈斗争："诛其无良，时其出入，禁哗众以正浮屠。"③佛教信徒如此之多，为了安定政局，地方大员当然要争取、团结佛门首领。因此，将大颠"自山召至州郭"，实为从政的需要。这也是韩愈到郡不久便急忙致书大颠的原因。只是后来见面之后，通过思想交流，两人竟成好友，从而使召见的初衷变得隐晦罢了。

综上所述，《与孟尚书书》所阐述的韩、颠交往的经过是可信的。韩愈与大颠为友，确实是"人之情，非崇信其法，求福田利益也"。

韩愈与大颠交往，是否意味着他的反佛立场有所改变呢？"非崇信其法"一语，本来已把问题的实质说得很清楚。何况，在《与孟尚书书》中，韩愈还用大量的篇幅反复阐明自己辟佛老的动机、依据和决心：

释老之害，过于杨墨；韩愈之贤，不及孟子。孟子不能救之于未

① （唐）韩愈：《论佛骨表》："佛本夷狄之人……假如其身至今尚在，奉其国命，来朝京师，陛下容而接之，不过宣政一见，礼宾一设，赐衣一袭，卫而出之于境。"
② 隆庆《潮阳县志》。
③ （唐）皇甫湜：《韩文公神道碑》。

亡之前，而韩愈乃欲全之于已坏之后。呜呼！其亦不量其力，且见其身之危，莫之救以死也！虽然，使其道由愈而粗传，虽灭死万万无恨。天地鬼神，临之在上、质之在傍，又安得因一摧折，自毁其道以从于邪也！

可以看出，其决心是多么坚定，方向是何等明确。但由于是出自韩愈之口，持怀疑论者往往要以"过自缘饰"而予以否定。为此，我们有必要列举一些事实来说明。

（1）韩愈被贬之后，虽然有向皇帝表示悔过的言行，但从未承认自己谏迎佛骨有错。《左迁至蓝关示侄孙湘》是千古名篇，在诗中他坚持自己反佛是"欲为圣明除弊事"。《潮州刺史谢上表》被认为是乞怜文章，但他亦只是说："臣以狂妄戆愚，不识礼度，上表陈佛骨事，言涉不敬，正名定罪，万死犹轻。"也即是说，他只承认自己在谏迎佛骨时态度恶劣，得罪君王而已，反佛的出发点没错。数年后他在迁葬其小女儿的圹铭中也说："愈之为少秋官，言佛夷鬼，其法乱治……天子谓其言不祥，斥之潮州。"可见其观点始终未改变。①

（2）怀疑论者说韩愈是用与和尚交往来向长安表示悔过，此说实难成立。因为如果与和尚交往就意味着信佛，就不会遭贬，那如前所述，韩愈早已公开地与一大批和尚往来了，这早已表态了，又何必多此一举？

（3）韩愈临终时"遗命丧葬，无不如礼。俗习夷狄，尽写浮屠，日以七数之，及拘阴阳，所谓吉凶，一无污我"②。他反复告诫家人一定要按儒家规范办理丧事，千万不要用佛家礼仪玷污他的清名。其反佛之坚决，可谓至死不渝。

035

---

① 庄青：《韩愈果真是"三贬三变"吗》，潮州韩愈研究会《首届年会论文集》，1986年10月，第4页。

② （唐）皇甫湜：《韩文公神道碑》。

（4）与韩愈同时代的人，并不认为他的反佛立场有过改变。赵德在《昌黎文录序》中说："昌黎公，圣人之徒欤……所履之道，则尧、舜、禹、汤、文、武、周、孔、孟轲、杨雄所授受服行之实也，固已不杂其传。由佛及聃、庄、杨之言，不得干其思，入其文也。"唐穆宗长庆三年（823），韩愈任京兆尹时，"六军将士皆不敢犯，私相告曰：'是尚欲烧佛骨者，安可忤？'故盗贼止。遇旱，米价不敢上"①。后来，皮日休在《请配飨书》中说韩愈"蹴杨、墨于不毛之地，蹂释、老于无人之境"。唐人的看法，自然比后世的怀疑论者更为可靠。

（5）从韩愈与赵德的交谊，亦能看出他的基本立场。韩、颠交谊固然不坏，但韩愈对赵德更是推崇备至。韩愈称大颠不过是"颇聪明、识道理"；而誉赵德却是"心平而行高，两通诗与书。婆娑海水南，簸弄明月珠"②，"赵德秀才，沉雅专静，颇通经，有文章，能知先王之道，论说且排异端而宗孔氏，可以为师矣"③。韩愈与大颠交谈，只因"胸中无滞碍，以为难得"；而对于赵德，却视其为志同道合的知己。正因为赵德"论说且排异端而宗孔氏"，所以才请他"摄海阳县尉，为衙推官，专勾当州学，督生徒，兴恺悌之风"④。对两人评价的高低、交谊的深浅，反映了韩愈崇儒反佛的鲜明立场，这一点亦体现在告别的形式上。韩愈向大颠留衣为别，没有超出朋友间人情之常；而对赵德，他却寄予热切的期待和衷心的希望："及我迁宜春，意欲携以俱。"这个"携以俱"，有丰富的含义：第一，不愿赵德长期"婆娑海水南，簸弄明月珠"，被埋没压抑；第二，愿与

---

① （唐）李翱：《韩公行状》。
② （唐）韩愈：《别赵子》。
③ （唐）韩愈：《潮州请置乡校牒》。
④ （唐）韩愈：《潮州请置乡校牒》。

赵德经常在一起，讨论诗书、探究学问；第三，也是最主要的，韩愈希望赵德能够继续在刺史幕下当推官。按照唐朝的惯例，地方大员可推荐自己的属僚给中央，委以正式职衔，韩愈当年正是走了这样一条出仕的道路。儒士的目标是经世致用，其首要条件就是出仕，韩愈希望赵德能取得更高一级的职务，发挥更大的作用，所以才提出了同行的要求。后来虽然受到赵德婉拒，但这里所体现的，正是韩愈热心提携儒林人才的古道热肠，亦反映了韩、赵之间交谊的深挚。

总之，韩愈与大颠的交谊，是人情之常，无须深文周纳，把水搅浑。它并不影响对韩愈反佛立场的定论。

三、韩愈在潮州的遗迹

（一）白鹦鹉赋碑

图 韩退之《白鹦鹉赋》（局部）

此碑由4块碑石组成，每块高77厘米，宽123厘米，直书10行，每行4～6字，字大11厘米左右，共248字。现嵌于潮州市西湖公园景韩亭正壁中。

白鹦鹉赋碑系由清代潮州知府龙为霖于雍正十二年（1734）主持摹刻，其《白鹦鹉碑跋》谓："余来潮，每访求韩公遗迹不可得。岁仲春，有事羊城，偶于故家得睹公手书《白鹦鹉赋》，遒健茂密，浩气溢于毫端，米颠（按：指北宋书法家米芾）盖祖之而未尽其妙，诚希世至宝也。购归摹诸石，勒于祠之东壁，使观者知公之所为绝人者，不徒道德文章，而余之刻此，亦非第为潮郡增旧实也。"又有龚松林的跋语云："右昌黎手书王右丞《白鹦鹉赋》，太守龙公得之，摹而镌之石。昌黎公以文章名，翰墨世所希见，余观《汝贴》中所勒寥寥数字，剥落不可识别，此（卷）姿神飞动，结构谨严，实开南宫①腕法，信足宝也。太守建书院于韩山，力振文教。访公遗迹，方以不得只字片词为惜，乃古轴完好，获留于潮，使公手泽与旌峰

---

① 米芾尝官礼部员外郎。旧制，礼部郎中掌省中文翰，谓之南宫舍人，故称米南宫。

（按：韩山古称双旌山）橡木永相峥嵘，遥遥千百载仍有神契，而学者观抚叹赏之下，庶有所仰慕兴起，无徒作寻常碑碣观也已。"

从跋语来看，龙、龚皆肯定《白鹦鹉赋》是韩愈手迹，并认定韩书实开米书先河。但自清代以来，对该碑真伪问题，鉴赏家各执一端，迄今仍无定评。当代学者启功先生在《韩退之遗墨记》中说："按世行公书狂草大字，率出辗转翻摹，点划纠结，无复笔意可寻，真伪乃更难定。"今一并录出（参见本书《韩退之遗墨记》），以供研究者参考。

白鹦鹉赋碑原立于笔架山韩文公祠内。日寇占领潮州时，将该碑卸下移至西湖，企图偷运回国，后因故未果。抗战胜利后遂镶入景韩亭正壁。

白鹦鹉赋

若夫名依西域①，族今（本）南海②。

同朱喙之清音，变绿衣于素采。

惟兹鸟之可贵，谅其嫩③之斯在。

〔此段海、采、在，叶贿韵〕

尔其入玩于人，见珍奇质；狎兰房之妖女，去桂林④之云日；

---

① 若夫名依西域：古人按阴阳五行学说，把五方、五色、五味等配属五行。如东方属木色青，西方属金色白，南方属火色赤，北方属水色黑，中央属土色黄等。所以如以色彩而论，白鹦鹉其色白，其名分当依西方。下文"含火德之明晖，被金方之正色"同此。若夫，发语词，无义。

② 族今（本）南海：碑刻"今"字，《王右丞集》作"本"字。《旧唐书·南蛮传》："林邑国，汉日南、象林之地，在交州（即交趾，今越南北部）南千余里……（贞观）五年……献白鹦鹉，精识辨慧，善于应答。"可见白鹦鹉系唐朝南方属国所进贡，故言"族今（本）南海"。

③ 嫩：音、义均同"美"。

④ 桂林：指芳树佳林，非实指广西之桂林。《晋书·郤诜传》："臣所举贤良，对策为天下第一，犹桂林之一枝，昆山之片玉。"

易乔枝以罗袖，代危巢以琼室。慕侣方远，依人永毕①。

托言语之虽通，顾形影而非匹！

〔此段质、日、室、毕、匹，叶质韵〕

经过珠网，出入金铺②；单鸣无应，只影长孤。

偶白鹇于池侧，伴皓鹤于庭隅，

愁混色之难辨，顾知名而自呼。

〔此段铺、孤、隅、呼，叶虞韵〕

明心有识，怀思无极；

芳树绝想，雕梁抚翼。

时嗛③花而不言，每投人以方息，

慧性孤禀，雅容非饰；

含火德之明晖，被金方之正色！

〔此段极、翼、息、饰、色，叶职韵〕

至如海燕呈瑞，有玉筐之可依④；山鸡学舞，向宝镜而知归⑤。

皆羽毛之伟丽，奉日月之光辉，岂怜兹鸟，地远形微。

色凌纨质，彩夺缯衣。⑥深笼久闭，乔木长违。

傥见借其羽翼，与迁莺而共飞！

〔此段依、归、辉、微、衣、违、飞，叶微韵〕

---

① 毕：罗网。《说文解字》段注："毕，谓田猎之网也，也可掩鸟，皆以上覆下。"

② 金铺：门饰也，用以衔环者。汉代司马相如《长门赋》："挤玉户以撼金铺兮。"李善注："金铺，以金为铺首也。"

③ 嗛：音"含"，口衔也。

④ 海燕呈瑞：《吕氏春秋》："有娀氏有二佚女，为之九成之台，饮食必以鼓。（天）帝令燕往视之，鸣若谥隘。二女爱而争搏之，覆以玉筐。少选，发而视之，燕遗二卵，北飞，遂不反。"

⑤ 南朝宋刘敬叔《异苑》："山鸡爱其羽毛，映水则舞。"水静可鉴影，故曰"镜"。

⑥ 纨、缯：皆丝帛类之轻丽艳软者。

释文

〔白鹦鹉啊〕你的名分（本）该依附西方，你的族类却生聚在南海。
红嘴巴同样能发出清越的声音。不穿绿衣，却披着雪白的纹彩。
这正是你可贵的地方呀，这正是你娇美之所在。

你一旦被当成玩物，人们便如获奇珍般看重你的丽质；
被娇艳的女人摆弄在兰房中，离绝了芳林的云天丽日；
长衣罗袖代替了巨木疏枝，取代高巢的是琼楼玉室。
爱慕的伴侣日见远遥，依附于人，坠入了无边的网罟。
凭借言语虽能与人相通，形影迥异啊，原不是配匹！

纵使经过的地方是缀满珍珠的帘网，出入的门户装点着金铺；
孤零零的鸣响得不到应和，独个儿哟，怎打发漫长的单孤？
与白鹇结对在池侧，和白鹤作伴在庭隅，
可又怕毛色混杂难分辨，只知道把自己的名字频呼。

你心里通明又有见识，缅怀往事，思念无边极；
重返芳树已成绝无可能的梦想，雕梁上，只能空抚你的双翼。
你常常口衔花儿不发一言，你总是对人发出长长的叹息，
唉，你得天独厚、通彻聪慧，仪容姣美不用巧妆饰；
你空有烈焰般的红唇，浑身披着纯银般的颜色！

请看那呈献祥瑞的海燕，犹有玉筐可息依；
那弄姿起舞的野雉，照罢了水镜知去归。
同是羽类中的奇伟佳丽，同样秉奉着日月的光辉，
有谁怜悯你这鸟儿啊，远离了本土，神色真衰微。
尽管你毛色比柔绢还白，光彩胜过那轻软的丝衣。却长久禁闭在

深笼里，茂叶高枝永相违。

假如能给你自由的双翼，你定能与黄莺儿一起，向高天处奋飞！

【附1】

鹦鹉碑

（清）林大川

韩文垂古今，韩字不多见。羊城故家，有王右丞白鹦鹉赋，为昌黎手书真迹。字兼行草，径四五寸。遒劲生动，结构紧严，浩气溢于毫端，书家称为米芾所祖，雍正间，郡守龙为霖以重价购归，勒诸石置三忠祠。郡人捶帖者无虚日，亦如江右滕王阁。正如贵池梨村章健集句所谓："断碑无日不浓墨，空斋昼静闻登登。"僧后封锁，索钱到手，方许开捶。咸丰丁巳仲春，余偕友人到祠捶帖，都未得法，乃各买一幅而归。

余按鹦鹉碑，常出诗题，以试多士，有用昌黎石鼓歌韵，以赋七古者，今节录之：

> 昌黎作文起八代，作字仅见鹦鹉歌。
>
> 右丞奇才赋鹦鹉，因公得名比若何？
>
> 书家称以米所祖，按之米帖诚无讹。
>
> 龙蛇纸上欲飞动，不类篆隶与蝌蚪。
>
> 精神恍似舞剑器，笔下若走生鼋鼍。
>
> 颜褚以下不数见，多求唐画疑烂柯。
>
> 篇中草法善变化，一笔写出如投梭。
>
> 不知何时所泼墨，相见退食闲委蛇（佗）。
>
> 此赋遂因此字传，绝妙词好同曹娥。
>
> 江风海雨不侵蚀，永镇古刹临长河。
>
> 绝顶徘徊乐高唱，呜呼古意岂蹉跎。

诗极高古，不知出自谁手，余从郑青阳诗卷中录出。

（据林大川《韩江记》）

【附2】

韩愈的传世书迹——兼论韩书《白鹦鹉赋》石刻之真伪

曾楚楠

韩愈的诗文，震古烁今，其书法作品却传世极稀。

在《送高闲上人序》中，韩愈高度赞许草圣张旭，"故旭之书，变动如鬼神，不可端倪"。而他自己则"性不喜书"。（《题欧阳生哀辞后》）宋代胡仔《苕溪渔隐丛话》引《蔡宽夫诗话》曰："退之《石鼓歌》云：'羲之俗书趁姿媚，数纸尚可博白鹅。'观此语便知退之非留意于书者。今洛中尚有石刻题名，信不甚工。"既然"性不喜书"且书"不甚工"，因此，韩愈除了在一些特定的场合题字留名外，罕有书迹传世。

韩愈一生曾三度到岭南，传为韩愈手书的石刻有两处：一在阳山县钓台，上刻"鸢飞鱼跃"四字，系乾隆四十七年（1782）阳山教谕何健从一士人家发现后，镌刻于石。何健还附有跋语："韩公大字，世罕见之。乾隆壬寅，健秉铎阳山，得四字于士人家，为之勒石。"另一处在潮州韩文公祠（日寇占潮时被移至西湖内，妄图盗运出境，未果，抗战胜利后镶置西湖公园景韩亭正壁），上刻草书《白鹦鹉赋》全文，系雍正十二年（1734）潮州知府龙为霖所立，其后记略云："岁仲春，有事羊城，偶于故家得睹公手书《白鹦鹉赋》，道健茂密，浩气溢于毫端，米颠盖祖之而未尽其妙，诚希世至宝也。购归摹诸石，勒于祠之东壁。"①

两件韩愈"书法"，都是在其谢世九百多年后发现于不知姓氏的民家，而流传的过程、收藏题鉴等均无只字提及，故其可信程度难免令人质疑。对于阳山"鸢飞鱼跃"，汪璥在《松烟小录》中评论道：

---

① 阳山贤令山读书台前石峰上尚有正书"千岩表"三字，有关文献皆言"相传为韩公书"，语多模棱，未敢确指，故本文略而不论。

"见高州杨孝廉，其言阳山石刻，是前明湖广人伪作，杨能举其名，今不复记忆矣。" 而阮元的《广东通志·金石略》则明确指出："四字在连州阳山县，后有'退之'二小字，下刻万承风诗，中云'手迹留鸳鱼，镌摹供资借'。则四字即万所刻伪作也。"

对潮州之《白鹦鹉赋》石刻（以下简称《赋碑》），历来是信疑不一。徐悲鸿先生在解放前曾得到潮汕友人寄赠的《赋碑》拓本，自称"如得瑰宝"；20世纪80年代中期刘海粟先生到潮州游览时，也认为是韩愈真迹；1980年第六期《书法》刊出杨璋明先生《韩愈的书论及其作品》一文，更肯定地说韩愈"51岁时的草书《白鹦鹉赋》，是在他贬潮州刺史时又一寓情于书的自况之作"。《广东通志·金石略》则直接列出"韩昌黎书白鹦鹉赋"条目，又在按语中列举了将碑文内容与《唐文粹》《文苑英华》相勘校之若干异文，且曰"皆以碑刻为正"，显然也视《赋碑》为韩愈手迹并认定有版本勘校价值。但是，持怀疑态度者也不乏其人。清代孙星衍的《寰宇访碑录》在《赋碑》注文中说："草书，无年月，题云'退之'或谓韩愈书也。"同时代人、广东学使翁方纲行部潮州，对郡中金石多有评鉴，但对《赋碑》却不置一词。后来在其所著《粤东金石略》中，除说明该碑的立碑过程外，仅加上"赋为王右丞文，乾隆辛卯秋方纲楷书释于石置壁上"一语。因为，说它是伪作，恐大煞风景，有碍地方官员的脸面；说它是真迹，又有悖金石家的学术良心。所以这一看似圆滑的态度，实际上是一种特殊的存疑方式。1948年由饶宗颐先生总纂的《潮州志》中，分纂《丛谈志》的林德侯先生在为《赋碑》加按语时则明确地提出了否定的意见："摩诘诗文，文公素极鄙夷，焉得乐为临写而存手泽于羊城故家，历千年始见之龙守而刻之耶？……文公遗墨世者觌鲜，八月刺潮之地，既已一字无存，而此故家何幸而得之，更所不解。阳山石刻既非真迹，此碑岂独真耶？故吾曰：今西湖鹦鹉碑字，谓为名手所临则可（按：林先生推断为与王维同时之道士司马退之），谓之文公手笔，则未敢苟同也。"

韩愈对王维诗文是否"鄙夷"，姑且不论，但历来确有不少人这么认为：韩愈因得罪宪宗被远贬潮州，为避文字、口舌是非，只好借别人酒杯浇自家块垒，借用书写王右丞赋文的方式以表达摆脱樊笼的愿望，并以此作为肯定《赋碑》为韩愈手迹的理由之一。其实，这一说法同样不足为据。韩愈左迁，至蓝关，京畿尚在望中，而他已吟出"欲为圣明除弊事，肯将衰朽惜残年"的名句，倔强的他始终认定迎佛骨是"弊事"，他要抒发胸臆，又何必假人唇吻？

潮汕当代学者蔡起贤先生的《韩愈〈白鹦鹉赋〉石刻稽疑》一文，在分析了《赋碑》笔法的特点和我国毛笔制作的发展过程后认为：宋神宗熙宁以后才开始用无笔芯的"散卓笔"，此后才出现了丰润圆实的书风。韩愈为当时制作的毛笔所限制，不可能写出像《赋碑》那样丰润灵活的字。《赋碑》的字体确似米芾，是学米的，龙为霖的刻石记却说"米颠盖祖之而未尽其妙"，恰好说反了。蔡先生还寄希望于韩愈真正的笔迹能早日发现，以彻底解决辨别《赋碑》真伪的问题。

1985年，在广东省政协吴南生主席的倡导和启功、苏庚春诸先生的协助下，潮州韩文公祠终于获得了两帧韩愈手迹的宋代刻本复制件，并将其摄影放大，摹刻于韩祠正殿的北壁上。其中，据星凤楼刻本立石的是《谒少室李渤题名》，文曰："愈与樊著作宗师、卢处士仝谒少室李君拾遗。"据群玉堂刻本勒石的是《曹娥碑题名》，文曰："国子博士韩愈、赵玄遇、著作佐郎樊宗师、处士卢仝观。元和四年五月二十日退之题。"《曹娥碑题名》原系韩愈在《曹娥碑》绢本眉端的题名，其左右方尚有进士卢弘礼、柳宗直等留题手迹。这是目前所能见到的而《昌黎先生集》又失载的韩愈书法真迹，因此虽有缺损而依然珍贵无比。

据《昌黎先生集·嵩山天封宫题名》"元和四年三月二十六日，与著作佐郎樊宗师、处士卢仝自洛中至少室谒李徵君渤"，可知《谒少室李渤题名》与《曹娥碑题名》的书写时间相差不到两个月。由于日期接近，人员大致相同，因而重复的字较多，客观上为后人的鉴定工作提供了十分便利的条件。如将两面刻本与绢本墨迹作勘校，三者的书写风格如章法、结体、点画等可谓完全一致。所以启功先生在《韩退之遗墨记》（已刻石立于韩文公祠内）中肯定地说："按世行公书狂草大字，率出辗转翻摹，点划纠结，无复笔意可寻，真伪乃更难定。惟世传星凤楼与宋刻群玉堂二帖所收题名，最堪征信。"若仔细体味的话，绢本墨迹与帖本的楷字，确系用实心笔所书写，蔡起贤先生关于毛笔问题的推论也得到了证实。

至此，有关韩愈手书《白鹦鹉赋》真伪问题之历史公案，似乎可以了结。

饶有意味的是，潮州在近千年之前却真的刻过韩愈的题名书迹。阮元《广东通志·金石略》引欧阳修《集古录》谓："唐韩愈元和四年题名，在济源井《大颠壁记》附。"翁方纲《粤东金石略》也说："王象之碑目载潮州碑记条下，有'韩退之元和四年题名并《大颠壁记》'……今皆不可考矣！"《大颠壁记》即周敦颐《按部至潮州题大颠堂壁》诗。遗憾的是，碑、记在乾隆年间已"皆不可考"。没想到千载之后，韩愈元和四年题名碑又复见于潮州韩文公祠之中。庆幸、喜悦之余，令人有不胜沧桑之慨！

（二）鸢飞鱼跃碑

此碑立于清道光十一年（1831），原嵌于普宁县洪阳昆冈书院韩祠壁内。1958年祠被拆毁，遂移嵌昆安乡政府办公楼大门顶楼廊中。碑宽120厘米，高50厘米，横书行草大字4个，字大25×17厘米左右；署名"退之"字，系狂草小字；跋语直书楷字，4行共30字。文曰：

图　韩退之书"鸢飞鱼跃"

鸢飞鱼跃

退之

公四字在阳山钓台

勒诸小韩山祠壁时

道光辛卯春也

知邑事南阳凤翔识

　　从跋语来看，此碑系道光年间普宁县知县韩凤翔拓刻，范本得自广东阳山县。阳山县贤令山摩崖石刻"鸢飞鱼跃"系清乾隆四十七年（1782），阳山教谕何健（湖南长沙人）所立。其跋语云："韩公大字，世罕见之。乾隆壬寅，健秉铎阳山，得四字于士人家，为之勒石。"

　　顺治《潮州府志》卷九载，元至正二十六年（1366），潮州路总管王翰将韩山书院从潮州州南七里处迁至城西大隐庵，并在书院前建鸢飞鱼跃亭；明英宗正统三年（1438），知府王源又葺修之。光绪《海阳县志·古迹》谓，该亭"在城南书院池中，元至正间总管王翰建。戴希文诗'西郭云连沙树晚，前池风荇水花凉'即谓此也"。按惯例，亭以匾名，可见早在元代，潮州已有"鸢飞鱼跃"四字亭匾。可惜该匾早佚，其字迹与阳山石刻四字是否有渊源关系已难查考。

　　"鸢飞鱼跃"，语出《诗经·大雅·旱麓》："鸢飞戾天，鱼跃于渊。"毛传："言其上下察也。" 东汉朝王符《潜夫论》引此言："君子修其乐易之德，上及飞鸟，下及渊鱼，罔不欢忻悦豫 。"

（三）灵山寺留衣亭

图　潮阳灵山寺留衣亭

　　灵山寺，在潮阳铜盂龙山湾，唐贞元七年（791）由大颠和尚拓建，曾获赐"护国禅寺"名号，今寺内尚有其时的石经幢残段及石雕花饰。宋僧觉然重建该寺，邑人许申撰《敕赐灵山开善禅院碑记》。元朝时寺铸巨钟，其铭文记载寺之盛貌："灵山之巅，有阁崔巍；明月澄波，海鲸惊雷。"此后该寺几经兴废。现灵山寺保存的是清朝康熙年间信如和尚复建时之建制：三厅六院九天井，占地约5000平方米。

　　灵山寺有八景：拔木坞、写经台、白石槽、祝圣碑、开善藏、千丛果、舌镜塔（广东省重点保护文物，即大颠墓塔）、留衣亭。留衣亭在灵山寺南百余步。唐元和十四年（819），韩愈刺潮，祀神海上，留宿灵山，与大颠往来。后改刺袁州，留衣为别，故有留衣亭。亭以明朝成化年间规模为最，内曾塑昌黎韩公之像。今留衣亭则有清康熙四十二年（1703）潮阳知县彭象升之《重建灵山留衣亭记》碑，供游人观瞻。

【附1】

游灵山寺

（明）吴仕训

吏部何缘到海涯，耽奇还此问三车。

忽看坞里长生木，遥忆樽前顷刻花，

瘗镜山头淹日月，留衣亭子驻烟霞。

千秋远地谁堪话，玉峡溪边有汉槎。

【附2】

重建灵山留衣亭记

（清）彭象升

距县西五十里，有灵山寺，创于唐僧大颠。当昌黎韩公刺潮州时，祀神海上，留宿其地，因与大颠往来。后改刺袁州，留衣为别，山故有留衣亭。洎经兵燹，鞠为茂草，父老仅传其址而已。余窃惟今天子圣化，烈洽四海，内外罔不臣服，民殷物阜。凡浮屠老子之官，与夫一丘一壑，才人逸士所当留连而与托者。池馆亭台，所在修饬，陈者以新，废者以复。士女嬉游，幸生太平，莫不抚景念昔，都嘘感叹！而斯亭者，重以韩公之流风余韵，顾听为荆榛之圩，狐兔之穴，是亦守土者之羞也！爰捐俸金五十，庀材鸠工，经始于辛巳八月，阅四月始成。置酒于亭以落之，客起而问曰：韩公生平排斥佛老不遗余力，时又以谏迎佛骨被谪，则公于僧宜深恶而痛绝之，何忽于大颠情好殷勤？若是，抑亦竺乾流之教，真有未可尽非者耶？予曰：公不云乎，人固有墨名而儒行者，可以与之游乎！若大颠固所谓闻其名，则非较其行，则是者也。而观公与孟尚书书称大颠聪明识道理，又曰能外形骸以理自胜。公之所谓理，必非彼佛之所谓理也，亦明矣。唐宪宗崇尚释氏，甚至异佛骨入大内，朝野倾动若狂，公乡士庶，解衣散钱惟恐不及。韩公以大儒自命，不惮死祸，抗表争论。而大颠于佛法大盛之日，故独穷处海滨，友木石而侣蛇虎。此何异于桃李艳阳之时，守其松柏岁寒之操，不为利疚，不为威服。公与大颠同之。然则，方以内惟公一人，方以外惟大颠一人，而两相契合，莫逆于心，固未之一二流俗人道者，而必拘拘较论于儒释之迹，不亦浅之乎视韩公，亦浅之乎视大颠也哉！夫修举废坠，并论著古人遗事，以阐幽而解惑，有司之事也，因书其语于石。至斯亭在昔兴废岁时，志乘皆无可考，而山川景物之胜概，草木烟云之杳霭，登斯亭者，宜自得之，故不备载焉。

康熙四十二年癸未仲春谷旦

文林郎知潮阳县事大梁彭象升撰

（据《潮阳县志》）

（四）祭鳄旧址

《新唐书·韩愈传》谓："初，愈至潮，问民疾苦，皆曰：'恶溪有鳄鱼，食民畜产且尽，民以是穷。'数日，愈自往视之，令其属秦济以一羊一豕投溪水而祝之……祝之夕，暴风震电起溪中，数日水尽涸，西徙六十里，自是潮无鳄鱼患。"这是一段根据唐代张读《宣室志》记述的民间传说而略加改动的文字，由于它在"祝之"以后的渲染颇为诡怪，因而引起了古今无数学者无休止的争辩。但韩愈自己撰写的《鳄鱼文》中确有"使军事衙推秦济，以羊一豕一，投恶溪之潭水，以与鳄鱼食，而告之"的描述。因此，不管其动机、结果如何，韩愈派人在恶溪边祭鳄，应该说不是凭空捏造的故事。

那么，当年祭鳄的地点在哪里呢？宋代时便已无法确指。有人以为在金山后石龟头，有人认为可能在越王走马坪。《永乐大典》

卷5343引《九域志》云，越王走马埒"去潮州五里，平坦可容数百人"。又引《三阳志》曰："钺祖仁安（一作安仁）为潮州长史，因家岭表。后僭王南海者，其孙陟也（即五代十国时建南汉的刘龑）。今曰越王云者，岂追封向日长史之谓哉？又据韩昌黎遣秦济以羊一豕一祭鳄鱼，故老所传亦其地。"但是，当时的昌黎庙中绘存祭鳄壁画，其地点"乃金山后石龟头之景物，其水心浮图（江中的塔）具写之。且云：既祭，乃以浮图镇焉。及考金山后之壁记，石龟头乃刊于太平兴国之八年，自周侯明辨始。前此者，固山傍之堑石，其奚地之可祭？况文公亲排释氏，而效尤以筑浮图，不待识者而后知其诬。若曰祭于走马埒，而埒之形势，若古所谓除坛者，其下即溪也，祭毕以羊豕投，意或然哉？"

光绪《海阳县志·古迹》云："越王走马埒，在县北十里。南汉祖刘安仁为潮州长史时所筑，安仁孙隐王南越，故追号越王。其埒上平坦可容数百人，遗址尚存。"但这是引自雍正年间张士琏《海阳县志》的记载，时至今日，走马埒已无遗迹可寻，只有前人的两首诗还能让我们依稀想到它的情景。

明朝薛雍《走马埒诗》曰：

双溪据上游，走马埒山小。远道从天来，长堤出云表。越王今何在，刘钺迹已杳。岁岁荒原中，秋风吹白蓼。

清朝黄钊《越王走马埒诗》谓：

君不见，呼鸾道，废苑荒芜没春草。又不见，歌舞冈，乱石荦确眠秋羊。海阳山下埋残碣，重问越王走马埒。东风滚处香尘生，想见围场促踏铁。红棉作絮漫天飞，无复山牛胃兔丝。长堤一色裾腰绿，执梃降王归未归？

值得注意的是，两首诗中都提到了"长堤"，而清代陈琼绘制的《潮州古城图》中，在北堤中段，画有一块"祭鳄碑"石（今佚），因此光绪《海阳县志·古迹》迳曰："鳄溪即恶溪，在城东北，为唐

图　祭鳄台

韩文公驱鳄处。"书中所指的是与意溪镇隔江相望的北堤中段。原有一个古渡口，称为鳄渡，这里江面开阔，天风飒爽，入秋景色如画，所以成为潮州八景之一，名曰"鳄渡秋风"。

　　1987年9月，潮州市政府在鳄渡旧址辟建白石结构的祭鳄台（赖少其书）和鳄渡秋风亭（吴健民书），供游人观览。亭中立石碑一面，正面刻韩愈《鳄鱼文》（詹励群书），碑阴刻《鳄渡亭碑记》（许士杰撰书）。亭柱有联语曰："佛骨谪来，岭海因而增重；鳄鱼徙去，江河自此澄清"（明参政刘玮撰，黄子厚

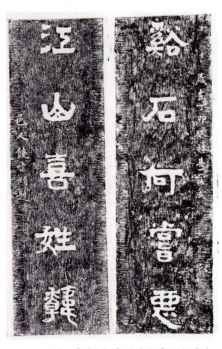

图　祭鳄台对联（饶宗颐撰书）

重书），"溪石何曾恶，江山喜姓韩"（饶宗颐撰书）。

【附1】

鳄鱼图赞

（宋）陈尧佐

余读昌黎文公传，见鳄鱼事甚异，且未敢诚其说。太岁己亥，出官海上，乃公之故郡也。郡之下即大江焉，汇（按：应作淞）口而下，舟人则曰"入恶"以其沉渊巨浪，覆者相继也。江有鳄鱼，大者数丈，玄黄苍白，厥类惟错。似龙无角，如蛇有足，卵化山谷间，其卵无数，大率成鳄鱼者一二焉，余则或鼋或鼍。鳄鱼喜食人，狎于水者每罹害，民居畜产亦辄尾去。潮州旧苦此患，俗不能禁。元和中，公出刺下车，文而逐之，信宿鳄鱼遁去，郡之上下有三十里不居焉。自是州郭无之，殆今犹然。余至郡，访其事，乃与传合，始信史氏之不诬也。会蜑网于渊，获始化者以献，睅目利齿，见者骇焉。呜呼，貌狠而性仁者有之乎。孔子曰："有教无类。"小人之殆不若此乎？余感公之行事，乐鱼之迁善，且虑四方未之信也，乃图而赞之：

> 惟水之奇，有鱼曰鳄。
>
> 利口剑戟，贪心溪壑。
>
> 猗欤文公，示之好恶。
>
> 鱼既化焉，人宁不怍？

原注：图鳄时犹未戮鳄，故赞中不及之。

（据《永乐大典》卷5345）

【附2】

戮鳄鱼文（并序）

（宋）陈尧佐

己亥岁，余于潮州建昌黎先生祠堂，作《招韩辞》，载鳄鱼事以旌之。后又图其鱼为之赞，凡好事者即以授之，俾天下之人，知韩之道不妄也。明年夏，余郡之境上地曰万江，村曰硫黄，张氏子年始十六，与其母灌于江涘，忽鳄鱼尾去，其母号之弗能救。洎中流，则食之无余。余闻而伤之，且谓天子圣武，王泽昭洽，刑不僭，赏不滥，海内海外，罔不率俾，昆虫草木裕如也，鳄鱼何悖焉而任毒任虐之如是？是不可不为之思也！命县邑李公诏郡吏杨勋挐小舟，操巨细（按：应作网），驰往捕之。咸谓余曰："彼不可捕也，穴深渊，游骇浪，非人力之所能加也。"余则以为不然，复之曰："方今普天率土，靡不臣妾；山川阴阳之神，奉天子威命，晦明风雨弗敢渝。鳄鱼恃险与远，毒兹物。律，杀人者死。今鱼食人也，又何疑焉？昔昌黎文公投之以文，则引而避，是则鳄鱼之有知也。若之何而逐之？姑行焉，必有主之者矣。苟不能及，余当请于帝，躬与鳄鱼决！"二吏既往，即以余言告之。乃投网，辄止伏不能举，由是左右前后力者凡百夫，拽之以出。缄其吻，械其足，槛于巨舟，顺流而至。阖郡闻之，悉曰："是必妄也，安有食人之鱼，形越数丈而能获之者焉？"既见之，则骇而喜，且曰："生于世有百岁者矣，凡上下水中，或见其隆伏仿佛之状，虽相远百步，尚不敢抗。今二吏捕之犹拾芥焉，实今古之所未闻也。向非公之义洽于民，公之令严于吏，自诚而不欺也，又安能歼巨害，平大怨，宣王者之威行焉？"余始慎之，终得之，又意韩愈逐之于前，小子戮之于后，不为过也。既而鸣鼓召吏告之，以诛其首而烹之。辞曰：

水之怪则曰恶兮，鱼之悍则曰鳄兮，二者之异不可度兮。张氏之子年方弱兮，尾之食之胡为虐兮，茕茕母氏俾何说兮？予实命吏颜斯怍兮，害而不去道将索兮？夙夜思之哀民瘝兮，赳赳二吏行斯恪兮。矫矫巨尾迎而搏兮，获而献之俾人乐兮。鸣鼓召众舂而斫兮，而今而后津其廓兮。

释文

险怪的溪水名叫恶啊，凶悍的鱼名叫鳄，它们的怪异不可测度啊。张家的孩子正当年弱（冠）为什么暴虐地卷走、吞食他啊，撇下孤独的母亲有谁可诉说？真教我这朝廷命官满面羞愧啊，民害不除，天理岂不分崩离索？长夜思念，哀痛民众的苦难啊，二位雄赳赳的属吏，执行命令真坚决。面对凶猛矫捷的巨物敢拼搏啊，捕获它，摆出来，真使人快乐。敲大鼓、召民众，把它捣烂、砍碎啊，从今以后，江河渡口永清廓。

（据《永乐大典》卷5345。乾隆《潮州府志·艺文》所载《戮鳄鱼文》与此略异）

【附3】

鳄渡亭碑记

许士杰

鳄渡秋深，江亭春晓。缅怀先贤，往事历历。唐元和十四年（819），刑部侍郎韩愈，因谏迎佛骨，贬潮州刺史，及抵郡，问民瘼，知恶溪鳄鱼肆虐，愈亲往视之，撰《祭鳄鱼文》，遣秦济以一羊一豕，投溪水而告之。此为韩愈祭鳄鱼事也。元和驱鳄，鳄患未除，敢于驱鳄，实开先河。宋咸平二年（999），陈尧佐通判潮州，闻鳄食人，命属吏网捕，鸣鼓于市，宣《戮鳄鱼文》而诛之。康定、皇祐间（1041－1049），王举直知潮州，钓获一鳄，绘图并序。是时民间，以钓藏于大豕之身，筏而泛之，鳄鱼尾食而毙焉。洎明永乐间（1403年后），侍郎夏元吉，命渔舟五百只，载石灰毒药，集于潭心，击鼓齐下，洪波鼎沸，鳄类尽歼。继以沧桑变异，海水外移，自是潮无鳄鱼。韩愈莅潮三旬而驱鳄，到任八月而绩昭，潮人德之，遂令江山姓韩。是以溪边驱鳄之处，后世见重。昔时潮州，地广人稀，肉食野兽，危害人群。恶溪之鳄，盖属湾鳄，其性凶猛，袭击人畜，盘踞渡口，危害商旅。驱之除之，万民所求，为民除害，庶黎所钦。然防患之余，宜留遗类，珍贵动物，应予保护，古未顾及，今应重视。鳄溪无鳄，易名韩江。此处既无鳄鱼袭击之危，而有轻帆蓝天之美。秋高水碧，云樯高织，文士竞趋，诗画并至，神州内外，咸临凭吊。昔时曾有渡亭碑碣之设，惜已荡然。公元一九八七年，潮州市人民政府鸠工督造一亭一台，古迹新姿，江山增胜。昌黎旧治，今称名城。关心民瘼，昨载汗青。昔时险溪，今成佳景。民心如镜，永映晦明。鳄渡祭台，修之复之，以歌先贤，以张新风，是为之记。

公元一九八七年九月

邑人许士杰撰书

【附4】

韩江鳄·韩愈祭鳄及其他（节录）

曾楚楠

《旧唐书·韩愈传》有这样一段记载：

初，愈至潮阳，既视事，询吏民疾苦，皆曰："郡西湫水有鳄鱼，卵而化，长数丈，食民畜产将尽，以是民贫。"居数日，愈往视之，令判官秦济炮一豕一羊，投之湫水，祝之……祝之夕，有暴风雷起于湫中。数日，湫水尽涸，徙于旧湫西六十里。自是潮人无鳄患。

正是这一百来字的记述加上韩愈的《鳄鱼文》①，千百年来引发

---

① 《昌黎先生集》中，《鳄鱼文》归入"杂文类"，历代韩集版本、朱熹《韩文考异》以及顺治《潮府府志·古今文章》等均作此题。明代茅坤《韩文公文钞引》则妄改为《祭鳄鱼文》，其后《古文观止》沿用之（该书还改《论佛骨表》为《谏迎佛骨表》）。清代林云铭《韩文起》评语卷八云："文中只用'告'字，并无'祭'字，故李汉编入杂著，不列入祭文卷内。后人不知此意，把题目硬添一'祭'字，今依李本为确。"《鳄鱼文》属何文体，此处姑置而不论，而篇名必仍其旧，乃古今常理。因特辨正如上。

了学人几无穷期的纷争。褒扬者固非少数，而贬责者人数似更多，尤其是近现代的学者，言辞也越发激烈。

胡适在他的《白话文学史》中指出："鳄鱼远徙六十里的神语（话），是韩愈自造的。"1979年吴世昌则在《重新评价历史人物——试论韩愈其人》中说，《鳄鱼文》"真是中国文学史上弄虚作假、欺世盗名的一篇杰作"。"这位自称不信佛、不信神仙的儒家大师，竟能使鬼神呼风唤雨，当天晚上就'有暴风雷起湫水中，数日，湫水尽涸'，鳄鱼们'西迁六十里'，从此潮州无鳄鱼之患了。""这样的神话实在编得拙劣可笑，无聊之极。"郭朋在《隋唐佛教·下篇》中甚至说韩愈"一到潮州，就演出了一幕'祭鳄鱼'的闹剧……堂堂一代大儒、朝廷命官，竟把一种浑浑噩噩的野生动物，当成谈判的对象。要同它们进行'谈判'已经愚不可及了，而最后那种'选材技吏民，操强弓毒矢，以与鳄鱼从事'的劲头，简直就是中国古代的'堂吉诃德'了！"

因此，在评论韩愈祭鳄行动之前，必须先明确两个问题：鳄鱼远徙的神话是不是韩愈自造的？"正史"《旧唐书》为何要写入这个"神话"？

宋人周必大《二老堂杂志》"韩退之鳄鱼文·台参"条谓："《韩退之传》载潮州逐鳄事，而李翱《行状》、皇甫湜《神道碑》《墓志铭》皆不书，……翱、湜时人，不应谬忘，岂以鳄近语怪，故删去乎？《本传》止据《昌黎集》所载而书之耶？"周必大的话不无道理，但最后的设问却缺乏依据。

读过《鳄鱼文》的人都清楚，该文既无"祭""咒"等字眼，也没有对逐鳄过程作任何描述，更没有片言只语提及"祭"的效果。所以，说韩愈自造鳄鱼远徙的神话，岂不冤枉？把五代后晋天福五年至开运二年，即韩愈死后120年左右才修成的《旧唐书》中的记述强加到韩愈的身上，然后再横加贬嘲，大张挞伐，张冠李戴却理直气壮，自我感觉良好，真不明白这些大学者们何以会如此粗心！

那么，《旧唐书》的作者刘昫又是何所据而创造出潮州鳄鱼远徙的"神话"呢？依笔者愚见，他所依据的蓝本就是唐代张读的《宣室志》。是书卷四"韩愈驱鳄"条云：

吏部侍郎韩昌黎公愈，自刑部侍郎贬潮阳守。先是郡西有大湫，中有鳄鱼，长者百尺，每一怒，则湫水腾溢，林岭如震。民之马牛有滨其水者，辄吸而噬之，一瞬而尽，为所害者，莫可胜计。民患之有年矣！及愈刺郡，即至之三日，问民间不便事，俱曰："郡西湫中之鳄鱼也。"愈曰："吾闻至诚感神，昔鲁恭宰中牟，雉驯而蝗避；黄霸治九江，虎皆遁去。是知政之所感，故能化鸟兽矣。"即命廷以牢礼陈于湫之傍，且祝曰："汝，水族也，无为生人患，将以酒沃之。"是夕，郡西有暴风雷，声振山郭，夜分霁焉。明日，里民视其湫，水已尽。公命使穷其迹，至湫西六十里，易地为湫，巨鳄也随而徙焉。自是郡民获免其患。故工部郎中皇甫湜撰《愈神道碑序》曰："刑部为潮阳守，云：峒獠海夷，陶然自化；鳄鱼稻蟹，不暴民物。"盖谓此也。

把上文和《韩愈传》驱鳄事作一对照，其源流关系一目了然。

《宣室志》是一部记述仙鬼灵异故事的笔记（按：汉文帝曾在宫中宣室召见贾谊，问鬼神事，故以此典故作为书名）。作者张读是深州陆泽人（今河北省深州市），生平事略附见于《旧唐书·张荐传》。他生于唐文宗大和八年（834年，即韩愈去世后十年），宦迹未及潮州。是书撰写年代为851—874年之间[1]，故上述文字无疑是一则录自民间传说，关于韩愈驱鳄的原始记载。民间传说难免有夸大失真甚至荒诞无稽之处。但人世间绝没有无缘无故的爱和憎，传说中的主角不是别人而正是韩愈，这充分说明：驱鳄行动绝非子虚乌有，以

---

[1] 张永钦、侯志明：《宣室志·点校说明》，北京：中华书局1983年版。

至于韩愈离开潮州后，潮人犹不时传颂并迅速传至北方，只是在流播过程中，逐渐失去本来面目，成为几近荒诞的神话罢了。但其中的"郡西""湫西六十里"却与古潮州溪的流向完全吻合。潮州有鳄；韩愈没有对祭鳄一事作自我吹嘘；《韩愈传》中鳄鱼远徙的记载源于民间传说。这三个前提明确以后，我们便可以比较客观地对韩愈祭鳄一事进行评述了。

一、关于祭祀活动

《鳄鱼文》虽未出现"祭"字，但文中已点明："潮州刺史韩愈，使军事衙推秦济，以羊一豕一，投恶溪之潭水，以与鳄鱼食，而告之曰……"则韩愈确曾"祭鳄"，毋庸讳言。

韩愈不是超越时代的英雄，其言行当然不可能摆脱历史的局限，而是自觉或不自觉地接受当时社会环境的各种制约。

清代何焯《义门读书记·昌黎集评语》卷八谓："古者猫虎之类，俱有迎祭。而除治虫兽鼍龟，犹设专官，不以为物而不教且制也。"猫虎既可迎祭，则雅好古义古礼，念念不忘"以德礼为先，而辅之以政刑"①的韩愈，当不以祭鳄为非。何况，祭祀往往还是古代官员必须恪守的仪典。翻开唐人文集，有关祭祀的文章真不知有多少。

唐代张鷟《朝野佥载》谓："唐初以来，百姓多事狐神，房中祭祀乞恩，食饮与人同之，事者非一主。当时有谚曰：'无狐魅，不成村。'""岭南风俗，家有人病，先杀鸡鹅等以祀之，将为修福。若不差，即次杀猪狗以祈之。不差，即杀太牢（牛、羊、猪）以祷之。更不差，即是命，不复更祈。"在这种"无狐不村""有病不求药"的历史背景、民情风俗的支配下（即使是在今天，民家奉神灵、贴符咒、"祭路头"等现象也远未绝迹），为了消弭鳄患，破除民众对鳄

---

① （唐）韩愈：《潮州请置乡校牒》。

鱼的恐惧心理（它可是比"狐神"厉害百倍的"凶神"），韩愈采用了能为当时的社会民众所接受的祭祀形式，正是历史条件使然。

恩格斯说得好："对于完全受宗教影响的群众的感情说来，要掀起巨大的风暴，就必须让群众的切身利益披上宗教的外衣出现。"①可惜的是，不少批评家却老爱以"科学的眼光"去衡量千余年前的社会活动，从而指斥韩愈祭鳄是骗人的勾当，是愚弄人民的手段，是欺世盗名的拙劣表演！

二、祭鳄的动机和措施

《鳄鱼文》第一句话是"维年月日"，有的版本则为"维元和十四年四月二十四日"，《唐书·本传》则云："初，愈至潮，问民疾苦……数日，愈自往视，令其属秦济以一羊一豕投溪水而祀之。"总之，韩愈到任不久，即有祭鳄之举。这种高效率的工作作风，即使在今日，也很值得称道。何况，韩愈虽是一州刺史，却也是因谏迎佛骨而差一点被皇帝砍头的罪臣。"一封朝奏九重天，夕贬潮州路八千"，这一次贬谪，是他晚年最大的政治打击。从刑部侍郎的高位一下子流放到边远小州，前路茫茫，生死未卜；家人离散，12岁的小女儿又病死于商南的层峰驿下！如果不抱偏见、设身处地体味一下，当可了解韩愈那种悲愤、忧痛的复杂心境。像这样一个沉浮于险象四伏的宦海中，挣扎在命运漩涡里的官员，如果刚一到任便一门心思地琢磨着怎样导演"一幕'祭鳄鱼'的闹剧"，那才是乖情悖理的咄咄怪事！

祭鳄的基本原因当然是韩愈身上那种"修、齐、治、平"的积极用世的"欲为圣明除弊事"的儒家精神。这可从他治潮八个月中，高效且不遗余力地发展农桑、释放奴婢、兴学育才等实践中得到充分印

---

① ［德］恩格斯：《路德维希·费尔巴哈和德国古典哲学的终结》。

证。此外，尚有两个必须考虑的外部因素。

早在昌乐泷时，韩愈已了解到"恶溪瘴毒聚，雷电常汹汹。鳄鱼大于船，牙眼怖杀侬"的情况。[①]对于将如何治理未来任所这一暴虐民物的祸害，他一定已有所考虑，因而一旦上任并进一步掌握具体情势后，便能迅速决策。

据红外线航拍相片所显示，韩江古河道是从竹竿山经现在的西湖向枫溪、凤塘方向延伸。道光《广东通志·古迹略》云："唐刺史公堂，址在郡北金山麓。"可见，恶溪与刺史官署近在咫尺。鳄鱼是分不清官和民的，它既可肆虐于百姓，自然也会给刺史和他的属员们带来严重的威胁。这应该是韩愈上任后先抓治鳄这一大事的一个不容忽视的原因。

凭一纸祭文当然不可能吓走鳄鱼。《鳄鱼文》只能是动员民众消弭恐惧心理，齐心协力驱除鳄患的檄文。但其末段的几句话："夫傲天子之命吏，不听其言，不徙以避之，与冥顽不灵而为民物害者，皆可杀！刺史则选材技吏民，操强弓毒矢，以与鳄鱼从事，必尽杀乃止。其无悔！"却使后人能推见韩愈不肯为鳄鱼"低首下心，伈伈睍睍，为民吏羞，以偷活于此"的气概与驱鳄的具体措施。鳄鱼皮既然是循州的贡品，必有专门制服鳄鱼的猎户；强弓毒矢是当时制服鳄鱼最有效的远程武器，所以"选材技吏民，操强弓毒矢"绝非虚应文字，而确确实实是其时其地切实可行的驱鳄措施。

三、关于祭鳄的效果

韩愈驱鳄的具体过程及实际效果，我们已无法精确地了解。以唐代潮州的自然环境、社会力量、科技水平，想一举排除鳄害，只能是一种不切实际的愿望。事实上鳄患一直存在着，就在韩愈离开潮州后

---

① （唐）韩愈：《泷吏》。

30年的大中二年（848），"太尉李德裕贬潮州，经鳄鱼滩，损坏舟船，平生宝玩古书图画一时沉失，遂召舶上昆仑取之，但见鳄鱼极多，不敢辄近。滩乃鳄鱼窟宅也！"[①]但因此而全盘否定韩愈祭鳄、驱鳄的行动，也不是知人论世、实事求是的做法。

皇甫湜《韩文公神道碑》谓："鳄鱼稻蟹[②]，不暴民物。"可见，韩愈驱鳄，确曾暂时消除（或制约）了残害民物的鳄害，取得了一定的，哪怕是局部的、暂时的效果，保障了百姓的人身安全，促进了农业生产。

韩愈开潮州治鳄史的先河，其为民除害的精神，极大地鼓舞了后人驱鳄杀鳄的斗志。宋人陈尧佐《戮鳄鱼文》云："余于潮州建昌黎先生祠堂，作《招韩辞》，载鳄鱼事以旌之。后又图其鱼为之赞，凡好事者即以授之，俾天下之人，知韩之道不妄也。""韩愈逐之于前，小子戮之于后，不为过也。"他公开宣称"韩之道不妄"，并以驱鳄事业继承者自居。仅此一端，也可看到韩愈逐鳄的现实意义和精神力量。

民众的态度也可反衬驱鳄的实际效果。

《鳄鱼文》问世后，韩愈在潮州起码还要待六个月。[③]如果撰文的目的纯属"诡怪以疑民"，只为"欺世盗名"，实际上毫无成效可言，那么在半年多的时间内，被愚弄、受欺骗的群众完全有理由对这位"假、大、空"的新刺史报以蔑视态度或保持缄默。但正如前述，韩愈离任不久，民间已传诵祭鳄的故事并迅速流播四方。驱鳄的意义

---

① （唐）刘恂：《岭表录异》卷下。

② 稻蟹，食稻之蟹。《国语·越语》："又一年，王召范蠡而问焉，曰：吾与子谋吴，子曰'未可也'。今其稻蟹不遗种，其可乎？"原注："蟹食稻。"

③ 韩愈《鳄鱼文》云："维元和十四年四月二十四日……"其《袁州刺史谢上表》称："伏遇其年七月十三日恩赦至，其年十月二十四日，准例量移。"是知撰《鳄鱼文》六月后即离潮。

及效果，不是昭然若揭了吗？否认这一点，无异于认为唐代潮州的百姓乃是愚不可及、受了骗却偏要为骗子大唱赞歌的群氓！

有人认为，韩愈是名人，正如高尔基所说的："古代著名的人物，乃是制造神的原料。"①所以老百姓要把花环硬往韩愈身上套。不错，韩愈是名人，但他能"大名垂宇宙"，是在宋代的柳开、穆修，特别是欧阳修等人的大力推崇之后。韩愈在世时，社会上对他并不怎么看重，即以他自认最得意的文章来说，其好友和上司裴度就曾严厉地批评过："不以文立制，而以文为戏，可矣乎！可矣乎！"甚至呼吁："今之不及之者，当大为防焉尔！"②何况，在韩愈之前或之后贬来潮州的"名人"大有人在，如宗室李皋，宰相常衮、杨嗣复、李宗闵、李德裕等（其中李德裕也曾与鳄鱼沾边，见前说）。在当时，论文名才名，他们都高于韩愈，论地位权势，他们都曾执枢轴，更非刑部侍郎韩愈所可比拟。但是他们都成不了"神话"的主角，其原因安在？道理很简单，他们都没有驱鳄的业绩。所以说，用简单的不加分析的"名人成神"论去贬责韩愈，同样难以自圆其说。

至于那种为批判而批判，嘲笑韩愈是"中国古代的堂吉诃德"的论点，更是等而下之。堂吉诃德挑战的是人们创造的有益于民生的生产工具风车，韩愈想制服的是自然界残暴生灵的恶物。前者是亵渎文明的闹剧，后者是维护文明的壮举，二者性质判若天壤，而挥舞"批判"大棒者竟将其相提并论！这里，笔者倒要反问一声：如果韩愈不撰《鳄鱼文》，不管鳄鱼食民畜产那一类"劳什子事"，不"自造祭鳄的神话"，像别的大员一样"簿不治务"躺倒不干，岂不是就能免去"堂吉诃德"的恶谥了吗？如果这样的韩愈才符合批判者要求的话，历史研究还有什么是非可言？

---

① 《文学论文选·苏联的文学》。

② （唐）裴度：《与李翱书》，见《唐文粹》卷84。

当然，祭鳄行动本身并非无懈可击，《鳄鱼文》也不是尽善尽美的至文。其中如"今天子嗣唐位，神圣慈武""刺史受天子命，守此土、治此民""今与鳄鱼约：尽三日，其率丑类南徙于海，以避天子之命吏"等，段段提及"天子"。清代过珙《古文评注》卷七谓，该文"全在提'天子'二字压倒在前，然后转入刺史，正面处处明是奉天讨罪，何等义正词严"。但细味文意，再结合《潮州刺史谢上表》等篇加以研讨，则"奉天讨罪"之背后，也不无"称圣德""穷思毕精，以赎罪过"之嫌。盖其时韩愈正处于政治命运祸患莫测之际，故笔下难免"感恩恋阙"一类之谀辞，这一点我们也无须为其讳避。

但是，揭开祭鳄行动的神秘外衣，剔去"媚上"的糟粕，实事求是地剖视事件的全过程，我们看到的还是一个积极用世、置个人忧愁不幸于度外，为解除民瘼，刚上任即"询吏民疾苦"并付诸行动、形诸文字，切实减少了潮州鳄害的韩愈。如果再结合他治潮期间释赎奴婢、发展农桑、尊贤兴学、推行德礼等政绩，更全面地评价他在潮州文化发展史上的地位和作用，我们将能进一步领会到潮人对韩愈"信之深、思之至，焄蒿凄怆，若或见之"[1]的深层原因。当然，韩愈的作为，不可否认有被后人夸大的成分。但正如孟子所说："乐民之乐者，民亦乐其乐；忧民之忧者，民亦忧其忧。乐于天下，忧于天下，而不王者，未之有也。"[2]明乎此，我们也就不难理解，何以在韩愈离潮不到180年，在欧阳修、苏轼等人的尊韩名篇尚未问世之前，潮州已有"侍郎亭"之纪念建筑，甚至江山易姓为韩！[3]

---

① （宋）苏轼：《潮州韩文公庙碑》。
② 《孟子·梁惠王》。
③ 北宋咸平二年（999），潮州通判陈尧佐即有题为"韩山"之绝句，曰："侍郎亭下草离离，春色相逢万事非。今日江山当日景，多情直拟问斜晖。"

四、夏原（元）吉"药鳄"质疑

《潮州志·丛谈志·物部》"鳄鱼"条云："明初鳄鱼复来，潮州夏侍郎元吉令渔舟五百只各载矿灰，击鼓为令。闻鼓声，渔人齐覆其舟，奔窜远避。少顷如山崩龙战，至暮寂然无声，鳄鱼种类皆死于海滨，其类尽歼矣！自是潮无鳄鱼。"

是书于"药鳄"事言之凿凿，故不断为学界中人所引用，几成定论。然细勘文意，颇有可疑之处。

所谓"潮州夏侍郎元吉"者，称呼颇奇特。韩愈也曾官刑部侍郎，但既贬后必称潮州刺史，而不可称"潮州韩侍郎"。其次，明朝嘉靖郭春震《潮州府志·官师志》中无夏元吉其人。《嘉靖志》成书于嘉靖二十六年（1547），距永乐年间不过百十年，按理不应疏漏。其后各种地方志书也皆阙载。

夏侍郎宦迹既未涉潮州，则"药鳄"事之有无，理当一辨。按《丛谈志》"鳄鱼"条有关记述，似以《韩江闻见录》《韩江记》为蓝本。

郑昌时《韩江闻见录》成书于清道光元年（1821），该书卷六"驱鳄歼鳄"条云：

> 厥后鳄鱼复来……后传潮人载石灰数十艘，加以药。及鱼穴潭心，鸣鼓齐下之，急徙舟避。逾刻，灰、药气尽发，洪波鼎沸，吼若雷霆，鳄鱼种类频翻水面，波为激高丈许。一夕浪平，鳄尽歼，韩江遂绝此患。

清咸丰七年（1857）镂版的林大川《韩江记》卷二"药鳄"条则谓：

> 鳄鱼占据恶溪……昔我潮人，恶其害物伤人，乃满载药灰直抵鱼穴，鸣鼓一声，十船齐下。急掉船，回以避之，食顷，药灰性发，江翻水立，岸撼山摇，载沉载浮，其类尽歼矣……

原来，两书所载，皆400多年前传闻之事，并无相对较为明确的文献依据。唯《韩江闻见录》在"载石灰数十艘"一句加旁注曰："永乐中夏元吉治淞陂塘，乃用此法。"其中"淞"字漫漶，《丛谈志》编者或因此而误为"潮"字？

夏元吉治吴淞陂塘事，见清初屈大均《广东新语·介语》"杀鳄鱼"条：

昔韩愈守潮州，鳄鱼为暴，为文以祭弗能去。后刺史至，以毒法杀之，其害乃绝。按《周礼·秋官》：壶涿氏之职，曰掌除水虫，以炮土之，鼓以驱之，以焚石投之。永乐中，吴淞陂塘坏……居民告曰："水有怪焉，穴于塘澳，塞土填石，不胜其一奋，必杀怪而后塘可成也。"于是使者相继谋杀怪，卒无计策。朝廷忧之，遣夏原吉往。原吉至，命具舟数百，载以焚石，布塘之上下，下令曰："闻鼓声，齐下焚石。"于是两岸击鼓，……震撼天地，辗转驰骤，赤水泉涌。有物仰浮水面，焦灼腐烂，纵横数十丈，若鼋若鼍，莫可言状。怪绝而塘成。假使昌黎读《周礼》，得此杀怪之力，则尽鳄鱼之种类以诛，何暇与之论文哉……此何蟠之说也。[①]

可见，屈大均此文，实也得自传闻。文中所述怪物是否为鳄鱼，殊难断定。即是，夏元吉治的也是吴淞陂塘而不是潮州的鳄鱼。且陂塘乃面积有限之水域（《国语·周语》下："陂塘汀庳，以钟其美。"）以数百舟之焚石以毒怪，或可成功。用此法施之大江，其功效充其量不过如投一炸弹，若非事先"命令"鳄鱼聚于一处，又安能"尽鳄鱼之种类以诛"？故是篇以"杀鳄鱼"为题，未免失之偏颇。《韩江闻见录》谓"石灰数十艘，加以药"，《韩江记》言"鸣鼓一声，十船齐下"，而后鳄鱼便"其类尽歼"，"韩江遂绝此患"，更令人难以置信。

可见，"侍郎夏元吉药鳄"一事，大有辩正之必要。事实上，无论是祭鳄、射鳄、戮鳄、钓鳄，或者是确曾有过的"药鳄"，至多只

[①] 李育中等：《广东新语注》，广州：广东人民出版社1991年版，第515页。

能取得局部、暂时的效果而不能根治鳄患。潮州鳄鱼灭迹的根本原因是韩江三角洲滨海线的南移、土地的开发以及明代以后该地区气温的骤降等。对此，地理专家们已有大量的论证资料可资证明，限于篇幅，恕不赘述。

（原载《潮学》1995年第4期）

（五）马嘶岩

马嘶岩在普宁市池尾街道后山水库西部的马山，西陇山林场内。该岩系一巨石室，深约7米、宽3米许。石室右边有马嘶岩寺，上接悬崖，下临深涧；诸山环绕，峡峨竦立。涧间巨石磊叠，千姿百态；环岩则古藤老树，蔽日遮天。又有流泉直通岩寺厨房之下，岩谷泉石林木之胜为诸山之冠。特别是后山水库建成后，岩壑之下汇为一鉴银湖，山光水色，饶添雅趣，是旅游避暑胜地。

据乾隆《普宁县志》所载，马嘶岩寺"建自唐大颠，初创道场，有敕赐马山禅寺额"。相传韩愈曾到此访大颠，寺旁一巨石名"拴马石"，即韩愈到马嘶岩时拴马的地方。

马嘶岩寺于清康熙二十六年（1687）重修，乾隆六年（1741）僧源正募化重建。现马嘶岩寺包括正殿和两边厝包，大门前有照壁围拢，两侧各开山门。寺内现存清代石碑刻二方，文如下：

其一：陈元德题诗

四大皆空莫更疑，笑他佛骨自支离。

名儒真释原相契，还有东坡解带时。

水僻山幽偶作庵，天花随意写瞿昙。

居庐书火传真偈，除却昌黎未许参。

马嘶岩，唐大颠师初创道场，韩夫子方外交，实始于此。乙丑兴修普志，得悉其详，寄题二绝句。百花洲陈元德草。

按："乙丑"指清乾隆十年（1745）。陈元德，普宁县（今广东省普宁市）人，雍正年间进士，曾任巴县知县，乾隆年间与普宁知县萧麟趾同修《普宁县志》。

其二：马嘶岩记

昌黎谏佛骨，及其刺潮而与僧大颠善，且留衣焉，是必有过人者。潮之缁流，每自诩大颠支派，凡林泉岩谷胜处，辄指为当日卓锡初址，皆假托之说也。唯普之马嘶岩，相传为大颠道场者，其迹近似。岩深可二丈，宽一丈许。上接悬崖，下临深涧，前有巨石，若侍者状，其余若蹲若踞，亦若曾听说法者。环岩老树参差，高挂古藤，穿云蔽日。旁有洗钵流泉通僧厨下。登眺幽雅，令人绝尘外想，信足供老僧团蒲地。夫古之名僧，其始多有托而遁，如莲池之作《七笔勾》（按：明朝高僧袾宏，本姓沈，字佛慧，号莲池，三十二岁作《七笔勾》词，厌世出家。弘扬净土法门，皈依者甚众），雪庵之读《离骚》（按：雪庵和尚，原名叶希贤，一名云，明洪武年间曾任御史。靖难之变，从亡在外，削发为僧，时人为建刹于重庆松柏滩，朝夕诵经咒，其徒谛听之，则《易》之乾卦等），济颠之纵酒，具大知识，超出三界。非犹夫今之开丛林、讲戒律、招致徒众、广援檀樾、卑卑无足道者比也。大颠六根清净，四大皆空，方且绝人离世，甘心寂灭。木石与居，白云为侣，意唯解脱尘网耳，宁计此十笏地，遂足留名于后，使人称为某某遗迹也哉！自见许于昌黎，而大颠之名乃不朽，斯岩也因以不朽矣。今岩前有石桥柱，前山之阜有歇马亭，旧址石础犹存，大约皆后人因昌黎相访而为之点缀者，其留衣处，别在潮邑不在此。

马嘶岩住持僧源正立

赐进士第知普宁县事加三级发干萧麟趾记 山主西阮唐都尉杜竹轩

云孙、知黔阳县事杜瑞卿

乾隆十年十月□日

（据乾隆《普宁县志》卷十）

（六）韩崀笼云

"韩崀笼云"是丰顺县一处著名的旅游点，位于丰良、建桥、北斗区交界处。《丰顺县志》卷十五《胜迹》载："韩崀笼云在城西南，与龙山东南相望，丰城八景之一，高四千五百尺。抗风铜鼓，俯瞰城郭，若韩昌黎泰山屹立。朝云夕露，缭绕岩间。时而喷云半腹，时而独露峰头，变化无端。而青崖翠发，望同螺黛，亦岩邑奇观也。山巅有湖，方塘如镜，湖水下流，潺湲涧谷，琴筑可闻。山半一石大数十围，高十余丈，其上连缀一石，端方平正，相传仙人下棋处，棋局犹存云。"

丰顺在唐代属程乡县，隶潮州。当地相传，韩愈刺潮时，中途曾于此处留宿，故命其山为韩崀。历代文人多有题咏，今据《丰顺县志》摘录数则，以见其一端。

柴致和诗：

> 一峰高耸蠡层霄，不尽烟云护半腰。
>
> 似为名贤留胜迹，空山千古识高标。

陈　浩诗：

> 韩公去后崇称韩，高迈诸峰百尺竿。
>
> 岭径崎岖行不断，烟云变化幻无端。
>
> 织成锦绣天孙舞，裁作文章山斗观。
>
> 岂是无心闲出岫，乘时为雨尽龙蟠。

王承鉴诗：

> 胜迹寻韩崀，云封不露颜。
>
> 文章隐变态，山斗仰贤关。

鳄遁涛堆笔，龙潜雾锁鬟。

奇踪天爱护，望入有无间。

（据光绪续修《丰顺县志》）

（七）叩齿庵

乾隆《潮州府志·寺观》称："叩齿庵在城南，韩文公招大颠至郡日住此。"

据《昌黎先生集·与孟尚书书》云："潮州时，有一老僧号大颠，颇聪明、识道理。远地无可与语者，故自山召至州郭，留十数日。" 可见韩愈招大颠和尚至州郡，确有其事。但其时是否有叩齿庵可供大颠居停，则无考。

图　叩齿庵

叩齿，原指上下牙互相叩击，是道家修养身心的一种形式。东晋葛洪《抱朴子》："叩齿之法。早晨叩齿三百下为良。"北齐颜之推《颜氏家训》："吾尝患齿，摇动欲落，饮食冷热，皆苦疼痛，见《抱朴子》牢齿之法，行之数日，即便痊愈。"

至唐代，这种修行法还很盛行。白居易《味道》诗谓："叩齿晨兴秋院静，焚香宴坐晚窗深。"贾岛《过杨道士居》诗云："叩齿坐明月，支颐望白云。"修行时间或有先后，而方法则一。

后来，叩齿演变成一种带有浓厚宗教色彩的仪式。在向神祷告、立誓或日常作咒语时，施为者都要将自己的牙齿对叩几下，据说这样才够虔诚，才能有上佳的效果。元代杨景贤《西游记》杂剧二本五出"天下乐"云："这和尚伏虎降龙信有之，京师诸弟子，焚香点烛齐叩齿。"明代施耐庵《水浒传》第七回亦说："正在那里喧哄，只听得门外老鸦哇哇地叫。众人有叩齿的，齐道：'赤口上天，白舌入地。'智深道：'你们做什么鸟乱？'众人道：'老鸦叫，怕有口舌。'"这里的叩齿，已变成祈福消灾的一种手段。

总之，叩齿的本意不外是表示对神灵的崇敬、虔诚。但是，在潮州方言中，叩齿又有"敲掉牙齿"的含义，因此潮汕民间流传着这样一则故事：

韩愈到潮州后，曾遇见一个面目丑陋的和尚，两颗门齿如猪獠牙般突出口外，十分可憎，当下心中不悦。回到府衙刚坐定，门役递上一个包裹，说是一个和尚送来的礼物，要亲交刺史开拆。韩愈开包一看，正是路上看到的那和尚的两颗獠牙，这才恍然大悟：对方是有道高僧大颠，自己不该以貌取人。于是追上老和尚，当面向他致歉，并盖了"叩齿庵"请大颠居住。

故事虽然荒诞无稽，却自有其深刻的历史背景。

韩愈一生不遗余力地反对佛老二教，故其生前身后备受黄冠、缁流攻诘。他们最常采用的手法就是捏造事实、深文周纳，使人声誉扫地。宋代王谠《唐语林》载："韩愈病将卒，召群僧曰：'吾不药，今将病死矣。汝详视吾手足肢体，无狂人云韩愈癞死也！'"群僧造谣说，韩愈得了癞病（麻风），以致他在临终前还要郑重"辟谣"，仅此一端，已可见到当年韩愈身上所承负的社会压力。相比之下，叩齿的传说算是温和得多了。此说原来也有所"本"。宋僧契嵩在《镡津文集》中已坐实退之参禅事；宗永撰《宗门统要》，进一步杜撰出韩愈谒大颠的"经过"：韩愈问大颠："和尚春秋多少？"大颠提起佛珠说："昼夜一百八。"愈不解其意，怏怏回府。次日重来，在门口遇到首座，便问："昼夜一百八，意旨如何？"首座叩齿三声。愈更不解，再入问大颠"一百八"之意，颠也叩齿三声。愈说："现在我才信佛法是一个样。"颠问为什么？愈便把遇见首座的情状相告。大颠遂召首座责问，刚才是不是对侍郎说佛法？首座说是，大颠便把首座赶出院去。

这则令人莫明其妙的公案，后来又被本果收入《灵山正宏集》中。该集刊于元大德五年（1301），因为是地方出版的书刊，所以叩齿的故事便迅速传开，并在传播的过程中越来越走样，把大颠叩击牙齿讹为敲掉牙齿。

叩齿庵遗址尚在，但因长期为其他单位占用，庵内设置已荡然无存。1927年9月27日，八一南昌起义部队曾在潮州驻军七天，俗称"七日红"。其时贺龙部第三师政治部就设在叩齿庵内。师长周逸群、政治部主任徐特立等曾经在此办公。

叩齿庵现为潮州市重点文物保护单位。1991年，叩齿庵重修工程启动，至1999年，先后修建大雄宝殿、藏经楼、山门及庑侧碑廊等，名城胜迹重焕丰姿。

【附1】

题大颠堂壁

（宋）周濂溪

退之自谓如夫子，原道诋排佛老非。

不识大颠何似者，数书珍重更留衣。

【附2】

题叩齿庵壁

（清）陈衍虞

踏破春烟陟峻台，干云虹指净纤埃。

山僧错会留衣意，十笏精蓝傍庙开。

《海阳县志》按语："叩齿庵右傍韩庙，莲山（衍虞号）题壁诗故云尔也。"

（八）韩木

"韩祠橡木"是著名的潮州八景之一。橡木，亦称韩木。

现可查考的有关韩木最早的记载，是南宋王大宝的《韩木赞》："潮东山有亭，唐韩文公游览所也。亭隅有木，虬干鳞文，叶长而傍棱，耆老相传公所植也，人无识其名，故曰韩木。"（原注：乃橡子木，广无是种，故潮人不识之）又宋代周紫芝《竹坡诗话》云："潮州韩文公祠有异木，世传退之手植。去祠十数步，种之辄死。有题文公祠者云'韩木有情春谷暖，鳄鱼无种海潭清'者是也。"

自宋以来，关于韩木有这样的传说：韩木每年开花的繁稀，预示着当年潮州士子登第人数的多寡。王大宝的《韩木赞》说："绍圣四年（1097）丁丑开盛，倾城赏之。未几，捷报三人，盖比前数多也。继是榜不乏人，繁稀如之。最盛者崇宁五年（1106）、宣和六年（1124）也。今不花十有五载，人才未遇，或时运适然，未可知尔。"他认为："（韩）公刺是邦，命师训业。绵绵厥后，三百余年。士风日盛，效祥于木，理之宜然。"意思是说，教化普及，学习风气浓厚，士子们的成绩就斐然可观。学风好了，人们自然更缅怀韩愈的功绩，对韩木倍加爱护，所以，花也开得更繁盛。他还着重指出：如果学业荒忽，一味寄希望于韩木"呈瑞"，不事进取，则是末世小人的荒唐行为，这样的人和事，必将为正人君子所鄙视！

关于韩木，宋代以后的文士屡有吟咏之作。兹辑录几则，以略见其端。

薛利和《韩亭》诗：

岭脊孤亭势倚云，前临城邑复荒村。八千里外人归久，四百年间木尚存。

刘克庄《韩祠三首·三》诗：

莱相竹今供戍卒，武侯柏亦付胡儿。南来犹有昌黎木，神物千年尚护持。

杨万里《韩木》诗：

笑为先生一问天，身前身后两般看。庭前树子关何事？也得天公赐姓韩。

黄补《韩木》诗：

呜呼潮南俗也淳，先生遗树今犹存。春山二月春鸟响，游人树底罗酒樽。

陈知柔《韩木》诗：

层江波静鳄如扫，一亩寒阴禽自呼。莫把甘棠比韩木，令人洒涕共长吁。

游人可于"树底罗酒樽"，寒阴面积虽无一亩，也是相当可观的了。韩木在宋代的茂盛情况，于此可以推知。此后，韩木一直保持着蓬勃的生机，到清代初年，由于年代久远，也可能由于兵燹等，韩木开始出现衰老现象。

清顺治年间潮州知府吴颖《己亥元旦》诗有句曰："风雨韩江桥不断，未枯橡木石阶横。" 己亥为顺治十六年（1659），知府在元旦日（按：即农历正月初一）作诗，却用了"枯"这个颇"不吉利"的字眼，可见韩木已呈现出干枯迹象。但随着社会环境的逐步安定，韩木得到了应有的维护，老树又发新枝。张尚瑗在《谒韩文公祠》诗中即已指出："虬枝侍郎木，桧柏同爇爇（音拟，茂盛貌）。"乾嘉年间邑人郑兰枝的《韩祠橡木》一诗更是脍炙人口："高植一株耸翠峦，侍郎手泽倚栏杆。根深八月蟠祠古，叶毓双旌度岁寒。棱影参差侵曲水，奇花多少映词坛。游人若问科名事，为指芳林旧姓韩。"更明确的记载是郑昌时的《韩江闻见录》："乾隆甲子岁（1744）橡木花稠，是科潮人科甲特盛。"但自此以后，韩木终于一蹶不振："今存古迹，有故干盈尺，且化石作漆光色，为大埔李明经（贡生别称）诗捷所取，略作立体，奉为韩公像。"郑昌时生活在乾、嘉、道时代，他能目睹韩木故干"化石作漆光色"，知韩木已枯萎多年。郑文作于嘉庆十六年（1811），以此上溯，则韩木枯死之年限，当在乾隆中期左右。

至嘉庆"庚午（1810）、辛未（1811）"，郑昌时"司事重建韩山书院及修公庙于双旌峰麓，李拟以此木奉于院中书楼，题为'橡木楼'，以闻当道，未果行"（《韩江闻见录》）。李明经眼见橡木仅剩盈尺故干，不忍其废，遂将其取回，刻成韩愈像（此举堪称双绝），后来又建议置木像于韩山书院书楼中，此实为古代保护文物之义举，奈何"当道"者置若罔闻！嗣后韩公木像杳无下落，韩木于是仅存芳名，徒传诵于士庶心口之中而已！

2000年，潮州市韩愈纪念馆拟复原"韩祠橡木"景观，河南大学潮籍教授饶冠树伉俪闻讯后邮来橡木种子，试种成活，选其茁壮者一株植于祠前，虽成长缓慢但长势良好。该馆因规划于韩祠北面辟建

"橡木园"，于2012年赴韩愈故乡河南挑选橡木，精挑细选粗壮者30余株，提前做好移植准备工作。又于2012年晚春，千里迢迢将树运回潮州移植入园，同年园区建成供游客参观。现橡木园建有观景平台，正中立国学大师饶宗颐先生手书的王大宝《韩木赞》巨幅竹简造型幕墙，橡木则种于后方山坡，左右配有尧佐亭和允元亭，环山设磴道，可登高望远，整体景致优雅且文韵斐然。

历经两年多的精心培育，大部分橡木已逐渐适应了南方的气候与水土，更于2014年春在潮州"新家"迎来了首度花开。今"韩祠橡木"已不再是遥想，"只见韩祠、不见橡木"亦不再是遗憾，橡木园的兴建圆了几代潮人的夙愿。

【附1】

韩木赞

（宋）王大宝

潮东山上有亭，唐韩文公游览所也。亭隅有木，虬干鳞文，叶长而傍棱，耆老相传公所植也，人无识其名，故曰韩木。旧株既老，类更滋蕃，遇春则华，或红或白，簇簇附枝，如桃状而小。每值士议春官，邦人以卜登第之祥，其来旧矣。绍圣四年丁丑开盛，倾城赏之。未几，捷报三人，盖比前数多也。继是榜不乏人，繁稀如之。最盛者崇宁五年、宣和六年也。今不花十有五载，人材未遇，或时运适然，未可知尔。大宝尝读苏端明为公庙碑，论能不能有天人之辨。窃观公植之木，能逃化机，为一方瑞，夫岂容伪？殆其善教之道，及造物而藏诸用，使潮人思慕，千万年莫之厌者矣。碑何以不书？未盛也。盛而无妄，邦人诚之。诚而不书，天下后世曷然之？夫鸟兽草木之奇，符于前事谓之瑞。箫韶仪凤，周亩嘉禾，各以类应。公刺是邦，命师训业，绵绵厥后，三百余年，士风日盛，效祥于木，理之宜然。若乃术业荒忽，惟瑞之证，叔世妄诞者之为，君子鄙之！为之赞曰：

召公之棠，

孔明之柏，

既咏勿剪，

且歌爱惜。

瞻彼韩木，

是封是沃，

匪木之渎，

德化维服。

化隆而孚，

华繁以符。

邦人励之，

此理非诬。

释文

召公（曾在树下憩息过）的甘棠，

孔明庙的松柏，

（前人）已永言不准攀折、剪伐，

而且付诸歌诗要求爱惜。

看那棵韩木，

又是培土，又是灌沃，

这不是韩木有非分之求，

而是（韩公）德化使人尊服。

教化昌隆而能普施，

花儿就繁盛且与前事相符。

乡亲们请以此为勉励吧，

这个道理决非荒诞虚诬。

（据《永乐大典》卷5345）

【附2】

橡木赋

（清）陈 珏

韩山之麓，鳄溪之湄，爰有橡木，植自昌黎。历千年而不拔，贯四序而常滋。蓬蓬其叶，挺挺其枝。当春夏之交而吐芳旖旎，值金商之候而缀实离披。尔乃房堪染皂，縠可为斗。友橞俦椿，凌榆烁柳。擢本不见于海暻，孤生独荣于笔阜。惟是读尔雅而知栩杼之号，诵诗篇而识柞械之称。五官载于汉史，繁植纪于舜耕。被菱苻于祠宇，映芳蕤于檐楹。与扶疏之桐阴，集鹇栖凤；同轮囷之松盖，漏月含星。顾兹栱木凌霄，夙托韩公灵爽；欣此繁英绣壂，多占潮海科名。彼夫灵桧夭矫于尼山，甘棠蔽芾于召伯。猗猗卫武之筀，郁郁莱公之柏。均系百世之民思，因念先贤之手泽。

（据乾隆《潮州府志》卷四十二）

【附3】

韩木

林德侯

潮城东山有亭，为韩文公游览之地，嘉莳美木，亭久废。亭隅有一异木独存，鳞文蚪干，叶长厚而有棱。相传为公从乡中带来所手植者，人无识其名，因名韩木，去祠十余步，种之辄死，或曰橡木也。潮无橡，橡始自公，移其种之他，不橡也，故名。旧株既老而更蕃，遇春则华，或红或白，簇簇附枝如桃状，而邦人恒以花之繁稀卜春官科名之多寡，有无也如之。宋崇宁五年开，报捷者有林经国、郑民宪、夏侯履道、郭瑶臣；绍圣四年盛开，有张参、刘允、陈洵仁、杨献章、陈仲达；宣和六年有刘昉、张希传、张昌裔。清乾隆九年，木久不花，至是忽盛开，是科中秋闱者谢文在等二十人。翌年春闱有刘大河、陆日升、袁链、王铨衡、方天宝、杨盛梧、杨演时、杨文振、陈可奇、罗国宝、林世忠十一人，开潮州春闱榜未有之盛。嘉庆间木有故干盈尺，且化石作漆色，为大埔李诗捷取去，略作韩公立像。及重建韩山书院，李拟以此木奉于院中书楼，题为韩木楼，以闻当道未果行。（《吴府志》《周志》《海阳吴志》《金城山记》《舆地纪胜》《夷坚续志》《枣林杂俎》《竹坡诗话》《粤东笔记》《韩江闻见录》《韩江记》《潮州丛著》）

（据民国《潮州志·丛谈志》）

（九）曹娥碑[①]题名

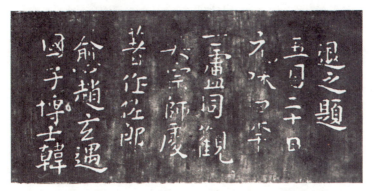

图　退之书"曹娥碑卷题名"

此碑宽150厘米，高80厘米，直书8行，共33字，自左至右，文曰：

国子博士韩愈、赵玄遇、著作佐郎樊宗师、处士卢全观。

元和四年五月二十日

退之题

该碑文字系根据宋朝群玉堂刻本摄影放大。碑石选用福建辉绿

---

① 曹娥碑：原系东汉度尚为孝女曹娥所立之碑，上刻诔辞，碑石早已不存。今传绢本墨迹（藏于辽宁省博物馆），其眉端与左右方有唐怀素、韩愈等人题字，南宋时曾刻入《群玉堂帖》中。据《昌黎先生集·外集·嵩山天封宫题名》："……明日观启母石，入此观与道士赵玄遇乃归。"知赵玄遇为嵩山天封宫道士。按：《曹娥碑题名》《昌黎先生集》中未收录，吉光片羽，弥足珍贵。可据此补入韩集中。

岩。1986年4月22日，镶嵌于潮州韩文公祠正座北壁中。

（十）谒少室李渤题名

此碑高150厘米，宽90厘米，直书4行，共26字，文曰：

> 唐吏部尚书韩愈书
>
> 愈与樊著作宗
>
> 师卢处士仝谒
>
> 少室李君拾遗

按：第一行小字系后人补书。韩愈生前只任过吏部侍郎，死后赠礼部尚书。第一行小字中"吏部"系"礼部"之误。

《昌黎先生集·遗文·谒少室李渤题名》云："愈同樊宗师、卢仝谒少室李拾遗。"文与上碑略异："与"作"同"，"李"字后无"君"字。又据同书《嵩山天封宫题名》谓："元和四年三月二十六日，与著作佐郎樊宗师①、处士卢仝②自洛中至少室谒李徵君渤③。"知上述题名碑撰于唐宪宗元和四年（809）三月二十六日。

该碑文字系根据宋朝星凤楼刻本摄影放大。辉绿岩碑体，配泉州白石碑座。1986年4月22日立于韩文公祠正座北壁前。

---

① 樊宗师，字绍述。初为国子主簿，元和三年，授著作佐郎，后任绵州、绛州刺史。其祖樊咏、父樊泽皆有功于唐，"家饶于财"。但宗师"悉散施姻旧宾客，妻子告不给，宗师笑不答。然力学多通解，著《春秋传》《魁纪公》《樊子》凡百余篇，别集尚多。韩愈称宗师议论平正有经据，尝荐其材"。（据《新唐书·樊泽传》）。
② 卢仝，中唐诗人。"自号玉川子，尝为《月蚀诗》以讥切元和逆党，愈称工。""卢仝居东都，愈为河南令，爱其材，厚礼之。"（据《新唐书·韩愈传》）卢仝终生未出仕，因称为处士。
③ 李渤，字浚之。刻志于学，曾与仲兄涉隐居庐山，后徙居少室山（在今河南省登封市北）。元和初，诏以左拾遗召，渤不拜，河南令韩愈遗书敦请，渤心善其言，始出，家东都（洛阳）。元和九年讨淮西，渤上平贼三术，又上《御戎新录》，乃以著作郎召，后迁左补阙、员外郎、江州刺史、谏议大夫、给事中、太子宾客，卒赠礼部尚书。（据《新唐书·李渤传》）

【附】

韩退之遗墨记

启 功①

韩公退之之文与诗，千载以来，如日月经天，江河行地，为中华民族之光久矣。读其书者，思见其容，昔人遂有以五代韩熙载之画像充退之写真者，然则其貌之不可见亦久矣。今广东潮州将重整韩公祠宇，以为纪念之馆。吴君南生修桑梓之敬，拟摹公书迹于石，以为登斯堂者瞻仰之资。按世行公书狂草大字，率出辗转翻摹，点划纠结，无复笔意可寻，真伪乃更难定。惟世传星凤楼与宋刻群玉堂二帖所收题名，最堪征信。星凤刻本三行，其后有缺失，盖所据之本有残佚。群玉刻古无名人小楷曹娥碑卷，眉端有韩公小字题名，自左而右，文曰："国子博士韩愈、赵玄遇、著作佐郎樊宗师、处士卢仝观。元和四年五月二十日退之题。"当时墨迹有所剥蚀，故字有缺笔，然文词固可读也。曹娥碑别有绢本一卷，绢丝残损更甚，文与此同，亦摹于后。潮郡诸公以摄影展大，选石精镌，信为盛举，因为敬识其后。

一九八五年夏日，启功并书北京师范大学

该碑在韩文公祠正堂北壁，碑高150厘米，宽90厘米，碑文楷书竖刻，完好清楚。

---

① 启功，满族，姓爱新觉罗，字元伯，也作元白，北京市人。生于1912年，幼年家寒。中学肄业并受业于戴姜福，学习中国古代文学，又从贾尔鲁、吴熙曾学习国画，后受教于陈垣。历任教于辅仁中学、辅仁大学。后任北京师范大学教授、中国书法家协会主席、国家文物鉴定委员会主任委员。主要研究范围为中国文学史、中国古代书画碑帖。著有《古代字体论稿》《诗文声律论稿》《启功丛稿》等。

（十一）天庆观木龟

《永乐大典》卷5343云：

文公故迹，又有所谓天庆观之木龟者。初，黄冠粪除而火之于烈焰中，有物甚巨独不化。火烬，取而视之，形则龟耳，以木为质，傅以泥，举之差重。夫杂于粪除而久不腐固可异，已投诸烈火而不能焚，此何为者哉？斫泥而验，下有刻字，其行二：一曰唐刺史韩愈塑；一曰刺史职方陈铸重修。陈铸典州，实庆历之三年，其去韩公几三百载，而泥傅之质，至铸犹在。铸之后又至今尚存，岂昌黎遗物，独有神物护哉？今好事者加以彩绘，立于北方镇天神之足，遗识固在已。

……

木龟有堂，旧在天庆观北极殿之左，近为道流窃取而去，今莫知所在矣。

乾隆《潮州府志·寺观》："天庆观，即元妙观，在城内，宋政和间建。" 而光绪《海阳县志·古迹》则云："元妙观，即天庆观，在城东街，宋政和间建，后废。国朝乾隆间建复，今名老君堂。"现老君堂亦毁。

四、潮州纪念韩愈的文物胜迹

（一）潮州韩文公祠

潮州韩文公祠，简称韩祠，位于潮州城东韩山西麓，是岭东地区一处重要名胜，也是我国现存的纪念唐代文学家韩愈的一座历史最悠久、保存最完整的祠宇。

1. 韩文公祠的沿革

（1）陈尧佐创建韩祠。

宋真宗咸平二年（999），陈尧佐因言事被贬为潮州通判（州郡副长官）。《宋史·陈尧佐传》："（尧佐）通判潮州，修孔子庙，作韩吏部祠，以风示潮人。"

图 韩文公祠主祠大殿

当时，潮州知州为于九流，他曾把郡西的孔子庙迁到金山麓郡治前。不久于九流调走，陈尧佐主持州事，"会新夫子庙，乃辟正室性质，不足以以示虔敬，所以不久又迁到刺史公堂后"。

陈尧佐建韩祠，为潮州立祠开创了先例。"州（潮州）之有祠堂，自昌黎韩公始也。"（《永乐大典》卷5343）

（2）王涤迁祠于州南七里。

宋至和元年（1054），知州郑伸在陈尧佐所建韩祠原址重建了韩祠，但因祠址处郡治后，而郡治又处于子城中，"民以出入为艰"，所以，36年后即元祐五年（1090），知州王涤把韩祠迁到州城南七里附近，并改祠名为"昌黎伯韩文公庙"。新庙落成以后，知扬州军州事、龙图阁学士苏轼应王涤之约，撰写了脍炙人口的《潮州韩文公庙碑》。由于苏文为世所传诵，所以，潮州韩祠在世人心目中也有了独特的地位和深远的影响。

（3）丁允元迁祠于韩山。

南宋淳熙十六年（1189），知州丁允元又把韩祠从城南迁到东山（今韩山）古揭阳楼遗址处。东山曾经是韩愈贬潮时经常游憩之地，相传古揭阳楼是他所建，附近的橡木也是他所植。因此，新祠址可以说和韩愈当年的行踪相吻合，足慰谒者思慕至诚。且韩山三峰并峙，前有韩水汩汩流淌，山光水色，远胜只有旷野平畴的城南。所以，新祠建立以后很快取得了正宗地位，历800年终无他徙。其间虽屡经兵燹天灾，但总是毁后不久即得到维修，有记载的重修便有29次之多。规模最大的是清光绪十三年（1887）两广总督张之洞着令知府方功惠动帑大修，因资力雄厚遂使韩祠"瑰丽倍于昔"。我们今天看到的韩祠主体建筑的布局、规模，正是当年的旧貌。

（4）城南祠的变迁。

韩祠迁韩山后，原城南祠渐成荒墟。宋庆元五年（1199），知州沈杞在原址建"盍簪亭"（意为友朋群集）。至淳祐三年（1243），知州郑良臣在亭址处拓建斋舍以课生徒，命名为"城南书庄"。从此，城南祠渐转为书院，供奉孔子及兖、郕、沂、邹四国公（即颜回、曾子、子思、孟子），并立韩愈专祠附祀。元代至元十五年（1278）书院遭兵火，六年后重建，改名为"韩山书院"。至正十二年（1352）书院又毁于火。至正二十六年（1366），潮州路总管王翰把书院迁至城西大隐庵处（即今城南学校校址）。此后，明、清两代屡有增益修建。

清康熙三十年（1691），巡道史起贤于韩山韩祠侧建"昌黎书院"，至雍正十年（1732），知府龙为霖改其名为"韩山书院"，城南的书院复称"城南书院"。至民国，"城南书院"命名为"县立第一小学"。从此，庙祀日废，潮州韩文公祠仅存韩山祠一处。

2. 韩文公祠的建筑艺术和布局

韩文公祠在祠址的选择和整个建筑格局上都是十分成功的。其一，有着水色山光护古祠的良好景观；其二，主体建筑正处于笔架山主峰的中轴线上，修建时又让主座后退紧靠山峰，使左右的象山、狮山显得前突，成拱卫环抱之势，从而增强了祠宇肃穆幽深的气氛；其

图　韩文公祠屋角嵌瓷艺术

三，把高度定在海拔40米左右，恰到好处地构成了令瞻仰者肃然起敬的仰视角度；其四，充分发挥了古迹的作用，把传说中十分神奇的橡木和祠宇结合在一起，使谒祠者在特定环境中浮想联翩，对先贤缅怀凭吊的情思油然而生。

韩文公祠的建筑古朴典雅，独具一格。祠体正面墙壁用坚实的水磨古砖砌筑，砖缝吻合紧凑，平直整齐。砖墙与梁桷衔接处，皆按不同弧线精工雕磨，使砖木紧密贴合。

图　韩文公祠门匾、木牌匾

从远处望去，青绿色的墙面，衬托着正门匾额"韩文公之祠"五个蓝色隶书字，给人以清淡文雅、沉静端肃的感觉。祠体屋脊高峻，山墙厚大，结构轩昂高敞，与祠前的51级石磴道配合，越发显得气势雄伟巍峨。1985年修建时，人们又将祠前近百尺长的甬道加铺石板，中间竖立一座8米高的白石牌坊，坊前架设一座天桥式31级的石阶。1988年又在祠后山腰上建双层"侍郎阁"。于是，沿着笔架山主峰中轴线，天桥、牌坊，甬道、石阶，平台、祠宇、高阁，错落有致，层次井然，各具特色又浑然一体，引人步步高升而渐入佳境。1989年由泰国丁氏宗亲总会捐资，在韩祠北侧兴建"允元亭"。1991年于祠前甬道南侧建当代碑廊，匾曰"天南碑胜"，该廊共立当代名流书法作品41幅。2002年于主祠南侧辟建"天水园"，立"韩愈别赵子"石雕塑。2009年于天水园后方半山平台辟建石雕壁画长廊和"韩愈勤政廉政展览馆”，其中韩愈勤政廉政展览馆被评为“全国廉政教育基地”。2010年于主祠北侧新辟“橡木园”，从韩愈故乡河南移栽橡木30多株。国学大师饶宗颐先生为该园题写400多字的王大宝《韩木赞》一文，遂建成一巨幅竹简造型幕墙，亦使园区增色不少。近年来，随着各种配套景观的相继建成，如今的韩文公祠已成为粤东一处人文内涵丰富且品位优雅的旅游胜地，亦是海内外游客抵潮的必游之地。

可以预见，随着园区改建总体规划的逐步实施，韩文公祠必将成为一处内涵更丰富、景色更迷人的文物旅游区。

图　“韩愈别赵子”石雕塑

【附】

招韩文公文（并序）

（宋）陈尧佐

祭法，法施于民则祀之。祀之之义，盖所以奖激忠义而厉贤才也。唐元和十四年，昌黎文公愈以刑部侍郎出为潮州刺史，至郡专以孔子之道教民。民悦其教，诵公之言，藏公之文，绵绵焉迨今知学者也。郡之下即恶溪焉，有鱼曰鳄，陆生卵化，蛟之流也。大者仅百尺，小者即其子孙耳。早暮城下以人为食，虽牛马羊豕见必尾之，居民怖焉，甚于虎兕。公愤其酷，乃投之牢食，谕以祸福，使其引去。鱼德公之言，信宿大风雨，率其种类而遁，郡之上下才一舍不居焉，民到于今赖之。溪东有亭址存焉，俗曰侍郎亭，即以公尸之也。南粤大率尚鬼，而公之祠弗立。官斯民者，又曰仁乎？余由京府从事，出吏兹土，观求所然，颇得其实，且叹旧政之阙也。会新夫子庙，乃辟正室之东厢，为公之祠焉。既祠之，且招之曰：

公之生而不及见之兮，惟道是师。

公之没不得而祀之兮，乃心之悲。

蚩蚩烝民兮，奉实有亏。

济济多士兮，官斯者谁？

南粤之裔兮，在天一涯。

吾道之行兮，自公之为。

苍苍海隅兮，咸阅礼以敦诗。

浩浩江湍兮，悉走害以奔奇。

功之大者，亘古今而不衰。

德之盛者，侣轲雄而并驰。

何庙食之弗供兮，俾祀典之孔臲？

实我生之包羞兮，亦斯文而已而。

眈眈邃宇兮，孔堂之东。

俨俨盛服兮，如生之容。

辟窈窕之轩楹兮，列游夏之朋从。

陈蠲洁之俎豆兮，奏锵洋之鼓钟。

顾丘祷之不缪兮，幸神道之来通。

庶斯民之仰止兮，尊盛德以无穷。

（据《永乐大典》卷5345）

图 韩文公祠石牌坊

3．牌坊

韩文公祠石牌坊在韩祠正门石甬道起端，建于1985年11月，为四柱三开间式白石坊。高8.04米，宽8.84米，柱作正方形，主柱边长60厘米，侧柱边长48厘米，坊匾长4.08米。正面（西向）坊文"韩文公祠"四个行楷大字系原中共中央总书记胡耀邦手书。背面隶书，文曰："公元一九八四年二月五日，中国共产党中央委员会总书记胡耀邦同志莅潮视察，为韩祠题匾，是冬鸠工修祠，谨钩摹上石，以垂久远。"（书写者：潮州市退休教师吴维科）

1999年11月，牌坊前的广场改造时，又将牌坊在原四柱三开间的基础上扩建为八柱五开间，面宽增至14.46米，门面更显大气。

按：原韩祠祠道有两柱单开间石坊一座，系明天顺五年（1461）岭东参政刘炜所建。坊匾行书"韩文公之祠"五字，石柱联曰："佛骨谪来，岭海因而增重；鳄鱼徙去，江河自此澄清。"

4．韩愈塑像

韩愈泥塑像位于韩祠正座明间龛内，坐东朝西，作端坐状。左手执卷轴，右手按膝，着绯袍玉带、纱帽云靴。神态安详，英气逼人。

图　韩文公祠内韩愈塑像

像高2.78米，基座规格为2.14×1.98×0.85米。左右有侍从（民间传说为张千、李万）立像各一，左侧者持黄绢官诰，右侧者捧书卷，各高2.15米，石基座规格为1.04×0.85×0.4米。清代韩祠中原有泥塑像一组，中为韩愈，旁立张千、李万，龛左另塑韩湘子立像。可惜这组泥塑像于"文革"期间被毁。1984年重修韩祠时，遂委托潮州市工艺美术研究所，参照《永乐大典》所载韩愈画像重新设计塑造。

【附1】

韩愈画像辨正

曾楚楠

现尚存世的韩愈画像，笔者目前已搜集到的，共有六种版本：

明《永乐大典》卷18222《庙学典礼本末》本（简称为《大典》本，见图1）；

清南薰殿藏《圣贤画册·昌黎伯韩愈》本（简称为《画册》本，见图2）；

清《晚笑堂画传·韩文公图像》本（简称为《晚笑堂》本，见图3）；

明弘治己未（1499）广东省阳山县石刻本（简称为阳山县石刻本，见图4）；

清南薰殿藏《圣贤画册·韩退之》本（简称为南薰殿本，见图5）；

清乾隆五十四年河南省孟县石刻本（"文革"中已严重毁坏，难以辨认，图从略）。

091

图1　《大典》本韩愈像　　图2　《画册》本韩愈像　　图3　《晚笑堂》本韩愈像

图4　阳山县石刻本韩愈像　　图5　南薰殿本韩愈像　　图6　《韩熙载夜宴图》中之韩熙载（中坐者）

上述各本中，《大典》本与《画册》本最接近，后者可看成是前者的翻转临摹本。《晚笑堂》本的韩文公虽着武官服，但脸型、五官、须髯等与《大典》本酷肖。阳山县石刻本虽模糊不清，但从依稀可认的轮廓看来，其丰颐及耳下无须的特征，仍与《大典》本有共通之处。因此，以上四本可归结为一个系统。

差异较大的是南薰殿本，其特点是面部较小且显得清秀，眼棱角稍突，须作五绺，长而秀美。此本曾被郑振铎先生的《插图本中国文学史》、《辞海》（1976年修订版）、《光明日报》（1982年12月21日之《文学遗产》567期）等所选用，又是1983年邮电部发行的"古代文学家"特种邮票[代号T·92（4—3）]的设计蓝本，因此在社会上有着深远的影响，几乎成为韩愈的"标准像"。

《大典》本与南薰殿本，哪一个更接近韩愈的原貌呢？要弄清这个问题，首先必须了解韩愈的相貌特征。

退之肥而寡髯

宋人沈括于《梦溪笔谈》卷四提道："退之肥而寡髯。"这为我们探索韩愈形象，提供了一条重要的线索。但韩、沈前后相去两百多年，沈括的话是否可信呢？

判断的最好依据，应该是韩愈本人有关自我形象方面的诗文。

《昌黎先生集》卷四《郑群赠簟》有句曰：

法曹贫贱众所易，腰腹空大何能为？

自从五月困暑湿，如坐深甑遭蒸炊。

手磨袖拂心语口，慢肤多汗真相宜。

上诗作于唐宪宗元和元年（806），时韩愈39岁，正在江陵法曹参军任上。法曹参军不过是从七品的小官，所以韩愈嘲叹自己又穷又没地位，被很多人看不起（"法曹贫贱众所易"），虽然有一副腰粗腹大的身板，又能有什么作为呢？特别是在又湿又热的暑月中，简直像闷在蒸笼里一样，十分难受。所以一看到同僚郑群从蕲州带来的精美的竹簟，忍不住要用手抚摩，用袖拭拂，并自言自语地说："这么好的东西，如能给我这个容易流汗的胖子使用，那真是再合适不过了。"（按：《楚辞·天问》："平胁曼肤。"注云：肥泽之貌。慢肤，即曼肤。）

从这惟妙惟肖的描述中，显而易见，韩愈确实是个早年"发福"的胖子。

有人认为，韩愈自称"年未四十，而视茫茫，而发苍苍，而齿牙动摇"（《祭十二郎文》），又说"我虽未耋老，发秃骨力羸。所余十几齿，飘摇尽浮危。玄花着两眼，视物隔褷缡"（《寄崔二十六立之》）。据这几句，可知韩愈是个未老先衰的"病秧子"，应当十分瘦弱才是。其实，体质和体型是两码事，它们之间并无一定的因果关系。世间瘦而健壮或胖而衰弱者，比比皆是，实不足奇。何况，韩愈的朋友也说他是个胖子。

宋朝邵博《邵氏闻见后录》卷二十七谓："予旧于滍城孔宁极家，见孔戣《私纪》一编，有云：'退之丰肥喜睡，每来吾家，必命枕簟。'近潮阳刘方明摹唐本退之像来，信如戣之记。益知世所传好须髯者，果韩熙载也。"

孔宁极，名文。《宋史》卷457《隐逸》谓其系"孔子四十六代孙，隐居汝州龙兴县龙山之滍城。性孤洁，喜读书"。与邵博所说的"滍城孔宁极家"相合。孔戣是孔子的三十八代孙，孔宁极保存有前人的《私纪》，事也可信。

孔戣是韩愈的好友，私交甚笃。唐元和十二年（817），戣以尚书左丞国子祭酒出为广州刺史兼御史大夫、岭南节度使，政绩斐然。元和十四年（819），韩愈被贬为潮州刺史，孔戣深表同情。他恐潮州"州小俸薄，虑有阙缺"，便以上司身份，准备"每月别给钱五十千"与韩愈，后虽为韩愈婉辞，但援护之情，灼然可见（事见韩愈《潮州谢孔大夫状》）。元和十五年（820），已调任袁州刺史的韩愈撰写《南海神庙碑》，历述孔戣种种善政。《旧唐书·孔戣传》称"韩愈在潮州（应为袁州），作诗以美之"，即指此事。唐穆宗即位后，孔、韩皆回朝供职，后孔戣疏请致仕，韩愈先是私下劝说，后又撰《论孔戣致仕状》，希望穆宗留用，惜事未果。长庆四年（824），戣卒，愈又撰《唐正议大夫尚书左丞孔公墓志铭》。以上各节，可证两人过从甚密，因而韩愈在孔戣墓铭的铭文中以老友的语气说出的几句话"孔世卅八，吾见其孙。白而长身，寡笑与言"，就使人感到特别亲切。而孔戣在日记式的《私纪》中提及韩愈，也是情理中事，他所说的"退之丰肥喜睡，每来吾家，必命枕簟"，也绝非浅交者之所能言。若与韩愈的诗文互证，更可看出孔戣所记的，是完全可以信赖的实录。

值得注意的是，《邵氏闻见后录》中还提到"潮阳刘方明摹唐本退之像来"一事。

潮阳刘方明，即宋高宗朝龙图阁学士、潮州海阳县（今潮州市）人刘昉（唐天宝元年至乾元元年，潮州改称潮阳郡，故前人有称潮州为潮阳的习惯）。"唐本退之像"究竟从何处摹来，《邵氏闻见后录》虽未点明，但我们可从同时期人章元振的诗句中寻到线索。

章元振系绍兴年间潮州知州，其《会诸官韩亭》诗曰：

> 我爱韩亭好，文公像逼真。
>
> 音容虽已往，英概恍如新。

诗中提到的韩亭，在潮州之东山。宋真宗大中祥符五年（1012），潮州太守王汉撰《金城山记》谓："韩文公尝即东山为亭，以便游观，人呼曰侍郎亭。"宋朝王象之《舆地纪胜》曰："侍郎亭，在州东山，昌黎登览旧地，俗称侍郎亭，又曰韩亭。"是知该亭原为韩愈所建，后人为纪念他而以"韩"命之，并于亭中立石刻文公像。刘方明故居即在潮州东山左近，故其所摹唐本，极有可能是韩亭中的韩像拓本。

潮州曾是韩愈被贬之地，韩愈治潮八月，有口皆碑，使江山易姓为韩。潮人既曾亲瞻文公风采，韩亭中的石像自然不会失真。从这一点上说，潮州唐本韩像最为可信。但邵博并没有一味盲从，他发现唐本与当时传世本有很大差异，除了体态丰肥外，胡须也不茂密美观。于是参校了有关文献，终于得出了"世所传好须髯者，果韩熙载也"的结论。邵博的求实、谨严的态度，使他的论点具有极大的说服力。

总之，无论从韩愈的诗文，还是从他好友孔戣的记录，再结合早期有关韩像的文字描述等方面去分析，我们的结论是：沈括谓"退之肥而寡髯"，是对韩愈形貌特征的切合实际的概括，他为我们鉴别韩愈画像提供了一条可靠的标准。

造成韩像混误的原因

按照上述标准来检验现存的几种韩像版本，我们发现：《大典》本符合"肥而寡髯"的特征，而南薰殿本差异最大。但截至目前，前者鲜为人知，而后者却依然是最通行的版本。造成这种混误的原因何在呢？混误的形成，可谓源远流长。

《梦溪笔谈》卷四曰："世人画韩退之，小面而美髯，着纱帽。此乃江南韩熙载耳，尚有当时所画题志甚明。熙载谥文靖，江南人谓之韩文公，因此遂谬以为退之。退之肥而寡髯。元丰中，以退之从享文宣王庙，郡县所画皆是熙载。后世不复可辨，退之遂为熙载矣。"

原来，早在北宋初，韩愈像与韩熙载像便已混误不清。韩熙载（902—970）比韩愈晚出生134年，五代南唐潍州北海人，字叔言。《宋史·列传237》谓其"与徐铉齐名，人称'韩、徐'。李煜时累官至中书侍郎，光政殿学士承旨，卒谥文靖"。"才气俊逸，机用周敏。性高简，无所卑屈，未尝拜人。虽被遣逐，终不改节，江左号为'韩夫子'"。

同样是"唐"人（南唐的"南"字，是后人为避免与李渊建立的唐朝相混而加），同样姓韩，同样是"才气俊逸"，"虽被遣逐，终不改节"，谥号既相近，俗称又都是"韩夫子""韩文公"，难怪世人会把南唐的韩文公当成李唐的韩文公。所以在元丰七年（1084）

"五月壬戌，以孟轲配食文宣王，封荀况、杨雄、韩愈为伯，并从祀"（《宋史·神宗本纪》）的诏令发布后，郡县要立韩愈像，便把"小面美髯"的熙载误作为"肥而寡髯"的退之。

对此，著文纠误者，代有其人。南宋孙应时在《跋淳安县学昌黎先生像》中说："世所传昌黎先生像多妄，乃江南韩熙载耳。先生尝贬连之阳山，连之学有先生像，实张忠献公所藏善本。今连州守陈侯晔摹以遗淳安丞魏君鹿宾，而某获见焉。""按先生自道，有'慢肤多汗、腰腹空大'之语，此本尚颇不合。至其精神照世，则决非他人无疑矣。"（《永乐大典》卷18222引《孙烛胡先生集》）。"忠献"系南宋抗金名臣张浚谥号，浚于宋高宗绍兴十六年被贬连州，故有机会得到连州州学"善本"。照孙应时的记述，此本在刻画"丰肥"的特征上"尚颇不合"，疑即明弘治阳山县石刻本之所祖。但其有别于韩熙载像，则是可以肯定的。

明代画家徐渭也在《石刻孔子像记》中说："韩昌黎肥而胡（按：《前汉书·郊祀志》：'有龙垂胡髯。'注：'胡谓颈下垂肉也。'），韩熙载癯而略须，两人皆谥文公，姓又同，绘事者亦两相误，乃知人间事误不少。"（《徐文长文集》卷23，转引自程毅中《关于韩愈的画像》）

徐文长在阐述二韩的相貌特征上与前引各家论说略有不同，但点明绘事者相误，语气却十分肯定。在韩愈画像辨伪方面用力最勤的，当推胡道静先生。其《梦溪笔谈校证》一书中，按沈括提供的"尚有当时所画，题志甚明"的线索，将南薰殿本与相传为五代顾闳中所画的《韩熙载夜宴图》同时刊印出来，供读者比较鉴别。又在按语中郑重指出："南薰殿旧藏《圣贤画册》中韩愈像，依旧是小面而美髯，着纱帽。以与传为五代顾闳中所画的《韩熙载夜宴图》相核对，容貌正和韩熙载酷肖。可知这个错误从北宋一直沿袭下来。若无沈括的这条辩证，竟无从纠正这个错误了。"

结论

韩愈的外貌特征是"肥而寡髯"。自宋代以来"小面美髯，着纱帽"的韩熙载像（南薰殿藏《圣贤画册·韩退之》本）被当成韩愈像而广为流传，这个谬误理当纠正。今存各种韩像版本中，以《大典》本最接近韩愈原貌，在未发现新的、更可靠的版本之前，应以该本为准。

（原载《广东文博》1988年第1—2期）

【附2】

韩湘子像

（清）林大川

祠左神龛，塑有湘子立像，双足腾云，笑容可掬，即析韩湘"解造逡巡酒，能开顷刻花"自题诗句为龛联。贵池竹园氏姚瀚谒像，留题七古于壁：

韩昌黎伯人中龙，昂藏七尺何豪雄。

韩清夫亦不羁者，人世金紫难牢笼。

托身青山云水窟，四荒八极恣游踪。

三尺妖邪斩其下，一瓢世界藏于中。

何以凤城有遗像，毋乃昔时追随昌黎公。

御灾捍患除水厄，潮人尸祝酬神通。

至今岁时争报赛，万民趋走东城东。

黄童白叟供脯酒，橙黄橘绿龙虾红。

风翻灵旗日杲杲，巫击神鼓声逢逢。

我到城根一下马，桥头日落趋灵宫。

升阶荐芹下阶拜，座上洒洒来仙风。

仰瞻云气绕前后，灿然笑口开芙蓉。

是笑姚生殊落魄，昔何豪放今龙钟。

文不堪炊字难煮，便便楞腹何由充？

胡不相从出世外，蓬莱之顶终南峰。

紫芝献黄石，青精呈赤松。

只将此身一解脱，天地同始同其终。

下窥尘世惛惛懵懵醉于名利不醒者，得得失失真鸡虫。

余按"毋乃昔时追随昌黎公"句，此非竹园附会之言，乃确有可证也。一证诸元和十四年（819）文公赴潮宿曾江口，有示湘诗二首。再证诸贾岛《寄韩湘》诗，有"过岭行多少，潮州瘴满川"之句。至韩湘为八仙之一，诚谬妄相寻，令人难解。

（据林大川《韩江记》）

【附3】

韩像易木主

潮州韩文公像状类浮屠，此后人因公辟佛而故以此挫之，以实大颠之说。郭青螺太守敬为藏之，易以木主，最是。（清顺治《潮州府志》《涌幢小品》）

按郭子章易像告文曰：呜呼，天下读唐书佛骨疏而知公刺潮，天下读苏文忠韩祠碑而知潮庙。公移太山于岭外，揭北斗而南耀，公于潮重矣。子章守潮三日庙见，睹公之貌俨若浮屠。退而思之，窃不谓然。土偶桃偶，载在国策；金人法轮，梦自汉明。故土木形骸，佛之余也。公一生精力，酷排二氏，至其炀而俎豆，乃桃土其形，金碧其貌，袭佛之迹，受世供养，此必非公所欲也。天水赵公，潮产也。守潮者即世异犹邦大夫，而赵公以乡先生箕踞其旁，坐受其献，此亦非赵公所安也。肃皇帝时议礼贞教，洗刷元习，凡学官贮孔子像，悉毁而易木主。而二公以孔子之徒，犹然安胜国之故，而守潮者亦悖于从周之义，无能改其旧，则亦非王制所宜也。且神之格思，不可度思，故君子三日斋，思见所祭者。今一举目而顾乎口耳，逢乎衣冠，则亦非鬼神之为德也。权此四者，谨因修公之庙，藏公之像，新易木主，肃将祀事，庶几上以遂公排佛老之心，下以安赵先生居乡党之义，明以昭国家典礼之制，幽以顺鬼神幽黯之意，且令潮人亦知子章非乐于纷更也，谨告。

朱国祯述文公貌曰：退之肥而寡髯，韩熙载面小美髯。熙载亦谥曰文，后人题像，遂误以为昌黎。又曰文公佛骨表，自是事君忠爱之言，从福田利益上说事暗君道，理当如此。岭外与大颠往来，亦人情之常，何劳诸公茕茕逼拶。此际惟考亭最妙，考亭极重韩公，注经书外便注韩文。故文公决当从祀，而议者异同，今且不复讲矣。

（据民国《潮州志·丛谈志》）

5. 楹联

原道①开理学②渊源，吏部文章，长昭日月③；

辟佛作中流砥柱④，孤臣羁旅⑤，独占江山。

道光二十三年岁次癸卯春三月吉日

署广东惠潮嘉道惠州知府前翰林院编修

京畿道监察御史 常熟杨希铨敬书

韩愈希图用儒家的"道统"来对抗佛教各个宗派传法世系的宗教法统，用儒家《大学》的理论体系来对抗佛教的宗教哲学。这两个方面，正是由韩愈开端，到宋代被周敦颐、"二程"（程颢、程颐）、朱熹所继承，逐步发展成为理学这一流派。（参见任继愈主编《中国哲学史简编》）韩愈的观点，在《原道》中得到最充分的体现，因此说"原道开理学渊源"。

---

① 原道：指韩愈撰写的《原道》篇，文见《昌黎先生集》卷十一。

② 理学：亦称道学。东汉以来，治经专重训诂，宋儒则以理为主，故有理学之称。

③ 吏部：韩愈曾任吏部侍郎，后人因此尊称他为"韩吏部"。昭：显、明。长昭日月，意谓同日月一样长明。苏轼《记临江驿诗》："淮西功业冠吾唐，吏部文章日月光。"

④ 中流：河流中间；砥柱：山名，在河南三门峡东，立于黄河急流中，像柱石一样。比喻人英勇坚强，在惊涛骇浪中巍然屹立。也比喻在动荡艰难的环境中能起支柱作用。

⑤ 孤臣：孤立之臣。《孟子·尽心上》："独孤臣孽子，其操心也危，其虑患也深，故达。"羁旅：见《左传·庄公二十二年》"羁旅之臣"。注：羁，寄也；旅，客也。

韩愈终生反佛，在谏迎佛骨的过程中，表现出一种无畏的气概。他虽然因此而遭受到政治打击，被贬到潮州，但他的精神赢得了人们的赞许，受到历代人的景仰，以至潮州江山皆改姓为韩，所以说"孤臣羁旅，独占江山"。

此联现存于韩祠正堂东侧石柱，楷书阴刻，字迹清晰。

> 辟佛累千言①，雪冷蓝关②，从此儒风开海峤③；
> 到官才八月④，潮平鳄渚⑤，于今香火遍瀛洲⑥。

> 道光癸卯年仲夏月谷旦
> 知潮州府事 觉罗禄昌敬题

韩愈因谏迎佛骨被贬为潮州刺史，政治上受到打击，旅途也饱尝艰辛，但到任后即以振兴文教为首务，开启了边远州郡的一代文风。他在短短的八个月任上，清除了鳄害，为民众办了不少好事，因此至今为潮人所崇祀。

此联位于韩祠正堂西侧石柱，楷书阴刻，字迹清晰。

> 去京华万里⑦，化蛮烟瘴雨，胥泽诗书⑧，从此遂称名郡；

---

① 辟佛累千言：指韩愈给宪宗的谏书《论佛骨表》。

② 雪冷蓝关：韩愈《左迁至蓝关示侄孙湘》诗有句曰："云横秦岭家何在？雪拥蓝关马不前。"蓝关，在今陕西省蓝田县。

③ 海峤：泛指边远偏僻的地方。峤，山锐而高。

④ 八月：韩愈于唐宪宗元和十四年三月二十五日到达潮州，十月底量移袁州。治潮只有八个月。

⑤ 鳄渚：指鳄鱼出没的地方。渚，江河中小洲。《淮南子》："东方曰大渚。"注：水中可居者曰渚。

⑥ 瀛洲：此处指潮州。按：潮州于南北朝梁代一度隶属瀛洲，时刺史署设在海阳县（今潮州市）内，故后人称潮州为古瀛洲。

7 去京华万里：京华，指唐代的京都长安（今陕西省西安市）。据《新唐书》，长安距潮州7600里。万里：泛指，极言路途遥远。

8 胥泽诗书：胥，义同"皆"。胥泽诗书，意谓（潮郡）皆受到诗书教泽。

距唐代千年，抚古橡苍松，犹钦山斗①，况在亲炙②芳徽③。

道光癸卯仲夏吉旦 赐进士出身

知海阳县事 北平史朴敬题

韩愈在远离京师万里之外的地方，努力改变当地的落后面貌，使潮州各地皆沾教泽，从此得到"名郡"的称号。

千年以后，人们来到韩愈曾种过橡木的地方，对于"泰山北斗"依然无比怀念、钦敬，何况当年那些亲受文公美德熏陶的人呢！

此联位于韩祠正堂廊下檐侧石柱，隶书阴刻，字迹清晰。

1　山斗："泰山北斗"之简称，指韩愈（详见《泰山北斗坊》注）。

2　亲炙：亲近而受到熏炙，意谓直接接受教育。《孟子》："圣人，百世之师也，伯夷、柳下惠是也……奋乎百世之上，百世之下，闻者莫不兴起也。非圣人而能若是乎？而况于亲炙之者乎？"（圣人是后代的老师，伯夷、柳下惠就是这样的人……奋起于百世之前的人，能在百代之后，使听者没有不为之感动奋发的，不是圣人，能够这样吗？何况曾经亲自接受熏陶的人呢？）

3　芳徽：道德声誉之美曰"芳"，善、美称"徽"。《诗·小雅·角弓》："君子有徽猷。"笺：君子有美道以得声誉。

图　韩文公祠楹联

济溺起衰①，正道统②于三百年③来，心传上追邹峄④；

爱人驯物⑤，施治化于八千里外，血食今遍瀛洲⑥。

> 道光癸卯年己未六月朔戊寅吉日
>
> 署理两广盐运分司运同（以下漫灭）

此联现存于韩祠正堂中门双侧石柱，楷书阴刻，因下款字迹模糊，故撰人姓名难考。癸卯年即道光二十三年（1843）。

【附：佚联】

佚　名

天意起斯文，不是一封书，安得先生到此？

人心归正道，只须八个月，至今百世师之。

> （据金武祥《粟香随笔》、林大川《韩江记》）

---

① 济溺起衰：苏轼《潮州韩文公庙碑》中誉称韩愈"文起八代之衰，而道济天下之溺"。

② 正道统：指韩愈在《原道》中确立的儒家"道统"。文曰："博爱之谓仁，行而宜之之谓义，由是而之焉之谓道……尧以是传之舜，舜以是传之禹，禹以是传之汤，汤以是传之文、武、周公，文、武、周公传之孔子，孔子传之孟轲。"

③ 三百年：泛指自东汉至唐朝的历史进程。苏轼《潮州韩文公庙碑》："自东汉以来，道丧文弊，异端并起……独韩文公起布衣，谈笑而麾之，天下靡然从公，复归于正，盖三百年于此矣。"

④ 邹峄：峄，亦作绎，山名。邹峄，指山东省邹县（今邹城市）东南之峄山。孟子系邹县人，这里以邹峄代称之。上半联说，韩愈文起衰，道济溺，匡正了300年来濒于弊丧的儒家道统，这是对孟子学说的直接传承。

⑤ 爱人驯物：指韩愈任潮州刺史期间，能关心民瘼，消弭鳄害。苏轼《潮州韩文公庙碑》谓："公之精诚……能驯鳄鱼之暴……能信于南海之民，庙食百世。"

⑥ 血食：指祭祀。古人祀礼多杀牲取血，故名。《汉书·高帝纪》："秦侵夺其地，使其社稷不得血食。"注：祭者尚血腥，故曰血食也。瀛洲，指潮州，见觉罗禄昌联注。下半联说：韩愈爱子民、驯恶物，在远离京师8000里外的地方溥施教化，赢得了潮州人的世代祭祀。

（清）丘逢甲

文字古何灵？试看半夜风雷，公能驱鳄出沧海；

江山今未改，凭吊千秋祠宇，我欲骑麟下大荒。

（据耆老口碑资料）

（明）郑　岳

道振有唐，千载心传光不坠；

泽遗滨海，百年禋祀报无穷。

（据郭子章《韩公二祠沿革》）

佚　名

声教迄长存，三代斯民还此地；

斗山应共仰，百年吾道更何人。

（据郭子章《韩公二祠沿革》）

（明）郭子章

跃虎凤、翔蛟龙，斯文百代雄山斗；

尊孔孟、排佛老，正气千年配鲁邹。

（据郭子章《韩公二祠沿革》）

（清）侯竹愚

苏学士前传谪宦；

孟夫子后拜先生。

（据梁章钜《楹联续话》卷一）

（清）彭定求

进学解成，闲官一席曾三仕；

起衰力任，巨制千秋本六经。

（据荣斌《中国名联辞典·名胜篇》，山东大学出版社2000年版。）

（清）李士彬

吾道非耶？六经以外无文章，韩山屹立；

征夫遑止，太行之阳有盘谷，李愿归来。

（据民国徐义六《潮州名胜联话》）

（清）汪　柏

岂惟潮人士敬戴先生，诚开衡山之云，威戢鳄血之暴；

宜与朱紫阳并存谥号，道原二氏之谬，文起八代之衰。

（据耆老口述资料）

（清）张丹叔

金石文章空八代；

江山姓氏著千秋。

（据北京韩愈祠）

（清）法式善

起八代衰，自昔文章尊北斗；

兴四门学，即今俎豆重东胶。

（据北京韩愈祠，广东龙川县韩祠亦有此联）

（清）劳光泰

天下文章莫大于是；

北方学者未之或先。

其文如北斗者企焉望之，况来刺史；

此地亦先生所履而过者，旧属潮阳。

（据普宁韩愈祠）

6. 匾额

韩文公之祠

温承志　书

该额系石刻件，位于韩祠正门门首。匾长216厘米，高48厘米，正文隶体阳刻，款字楷书阴刻。文曰：

嘉庆十六年岁次辛未季夏谷旦

韩文公之祠

按察使衔广东督粮道前惠潮嘉兵备道

潮州府知府太谷温承志重修

嘉庆十六年即1811年。

105

三启南云

林若　书

该匾位于韩祠前座明间，长320厘米，高84厘米，木质黑漆地金字，字作行书体，阴刻。文曰：

三启南云

按：该匾系由原中共广东省委书记、广东省人大常委会主任林若于1984年书写，题写时未落款。

"三启南云" 匾原悬于祠内，制作年代及书写人均不明，"文革" 期间被毁。

韩愈一生曾三次来到广东：10岁时随其兄、韶州刺史韩会到韶州，36岁时由监察御史贬为阳山县令，51岁时由刑部侍郎贬为潮州刺史。他对岭南地区文化发展作出了一定贡献，故后人化用苏东坡《潮州韩文公庙碑》中"公之精诚，能开衡山之云"句之语意，用"三启南云" 四字予以推崇。

百世师

刘海粟　书

该匾位于韩祠前座明间，长302厘米，高84厘米，木质黑漆地金字，阴刻行书。文曰：

百世师

刘海粟

按：该匾系由原南京艺术学院名誉院长刘海粟于1984年参观韩祠后题书。

顺治《潮州府志》卷三载：顺治十四年（1657）知府黄廷献重修韩祠，继任知府吴颖题额曰"百世师"。是知清初祠内原有"百世师"匾，后毁失。

尊贤有祠

许涤新　书

该匾位于韩祠正座前檐下，长260厘米，高74厘米，木质黑漆地金字，阴刻行书，文曰：

元泰定三年教授何民先立

尊贤有祠

公元一九八五年许涤新重书

按：元泰定三年（1326），牧守亚中马合马委托潮州教授何民先重修韩祠，工竣，何民先撰《重建水东韩庙记》。文中有语曰："由是揭其堂曰'仰高'，取'泰山北斗'之义焉；亭曰'天风海涛'，取'相期风涛观'之句焉。'尊贤有祠'，崇德也；'侍郎有亭'，存古也。"是知元代始立"尊贤有祠"匾，后毁。1985年由原中国社会科学院副院长、汕头大学校长许涤新重书。

思韩

朱穆之　书

该匾位于韩祠正座明间前梁下，长280厘米，高84厘米，木质黑漆地绿字，阴刻行书，文曰：

思韩

朱穆之

按：该匾由原文化部部长朱穆之于1984年题写。

吾潮导师

刘侯武　书

该匾位于韩祠正座明间内梁下，长253厘米，高77厘米，木质黑漆地绿字，阴刻行书，文曰：

吾潮导师

十四年十月国民革命军东征讨贼，越月逆氛肃清，侯武随军抵此权代邑篆。偶渡江访韩祠旧址，榱题剥落，若不重修，先贤古迹必至湮没。爰捐廉为倡，复得邦人士助，而以韩师校长方乃斌董其成。事竣，值侯武奉檄调署潮阳。行将去矣，用特书此以为纪念。

潮安县县长刘侯武题

中华民国十五年五月三十日立

按：该匾系韩祠内原有牌匾中之唯一幸存者。"文革"期间，韩祠被某工厂占用，牌匾被卸下当作工作台。后该工厂停办，将牌匾等物分发给职工，该匾归属黄永钦、黄永龙兄弟所有。他们出于对国家文物的爱护，把木匾拆开后珍藏于阁楼上。1985年3月6日，黄家兄弟在欣悉韩祠全面修建的喜讯以后，遂将木匾捐送修祠办公室，予以修复后，悬挂于祠内。

泰山北斗

饶宗颐　书

该匾位于韩祠正座明间内梁下，长260厘米，高74厘米，木质黑漆地绿字，阴刻行书，文曰：

泰山北斗

嘉靖十五年潮州知府郭春震立

一九八五年六月饶宗颐重书

按：郭春震立"泰山北斗"匾，参见后文郭子章《韩公二祠沿革》。

百代文宗

周培源　书

该匾位于韩祠正座龛前梁下，长410厘米，高113厘米，木质黑漆地金字，阴刻楷书，文曰：

百代文宗

一九八四年十二月周培源

按：该匾由原全国政协副主席周培源题写。

今古同仰

陈大羽　书

该匾位于韩祠正座南侧梢间，长260厘米，高102厘米，木质黑漆地绿字，篆体阴刻，款字行书阴刻，文曰：

今古同仰

甲子十月陈大羽书

按：该匾由原中国书法家协会常务理事、江苏省书法家协会副主席陈大羽题写。

名以文传

王 力 书

该匾位于韩祠正座北侧梢间，长260厘米，高102厘米，木质黑漆地绿字，行书阴刻，文曰：

名以文传

王 力

按：该匾由原北京大学教授、著名语言学家王力题写。

韩祠正堂栋梁题字

该楹贴位于韩祠正座栋梁下方，木质红漆地，阳刻楷书绿字，文曰：

大清光绪十四年冬十月谷旦两广总督部堂张重修

二品顶戴补用道署潮州府知府兼理盐运同候补知

府巴陵方功惠监修

按：此楹贴是光绪十四年（1888），两广总督张之洞檄潮州知府方功惠动帑大修韩祠的实物记录，现保存完好。

7. 碑刻

谒韩公祠奉和制宪吴大司马原韵

仲春修祀典，凌晓出城隈。

海气连云动，花香逐径来。

瘴江驱鳄远，道统得人开。

姓氏留山水，倾心在草莱。

海阳知县古越金一凤拜题

该碑立于韩祠内前厅西壁，碑高204厘米，宽97厘米，碑文行书竖刻，完整清楚。

据诗题"和制宪吴大司马（即吴兴祚）原韵"推论，该碑成于康熙二十三年（1684）。

抄勒羊城城隍庙中碑记

抄勒羊城城隍庙中碑记救人良方并其原叙。康□名曰：予三世祖历官兵部，得受太医院真传治蛊毒良方。交代子孙珍藏，未尝以治名□□□□□□□间有遭是毒者，传方调治，屡服屡效。其岁乙亥初秋，友适误中其毒，遂按方治之，不逾日而愈。因思世人挟仇布陷者固多，即误被毒害者亦有，□云妙剂不少，未免费用浩繁。倘一时未及调治，凶□立至。故特以此方刊刻公传海内，祈信无疑，必能解救，可保无虞，高明其留意焉。一被毒之人，腹中肠脏必膨胀跳响，两胁刺痛，心中燥乱，喉干口□，可先将生乌豆食之，不闻腥气。再将纹银一片放在脐腕内，又以黑鸡蛋白一块，盖在银面上，用□扎□。片时，其银变黑色，大肠脉也沉，即是中毒矣。药方用乌梅、黑牵牛、蛇床子，至烂干酒□□乌糖。已上各五钱，用水三盅煎至盅半。其药清晨时服；待至申刻，煎猪膏汁八两，乌糖送下服之。或□□□□即愈。如受毒深重，腹□未消者，不论三次四次，照方再服。但服药宜煲破布叶水作茶饮。食物宜猪肉、生羊血、白鹤，煲烂。亦可俱不用盐，节酒，同愈无碍。永戒生鸡、鲤鱼、牛肉、乌□□□□。康熙五十五年岁在丙申闰上。万进忠、杨万仓、贝应隆、贝廷瑞、贝应升、陈定相、宋士英、胡文、□□□、任国重、刘复盛、刘显、何其芳、苏逢辰、程子盛、曹金石、王日圣、确朝□。荔村子曰：毒药能害人，良方亦能救人。良方有效则毒药无灵。彼欲害人者诚可□然□矣。今诸君子同兴善念，欲以此方公诸海内，恐不能遍，因刻石于广州城隍庙中，俾人人共见，永其流传，无非爱人之心。彼萌一念以杀人者，亦可惕然止矣。荔村严省并书。今谨奉周道宪尊讳硕勋尊命，立于吾潮州笔架山韩公祠内。

时乾隆二十六年辛巳葭月吉旦。

陈文参、陈大业、黄玉堂、陈桂荣、陈唐佑、黄其寿、陈大淋、陈大沛、刘延略、刘延瓒、刘冲雯、刘宜夏、刘珪璧、刘茂翰、刘茂士、刘耀华、刘茂田、刘国浩、刘国良。事非创业，幸诸君子同心，亦为之广传其万一云。磷溪刘在田谨识并书。

该碑刻在韩祠内前厅西墙，碑高110厘米，宽74厘米，碑文楷书竖刻。乾隆二十六年即1761年。

同曾喟莪杨远山谒文公祠

苍崖翠巘照江波，胜友相携载酒过。
百代儒宗瞻斗岳，千秋道统灿星河。
粤人自解传讴颂，门客何劳费咏歌。
不是一封陈谏表，海邦安得见雍和。

巉崖石磴出云端，攀陟频忧履齿难。
文物依然陈俎豆，仪容如在拜衣冠。
辞悬日月天光旦，气挟风霜海色寒。
莫惮高山勤仰止，几回能得此瞻韩。

关中钟仪杰题

该碑刻在韩祠内前厅西壁，碑高44厘米，宽77厘米，行书竖刻。款后有印二方，一为"钟仪杰印"，另一为"华峰印"（钟仪杰号华锋）。部分字迹不清楚。

增修韩祠之记

夫正道一出而百邪退舍，此天理人心，自然之符。亦□□□协相斯民而非人力所能致也。是以圣贤继起，扶掖正教，使彝伦攸叙者，□□在昔□□昆季□绪连非时，则有若轩辕氏徽勤略以戡之。□□□□重□□□挤□□□□□黎民以变。殷礼废、周德微，老聃、庄周肆虚无荒唐□□□□□□□其间□□灿然，而淫辞废格，万世以康。故孟氏叠踵孔子，尊仁义以□□□□□□□□□颓，其揆一也。

孟其往矣。其可继之者，复何人哉？韩子生于李唐中叶，学吞鲁生，贤负伊鼎；文则变雅，行乃规物。其为政也毅以断，其律身也耿而刚。忠诚霁君之威而成恩，勇压强梁之横而为良。排异门而归正路。皇皇乎仁义，可谓笃信君子矣。刺潮八月，兴学范民；存恤孤茕，逐远恶物。去潮之日，潮人怀思。于东山建祠塑像，永寓不忘。尝手植橡木于东山之阿，驱鳄鱼于东江之澳，至于今民称木曰韩木、江曰韩江，永永不忘者，岂徒然哉？源以菲才，叨守潮郡，景仰先哲，动息如之。正统六年，巨飓作挠，韩祠堂庑亭榭，瓦木尽拔，几成废墟。源廓新规制，岑缉宫围，夷置街仳。海阳丞江仪凤又益泰山北斗亭于当途。凡入庙者，趋庭自肃，登堂加敬，莫不咏叹奉扬神庥。潮之士民佥谓：韩子去今六七百载，民之顷刻不忘，庙或中废，民实以忧。幸得君侯复其庙貌，宜有所述。源谓韩子拨伪反真，剔腐除蠹，以兴典宪；进谏陈谋，秋霜凛冽。使君臣以位，父子以亲；家国致理，鬼神革奸；人道益明，儒道益尊。殆亦有阴骘协相之资欤。岂惟六七百载潮人之不能忘，千百载天下人之所不能忘也。吁！当时佛骨显行，若无韩子，至于今民皆鲸婴髡首，靡有孑遗。源春秋之徒也，于何勿书。

时正统八年四月朔日，敕守潮郡龙岩王源记于石并隶古。潮人吴麟书丹。

该碑立于韩祠内前厅南壁，碑高150厘米，宽81厘米。额作双钩隶体，文正楷直书，部分残缺。碑刻成于明正统八年（1443）四月朔日，是韩祠内现存年代最早的一块石碑。

碑文赞颂韩愈推崇儒道、造福潮民的功绩，叙述明正统六年（1441）修祠及建造泰山北斗亭的经过，指出韩愈为潮人所历代怀念的原因。

谒韩祠

水色山光护古祠，至今草木系遗思。

鳄溪不自当年谪，凤穴何由此地私。

可谓明时稀阙事，若云吾道更多岐。

徘徊俯仰寒蝉咽，直节高风洵我师。

万历丙申蒲月朔日，姑苏沈昌期书

新安舒志学立

该碑刻在韩祠内前厅南壁，碑高182厘米，宽66厘米，草书竖刻，字迹清楚。

瞻拜韩昌黎祠下

侍郎亭畔草迷离，奕世谁悬去后思。

斗北才名高宇宙，海南声教洽□□。

橡花有艳呈文兆，鳄窟无波罢檄移。

寂寞韩江残照落，送穷端令逐臣悲。

栖凤城东俯碧滩，琅玕潇洒映雕栏。

文雄八代识金石，祀永千秋荐芷兰。

日月重扶曾诋佛，江山增色并呼韩。

骑箕人去潮声咽，祇有古松倚翠峦。

皇明万历乙未夏五月，姑苏周玄㫬书

新安舒志学立石

该碑刻在韩祠内前厅南壁，碑高173厘米，宽90厘米，行书竖刻，第一首第四句末二字被人凿去。万历乙未（二十三年）即1595年。

谒韩文公祠

当年不有批鳞疏，海国何由佩泽深。

驱鳄文章非异术，化民诗礼亦丹心。

江山胜迹随天地，俎豆长新在古今。

竟日登临瞻斗岳，松杉风静碧森森。

古楚州周玉衡题

该碑刻在韩祠内前厅南壁，碑高74厘米，宽45厘米，行书竖刻，完整清楚。

重修韩文公庙碑记

凤城山水皆姓韩，人重地也。其祠韩文公者二，一在广济桥东笔架山之麓，以天水赵先生，文惠陈先生配享。岁久荒圮，豪士茅斋侵座，达官石碣壅门。庚午春，温陵黄子来守郡，捐俸重修，稍加改拓：撤中栏而行直道，辟堂奥而开屏门。手植名花，树留韩木；俯江潮于一览，收秀色于千峰。文公之正气长存，潮郡之文风大畅。兴废举坠，以俟同心；济溺起衰，或其少补。

崇祯六年癸酉正月黄日昌谨识

该碑刻在韩祠内前厅南壁，碑高200厘米，宽114厘米，额篆刻，碑文行书竖刻。崇祯六年即1633年。

太守丁公配享碑记

厘定　宋潮州太守丁公配享　韩夫子庙碑

从祀之义何取乎？曰：取其类也。其德类，其功类，则其祀亦类也。诸贤之从孔子，诸将之从太公，胥是道也。潮之祀韩夫子也久矣，其配以赵公，曰兴学之功类也；配以陈公，曰驱鳄之功类也；乃兼驱鳄、兴学之功而出处一辙者，则莫如宋太守丁公。夫丁公之去韩夫子也，维有历年矣。自唐迄宋守斯土者，所传有几？类皆泯灭无所指名。惟太守王公涤，以卜新韩庙见于苏文忠之庙碑，是亦得韩夫子而名益彰也。乃丁公以太常忠谏而出守潮州，类于表谏佛骨；置丁公桥而民无病涉，类于驱鳄安澜；购田赡士，创置六斋，类于延师训学。苏公所云，治民养士一以公为师者，其即丁公之谓乎？且韩公之祠亦屡更矣。初在刺史公堂之后，元祐五年卜于州城之南七里，苏文忠为之记。今考其遗址，传信传疑，未有确指其处者。韩山一区，手植橡木在焉。自丁公首创斯庙，历宋而元而明，迄我国朝未之或改，岂非韩公之灵有默眷斯土者，而叹丁公之实获我心，凿井得泉也？其配享万世也固宜。乾隆二十三年岁在戊寅，巡宪周公初守是郡，百废俱举。以公宋人，议从蹈海双忠庙，后以公登淳熙进士，与蹈海二丞相世次先后不合，议遂寝。卒从程孝廉振乔等之请，配享如初，并厘定其豆登牲牢及归其裔孙胙，垂为定规，于万斯年莫之敢废。盖太守非贤如丁公者，不足以定韩夫子之祠庙；非贤如周公者，不能以定韩夫子之从祀也。先贤后贤，固有后先辉映者。而深愧乎阳之不文，不克窃附于苏文忠庙碑之后也。谨序于石，俾后之佩德者有所考镜云。郡人后学邹朝阳拜撰。

计奉厘定祭规于左：韩公正座祭品照前。左畔各位神龛各席一筵，共猪羊一副；右畔各位神龛各席一筵，共猪羊一副；蹈海双忠祠席一筵，猪羊一副。共猪四口，每口净重四十斤，定银三两。羊四只，每只净重二十斤，定银一两五钱。席六桌，每桌定银四钱，要丰盛。酒烛香钱、吹手、工脚，定银一两六钱。其项出自丁公所置饶平信宁都金厝岭旧名丁公寮田园八十三亩七分，佃户陈声远等耕纳。丁公子孙与祭者席一筵，猪胙羊胙重各十斤。以外祭席轻重分别给发，详载海阳县及府学存照宪牌。限于碑石，不及俱载。

乾隆二十七年岁次壬午九月□日吉立

该碑位于韩祠内前厅南壁，碑高200厘米，宽83厘米，楷书竖刻，基本完好。

碑文历述太守丁允元因忠谏被贬潮州后修桥、兴学等事迹，并对其选址迁建韩祠于韩山麓，使韩庙得以奕世相传的功绩予以充分肯定，进而记述乾隆二十三年（1758）知府周硕勋议定丁公配享韩庙的经过。末段详列韩祠的祭规，是了解、研究清代中期潮州民俗、市情物价的珍贵史料。

谒韩夫子庙诗五首

甲戌季春长男勉周承乏普邑抵郡，偕谒韩夫子庙，登拜之余读诸先生大人佳句，嘱长男次韵四章，自亦效五言古一首，并镌于石以志瞻仰云。

先生居唐室，狂澜独力返。道接孟夫子，后雕惊岁晚。

精诚孚冯彝，遣鳄如驱蝝。维彼皇甫辈，无一识忠悃。

为焚佛骨来，芳名日月焜。建祠曲水堤，塑像名山巘。

千年明德馨，俎豆荣华衮。忆阻蓝关时，岂曰拙行遁。

匡济酬凤愿，投荒宁辞蹇。岭外无可语，留衣通情恳。

试读原道篇，人人当自反。允为百世师，典型尚未远。

和涂先生严韵：

丹陛批鳞气象森，忽然仗节海邦临。

开陈主德期尧舜，振植人文迈古今。

泷吏不知迁谪意，江鱼洞悉圣贤心。

抠衣拜祝祠坛上，山斗高悬鹦鹉岑。

和汪先生严韵：

自古忠良不避难，抗章上彻斗牛寒。

蓝关雪映心同洁，凤岭霞飞气亦丹。

化洽南荒春色晓，神存北阙日边看。

至今庙享韩江祀，砥柱中流回倒澜。

和两广制宪吴大司马严韵：

其一

仰止韩山上，崔嵬向水隈。

政成顽鳄去，洲辟凤凰来。

文藻波澜动，江城物象开。

熙风披海甸，秀色满芜莱。

其二

韩祠崇祀古，高起碧山隈。

雨过橡花吐，风行松韵来。

长桥排浪转，孤塔拨云开。

千载犹瞻仰，余辉遍紫莱。

康熙三十三年三月谷旦

后学南州赵奇英偕男勉周熏沐敬立

该碑刻在韩祠内前厅西壁，碑高197厘米，宽73厘米，正楷竖刻，完整清楚。康熙三十三年即1694年。

韩祠

祠堂高对凤栖城，八月居潮万古名。

身作泰山天下重，手扶云汉斗边横。

生平知己苏公赋，邂逅相逢泷吏情。

为想翩然披发下，鳄溪苹满水风清。

万历乙酉十二月　巴郡蓂瀛汪言臣

该碑刻在韩祠内前厅北墙，碑高202厘米，宽88厘米，草书竖刻。万历乙酉（十三年）即1585年。

重修韩祠碑记

潮有两韩庙，一在城南，具苏文忠手书碑；元即庙改书院，具吴文正碑，盖不朽哉名世之言也。一在韩山，宋淳熙己酉，丁守允元因昌黎曾游览虖此，手植橡木尚存，始建庙祀之，则今观察金公之所修者是已。山据潮东面，韩江若天堑，俯广济桥若长虹，其胶序城垣坛壝，错列如绣，而尽收其水于吉水之捍门。韩山之祀，固所以志遐思，抑也都形胜焉。顾世久则湮，财诎则弛，而所司复敏视篷庐，巧惮劳怨，因循待迁，超然于所当务若罔见闻，凛凛然于其身惧相及也。藉有锐意更新，而受事者谕，受直者怠，程功称事，其间不能什三。比及告成，惟取涂墍而已。潮自庚及乙，守匪六年，间有署事，几经传舍，百凡俱废，所从来矣。丙午即家起金公来守我郡，诚不忍其废之至此，即欲先修韩庙，以崇往哲而劝来兹，独计事丛则其力难堪，役繁则其工难固，势亟则其图宜早，自是次第举行。见郡庠为首善重地，而庑舍桥门不宜其颓敝弗饰也，则为之修郡庠；北城为生灵系命，不宜其风雨就圮也，则为之修北城；两坛为六宗群望攸栖，不宜其芜秽不蠲也，则为之修两壝；又见广济桥受三江诸水，惊涛怒浪、势若建瓴，万一不戒，是以民予壑也，则为之辅墩以石，缀梁以木，结栏以砖，而浮桥楼亭一一缮治，真二十余年来一大更新也。先是此桥之建，故老相传昌黎祭河，河为之涸。虽纪传不载，以今观之，向也水深，今也沙淤可以施工，则其机更奇矣。桥既竣，金公始欲专其力于韩庙。会藩臬入贺，以资望当行。乃属守陈公应堂，丞桂林杨君可成，判西蜀刘君昭理、豫章黎君道灿，相与协谋曰："今日之事，民力竭矣，经费余实任之。第日入粤入虔，时不可失，所与共此者，其惟良二千石及诸相君力。"遂檄署邑令皖城元君以临宣令而布之民，仍以参军张文栋巡工，而父老林逢器等敦役。自春三月经始，于五月讫工。自原道堂以及廊门，莫不坚完；自一览亭以及曲水，莫不爽垲。材无杂瑕，工无浮食，财无阑出，民无作劳，大役毕矣。适金公虔旋，辄偕郡邑落之。盖自淳熙抵今，并属己酉，实五百年贞元气运，又一奇也。参军率父老抵余，用纪成事，余小子熙春为昌黎耳孙，复将何辞？昔夫子之得邦家绥和响应，犹必三年有成。昌黎元和入潮，过化不过七月，能令百世血食，而山川草木尽蒙曰韩，此何以故？登泰岳者必始东山，溯积石者必始龙门，其取法者有自也。昌黎承汉晋风靡之后，独知推尊孟氏以直接历圣之绪，且断断然正人心，辟邪说，笃信不移，屡斥屡奋，必欲轲之死由此而粗传，夫讵非圣人之徒钦？况文告潮鳄，千古美谭，而乡校一牒，德礼刑政，先后较然。即一天水之排异端，春春然望其督生徒兴恺悌之风，与夫子之启愤发悱教无类何异？宜潮人之奉为典谟，祀到于今无涯也。第金公入潮，且当匮诎。文庙诸役，费逾千缗。此犹守土时治办，今且手提三军，身令百城，监司贵倨，又何有虞民事。乃役与行，值金鉴孔时，简书是畏，直昌黎为孳孳，不数月而了大役。此其意盖欲以经术高等揭日月中天，礼义为序，范围为城，严肃为坛壝，通达为舆梁，令潮人就天水入门，宗昌黎而祖孔氏，奖多士而祯王国也。余生也晚，即斤斤然以求无坠前辈典刑。然闲诵昌黎牒，称天水能文章，知先王之道，胸中能无怦怦否？多士生逢盛世，蒸蒸不啻倍之，第果能仰监司顾化，骎骎而贤，骎骎而圣，如文正所期，则亦非直如文忠所谓笃于文行而已，斯于监司无负。不然鳄鱼异类，犹一诚可格而游于圣人之门、肯自毁其道以徒邪？岂金公嘉惠意哉？公为治持大体、省烦苛，卓持雅操，有古大臣风。讳时舒，字邦泰，别号凤池，己丑进士。丁未冬转观察，与守俱温陵人。万历己酉夏仲，郡人司谏氏林熙春记。督工卫经历张文栋、协督耆老林逢器、高忠望、李泰郁、程如昶、洪庆立石。

该碑位于韩祠内前厅北壁，碑高216厘米，宽95厘米，楷书竖刻。

碑文历叙郡守金时舒莅任以后，分别缓急，次第维修郡庠、北城、两坛、广济桥等政绩。其中，"以崇往哲而劝来兹"，乃部署人力修建韩祠，经费由金公自任，"自春三月经始，于五月讫工"，收到了"材无杂瑕，工无浮食，财无阑出，民无作劳"的效果。万历己酉（三十七年）即1609年。

题韩祠诗

先生教泽至今闻，济济英才尽不群。

官吏尚镌鹦鹉字，儿童能诵鳄鱼文。

天留砥柱山长仰，地历回澜水欲分。

吏部遗风谁似续，还看满壁走烟云。

时乾隆戊戌仲冬　督学使者巴西李调元题

该碑立于韩祠前厅北墙，碑高43厘米，宽39厘米，诗文行草竖刻，款有印二方。戊戌系乾隆四十三年（1778）。

谒韩祠诗

昌黎文章，忠义卓卓，为天下后世仰止。相兹东巡，至潮谒公祠，奉祀既毕，因识以诗。

风雨祠前桧柏森，千年俎豆此登临。

韩山景仰尤加昔，佛骨传疑直到今。

尚有鳄鱼知道化，更无朝士识公心。

芳馨荐罢殊增慨，啸彻沧江下碧岑。

嘉靖五年岁丙戌　南昌东潭涂相书

该碑立于韩祠前厅北壁，碑高226厘米，宽111厘米，诗文行草竖刻。嘉靖五年即1526年。

谒韩文公祠遂次至邓州韵

冲炎叱驭入南天，复岭重关路几千。

休说批鳞追往事，且谭驱鳄溯当年。

凤山献秀凌霄外，龙水浮光绕郭前。

独采芳荪荐明信，五云回首夕阳边。

万历丙申蒲月朔日　闽楚石林材书

该碑立于韩祠前厅北壁，碑高196厘米，宽63厘米，碑文行草竖刻，现况完整清楚。万历丙申即1596年。

韩山韩公祠祭业碑

东桥头宁波寺上畔第三间铺一所，坐西向东。计前后二栋，每栋十三桷吉。又前栋阳楼、后栋晒棚各一。光绪十八年向吴姓买根，二十四年赎回为韩文公每年祭业，特竖碑以垂永远。

计明四至：东至街路，西至溪埕，南至李家铺，北至高家铺。

光绪二十四年十月□日立

该碑立于韩祠北廊北壁，碑高92厘米，宽46厘米，楷书竖刻。光绪二十四年即1898年。

重修韩公祠及广济桥碑记

重修韩公祠及广济桥碑记。潮之有韩祠非一日矣。昌黎有德于潮，民思之不忘，故令山川草木皆号之以韩而祀公于韩山之麓，以云报也。时代既殊，修废不一。而揆厥所由，莫不时平政理而兴，时乱政荒而坠。然则一祠之兴革，固世道盛衰之攸关，吏治得失之所系也。迩年以来，鲸海翻波，狼烟频炽，四郊之外，民宇穸（同"寂"）然，而祠亦与之俱荒。向之鸟革翚飞，俱变为窜狐牧马之所矣。岁在丁巳，刺史果庵林公祖下车伊始，即喟然叹曰：予今者实牧兹土，而令先贤之榱桷弗光，谁之责也？顾残疆初复，师旅云屯，橄糇征刍，日不暇给。越三载而山海销征，民用和集。乃以庚申秋涓吉鸠工，至今春告成。植之蠹者易之，墉之圮者饬之，丹黝之漫灭者增饬之。自堂宇门庑以及文昌阁、曲水流觞之属，莫不次第修举。轮奂既具，庙貌巍然，俨乎若对几筵而仰斗山也。至潮之东鄙，密迩闽漳，韩江一线，实为之限。其间旌轺往来，商旅辐辏，咸获驰驱庚止，以免于褰裳濡足之患，则惟湘子桥是赖。自经寇焚兵蹿，桥之梁坏石崩，行人惴惴以陨隮为惧。公又更其腐材，理其颓石，联褊舟于中流，倚雕栏于南北，骄舆车喧，行旅踵接。恍乎若长虹之蜿蜒跨清波而利涉者，在此修矣。至于量费庀材，择人董役，一木一石，皆出之俸入之余，不以累吾民。迹踵旧而增新，事虽因而实创。公之功绩，更仆难数，此特见其一斑耳。慨自古治既远，循良之风不作，吏于其土者，大率以官为传舍，而视其民若秦越人之肥瘠，幸而不胈，其生足矣。其谁能家视官、子视民，谋民之利，而不以扰民。且溯乎前之有功德于民者，而崇祀之恐不及也乎？吾于是叹公之造潮深，而潮之邀惠于公也厚矣。夫祛弊兴利而不尸其功者，贤牧守之事也；沐浴膏泽，欲言而口不能传者，小民之情也；颂德铭勋，以永声施于勿谖者，乡士大夫之责也。是安可以无纪？为之铭曰：猗欤昌黎，道崇德大。力排异端，文起八代。直言朝宁，作刺海滨。延维此韩江，环城若带。往来络绎，繄桥是赖。甲乙之交，四郊多垒。庙既荆榛，桥也云圮。贤侯庋止，亦孔之忧。捐赏饬材，是度是谋。经营既成，庙貌有赫。俎豆维馨，享祀不忒。为舟为梁，利济不匮。陁彼乘舆，斯为小惠。韩山苍苍，韩水汤汤。我公之绩，于韩有光。虹桥既奠，鳄渚永宁。亿祀载德，请视斯铭。

　　赐进士第吏部观政治年家晚生曾华盖拜撰。乡绅谢简捷，陈衍虞、徐上，举人林世榕、蔡际遇、许钟英，贡生蔡叔度、陆文蔚、张嘉宾、黄器用、李盛夏、蔡应磷，监生许汝俊、梁世芳、梁邹炳、李铎、蔡文达、张文俊，生员邹直春、林时震、梁梦剑、李奇俊、廖鸣玺、曾弘□、苏士□、苏志□、李华，耆民詹思齐、昊玉□、蔡解□、程□□、杨□□、杨□芝、沈□□、□崇□、林□桦、杨□□、□□、庄君□、陈□□、□□□。

　　　　康熙二十年辛酉□□仲夏五月□□谷旦立石

　　此碑位于韩祠内北廊北壁，碑高204厘米，宽92厘米，楷书竖刻。

碑文大意：韩祠的兴革，乃"世道盛衰之攸关，吏治得失之所系"；刺史林果庵莅潮后重修韩祠暨文昌阁、曲水流觞亭的经过；林公着意维修湘子桥，交通闽粤路道，行旅称便。是役"一木一石，皆出之俸入之余"，并不累民。康熙二十年即1681年。

奉谒昌黎先生祠

典型百代起斯文，钟鼓祠堂气象殷。

一疏难回鸾披诏，寸心尚结鳄溪云。

芳洲草色依依在，落日潮声处处闻。

念我棠棨无足述，瓣香惟有梦中勤。

广宁马三奇书

该碑在韩祠北廊北壁，碑高229厘米，宽92厘米，行书竖刻，款有"马三奇印"一方，完整清楚。

重修杨公香灯田碑记

潮东韩山上——宋咸平中陈尧佐始辟为祠，后元祐五年知州王涤迁于城南，苏轼为之记——淳熙中知州丁允元复迁韩山，明永乐、正统间知府雷春、王源相继增修；天顺五年参政刘炜立石坊，题曰韩文公祠；弘治十七年知府叶元玉重修；嘉靖二十五年知府郭春震修，土垣易以石，额曰泰山北斗。万历副使金淛、知府金时舒重修。及国朝顺治十四年知府黄廷献修，吴颖题额曰百世师。仍于城南行祀礼，以天水赵德配享。康熙五年郡人翰林杨讳钟岳同道宪魏讳绍芳捐俸，置揭阳县杨钟元户内粮田七十二亩，年带租粟八十石，官民米二石零八升，坐落揭阳县盘溪都大白寨新墟等处。不惠前僧□住盗卖官田三亩五分，至康熙三十一年住持僧心香在海阳县告明存案。因公有功德，是庙合祀牌位，以垂永久。

一大白田，管庄卢子会、子阿福，佃袁文元、王其生；一新墟田，管庄黄和客、何良佐，佃吴阿三、陈三弟等耕。府主林行县，申派大役俱无，十九年行县存案；又三十年奉府主李行县，□免行派大役，粮至收冬后完纳。

康熙三十三年岁次甲戌菊月住持僧心香重修勒石

该碑在韩祠内北廊北壁，碑高113厘米，宽55厘米，碑文竖书楷体阴刻，部分字迹模糊。康熙三十三年即1694年。

重修韩文公祠碑记

祠以韩名，宇内多有，潮郡韩祠，蜚誉尤著。宋咸平二年，通判陈尧佐创建于金山麓郡治前夫子庙正室东厢；元祐五年，知州王涤徙至州南七里，苏轼为撰碑记；淳熙十六年，太守丁允元复迁于今址。由是笔峰枕其后，狮象伏其旁；亭木堪系遗思，清波足舒襟臆。巍然肃然，遂蔚为粤东名胜。自宋及今，沿延近八百年。其间盛衰交替、修废更迭，举其大者计二十又九次。十年内乱，祠殆倾颓。然石碣可毁，心碑难摧。所幸四凶殄灭，国运中兴；拨乱反正，众望所归。公元一九八四年二月，中共中央总书记胡耀邦莅潮视察，为题韩文公祠匾额，嗣后潮州市人民政府制定修祠规划，经汕头市人民政府批准实施，广东省人民政府拨款五十万元襄建。是年十月兴工，期年主祠告竣。韩祠之修复，内应民众崇仰先贤之意，外系赤子怀念桑梓之情。为中华文化增色，兴一代文明之风。值兹修祠工竣，因附数语于壁，承先启后，正有待于来者。

公元一九八六年三月　潮州市人民政府立

吴南生撰书　商承祚篆额

该碑立于韩祠内北廊北壁，碑高210厘米，宽88厘米，碑文完好清楚。

韩文公庙重建记（残碑）

该碑位于韩祠内正堂廊下北壁，额篆文楷，高184厘米，宽101厘米，阴刻。碑面剥蚀严重，无法认读。

韩文公祠堂记

锡少时读唐史及公文至鳄鱼篇，未尝不掩卷而叹也，曰：嗟呼，公之神明乃至此乎！咿唔之暇，歌呼感慨之余，往往梦游江上，若历观夫恶溪之潭而风涛接天、雷电交作者；若登高山入深林，堂宇巍峨，白云丹霞照耀其上，时往来于山谷间者；若升公之堂，而礼乐衣冠昭布森列，睹公之像，魁奇俊伟拜跪悚栗者，盖锡之企慕乎公久矣。然锡时幼稚，随侍先子仕宦京师，朝夕坐诵书史，庭户之外，东西南北不知所之，安能违堂室之迹而涉历于山陬海涯之间，去京师万里哉？是锡之企公而不获瞻其治者，然第于文遇之。三十七年，锡春秋二十有七，出守黄州，乃得过湘江，登岳阳，望洞庭，遂游乎赤壁之下，遍览昔时名公巨卿之胜，惟苏文忠之迹为尤著焉，而究以不得见公之遗迹为私恨也。四十一年自黄罢任归田，始悟宦途巇险，冀放浪山水间。未几，奉诏复职。四十四年秋，补官京师，尚书吏部传言：缺楚安陆、粤潮州二守。锡私独喜，以为向之企慕乎公而不获瞻其治者，今适有潮缺，则得潮必也，及命下果然。于是戒行李，减车骑，取道浙西西江，度庾岭，自羊城东下，过龙川而抵潮焉，是四十五年之五月也。至之日，询其山川俗里，山曰韩山，江曰韩江。公手植木曰韩木，至今存焉。乡之缙绅先生及里巷小民啧啧颂公者不可殚记。觇缕而言，要皆被公之遗泽而发为讴思，记姓于江山草木，历千百年如一日，非如锡向者之读其文而徒付诸慨想也。遂于莅州之次日，拜公之祠，瞻公之像，而后乃快然无恨矣。祠在州东南三里韩山之阳，宋咸平中，别驾陈文惠公尧佐建立；元祐五年知州事王涤迁于城南七里，苏文忠公为之记；淳熙中知州事丁允元复迁韩山。自后良二千石增修者不一其人。至国朝顺治十四年，知府黄廷献以唐进士天水赵德配享。赵德者潮人，有文行，即公延为士子师以兴学校者也。像列公堂之左，而右为文惠公尧佐。州人岁时祭享不绝。祠之栋宇瓦石尚新，今大中丞范公逮粤，振兴文教，推重前贤，复增修之，盖巍乎焕然矣。顾锡来守是州，拜公之后，旋以郡事匍匐广府，越二千里来往动皆经月，一岁之中，凡再往焉。计莅潮才数月耳，州之利弊悉察而未行，及锡所欲行一二事以报公者，方有待于他日。无何，以县令过降职，遂于今年七月解组绶，则锡之获罪于公何其甚也。虽然，锡江淮下士，章句迂儒，即公所谓望孔子之门墙而不入于其宫者。乃守黄四载，既览苏公之胜，复得莅公之地，治公之民，登公之祠堂而瞻拜焉，以慰少时之愿，则锡之一载于兹，益而久矣。且苏公之碑记有曰：公之精诚，能驯鳄鱼之暴，而不能弭皇甫湜、李逢吉之谤，能信于南海之民，庙食百世，而不能安其身于朝廷之上。盖公所能者天也，所不能者人也。信乎天人之际，公亦有能有不能矣。锡又何言哉？锡既罢任，常徒步于公之祠，徘徊不忍去。于将行也，因再拜而书于壁。

时康熙四十六年十月朔　原知潮州府事许锡龄记并书

该碑立于韩祠内正堂北壁，碑高206厘米，宽95厘米，直行楷书，基本完整。

碑文一述作者少时对韩公崇慕景仰之情；二述出守黄州等地，遍览昔时名公巨卿胜迹，而独不见韩公遗迹之私恨；三述获幸出知潮州，方欲行一二事以报公，不料因受县令过失牵连而罢任，以致抱恨终生、感慨难已的心态。康熙四十六年即1707年。

甲子春奉旨巡海来潮拜谒
昌黎先生祠和制府吴公韵

匹夫师百世，遗像在山隈。

曾遣溪鱼去，为焚佛骨来。

炎蒸此地接，文教我公开。

试问韩江上，讴歌遍草莱。

秀水杜臻敬题

该碑在韩祠内正堂北壁，碑高204厘米，宽97厘米，碑文行书竖刻，完整清楚。

题韩祠诗

过桥寻胜迹，徙倚夕阳隈。

绿水迎潮去，青山抱廓来。

文章随代起，烟瘴几时开。

不有韩夫子，人心尚草莱。

古越吴兴祚题并书

该碑在韩祠内正堂北壁，碑高198厘米，宽86厘米，草书竖刻，现况完整清楚，款有印二方。

功不在禹下

该碑在韩祠内正座后壁北侧，高258厘米，宽139厘米，行楷阴刻。文曰：

嘉靖丁酉八月

功不在禹下

礼科右谏嘉禾沈伯咸题

"功不在禹下"，语出韩愈《与孟尚书书》："孟子虽贤圣，不得位，空言无施，虽切何补？然赖其言，而今学者尚知宗孔氏、崇仁义、贵王贱霸而已……故愈尝推尊孟氏，

图 "功不在禹下"碑

以为功不在禹下者，为此也。”

苏轼曰："孟子曰：'禹抑洪水，孔子作春秋，而予距杨、墨。'盖以是配禹也。自春秋作而乱臣贼子惧，孟子之言行，而杨、墨之道废。孟子既没，申商韩非之学遂行，秦以是丧。至于胜、广、刘、项之祸，天下萧然。洪水之患，盖不至此也。使杨、墨得志于天下，其祸岂减申、韩哉？由是言之，虽以孟子配禹，可也。"

上引韩、苏论点，大意是：孟子坚持儒家正统，批驳杨朱、墨家等"异端邪说"，使人心归正，有如引导泛滥的洪水归于大海，他的功劳，可与治水的大禹相媲美。

韩愈一生不遗余力地反对佛老二教，以弘扬儒家道统为己任，因此后人赞颂他跟孟子一样，"功不在禹下"。对此，宋代余允文《尊孟辨》说得很清楚："……有识之士谓洪水之害，害于人身；邪说之害，害于人心。身之害为易见，尚可避者；心之害为难知，溺其说者，形存而生亡矣！自非知识高明，孰知其害而务去乎？韩公谓孟子距杨、墨，而其功不在禹下；唐之史臣谓韩公排释、老，而其功与孟子齐，而力倍之，讵不信夫！"《孙明复小集》卷二《兖州邹县建孟子庙记》亦云："杨子云有言曰：'古者杨、墨塞路，孟子辞而辟之，廓如也。'韩退之有言曰：'孟子之功，予以为不在禹下。'然子云述孟子之功，不若退之之言深且至也。何哉？洚水横流，大禹不作，则天下之民鱼鳖矣。杨、墨暴行，孟子不作，则天下之民禽兽矣。谓诸此也。"

以上观点，均是对"功不在禹下"的极好解释。

重修韩文公祠记（民国十五年五月）

昌黎韩公为我潮开化之祖，潮人特建庙于笔架山麓以祀公，并以韩名山，示不忘也。"八二"风灾，庙宇破碎。适斌来长省立第二师范学校，夙具新庙之志，苦资无出，窃以为憾。去冬，潮安县长刘侯武晋谒公庙，慨然捐廉百金；并劝陈澄初、吴耀如、郭绍智、徐子青、郭春圃、陈星帆、杨虎臣、刘尊三、杨命三、吴扬屏、曾汝平、刘君白、王少兰、郑云圃、黄少斋、邢叔珩、林玉冈、陈成煌诸君子各捐百金；复承惠潮梅财政处拨助豪币百元以为修筑费，乃鸠工兴建，阅二月而工程告成。因记数语勒诸贞珉，以志吾潮爱公之诚云。

惠来方乃斌识　广东省教育厅厅长许崇清书

该碑刻在韩祠内正堂东壁，碑高168厘米，宽97厘米，隶书竖刻，完整清楚。立于1926年5月。

重修韩祠碑

夫人一生事业，不在于得意有为而后为之。即死生患难中，其关于国计民情者，未始不可为也。苟为之，非有大识力而学问又足以副之，亦几几未易言此。韩昌黎公辟潮迄今八百四十有八年矣，而潮人睹公如一日，尸祝不绝。盖以其高风厚泽被溢于人者深，虽历经兴替，遐思遗爱，正未艾耳。当其谏佛来潮也，所谓不得于君，孑然以忧惧之身，远窜荒陬之地，宜人将痛哭罔暇，自信患难有不可解、死生有不可必之时。而公则义命安之，不鄙顽俗，师属赵天水首铎文教，故家吟户诵，多圣贤之典则焉。又虑河水冲浸不常，筑堤延袤数十余里，捍蔽阡陌，民不特居有宁处，且变洼地为膏腴也。暴不可化者为鳄鱼，食禽兽无厌，恒将食人，公以一檄驱之海国。其晓谕之旨，宣威布信，徙不逾巡。苟非心悦诚服，能保其不鼓涛以相格哉？嗟嗟，此不足以尽公之学问，表公之识力。独是居潮八月之中，而潮民藉是以徼永福者，亦可见公一斑矣，溯公为牧民之官凡四：初为阳山令，报绩之后，民不能扳辕卧辙者，辄以其姓名子；既为河南令，善政犹阳山也；复为袁州刺史，亦犹潮州刺史之卓卓也。再如处刑、兵二部之间，其奏牍最见于世者淮西之议，坚断宪宗，率以乘传致韩弘之力。承诏克使王庭凑，身冒不测，试甲兵于十重，申严词于片刻，遂解牛元翼深州之围。逮后为京兆，则六军闻名，一不敢犯。举皆公之事业炳炳于史册者，岂得意有为而为之乎？惟不愧此一生而有补于国计民情者，方足于征公之识力学问。孰谓患难死生可纤芥于其方寸耶？今天子龙飞，混一区宇。蠢尔逆□，游魂岛峙，潜通伏莽，飘突潮疆。镇海将军王，挂专征之符，用张奇算，举不再踵，歼定祸乱。剑戟之下，存活迁折哀鸿不下二十万。想公俨若之灵，悯念苍生，有不为隐助者哉？余与段公俱副镇海共勷王事，暇眺东山，得炙拜祠颜，风雨晦明，益遭颓废。考诸父老之言，以始建于陈君尧佐，基逼府治后，所享唯在官，齐民艰于瞻觊。继王君涤者，迁于城南五里，号称书院，置膳田养庶士，虽香火殷繁而蓬荜纷叟，久复坍塌。至丁公允元，乃迁今山之麓，肯构巍峨，下临长江，飞桥虹跨，茂林万树，苍翠干霄，势处众岳之尊，祷有如响之应，行道敬诚，望之凛凛。厥后代有修葺，不一其人而可枚记。比年兵燹之余，官民告竭，是未遑以片瓦寸椽补先贤栖神定息之所也。余方不忍于心，因与章京徐承爵商榷重修，请诸镇海将军王，泊商之两广总督卢、副都统段、潮镇栗、惠潮道魏，以及八旗固山大章京与府、厅、县，咸有同志，各捐俸董成，委管鸠工。不数月，朱栏碧砌，焕然从新。勒碑石一、扁额二、对联二，又别刊木扁以记诸公姓名；完缮流觞曲水一亭，以邀修禊杖履；环堵静室三间，以存大颠衣钵。配享仍以赵、陈，列于公之昭穆。不惟潮域四民景仰有地，即文武英贤踵兹郡者，闻风兴起，或亦应作谟范云。

时皇清康熙五年丙午岁仲冬月吉旦，阿达哈哈番驻防广东镇海副都统祖植椿立，监建壮大孙德，奉祀住持僧照极。

该碑立于韩祠内正堂东壁，碑高220厘米，宽99厘米，楷书竖刻，基本完好。

碑文记述韩公四任地方官（阳山县令、河南令、潮州刺史、袁州刺史）及刑部、兵部侍郎时忠君爱民、"炳炳于史册"的业绩；记载康熙五年（1666）修祠、勒碑、刊匾、刻联、完善曲水流觞亭等工程的经过。

潮州昌黎伯韩文公庙碑（乾隆二十四年重刻）

潮州昌黎伯韩文公庙碑。元祐七年三月己酉，龙图阁学士、左朝奉郎、知扬州军州事、充淮南东路兵马钤辖苏轼撰。

匹夫而为百世师，一言而为天下法，是皆有以参天地之化，关盛衰之运，其生也有自来，其逝也有所为矣。故申、吕自岳降，而傅说为列星，古今所传，不可诬也。孟子曰："吾善养吾浩然之气。"是气也，寓于寻常之中，而塞乎天地之间。卒然遇之，则王公失其贵，晋、楚失其富，良、平失其智，贲、育失其勇，仪、秦失其辩。是孰使之然哉？其必有不依形而立，不恃力而行，不待生而存，不随死而亡者矣。故在天为星辰，在地为河岳，幽则为鬼神，而明则复为人。此理之常，无足怪者。自东汉以来，道丧文弊，异端并起，历唐贞观、开元之盛，辅以房、杜、姚、宋而不能救。独韩文公起布衣，谈笑而麾之，天下靡然从公，复归于正，盖三百年于此矣。文起八代之衰，而道济天下之溺；忠犯人主之怒，而勇夺三军之帅。岂非参天地、关盛衰、浩然而独存者乎？盖尝论天人之辨，以谓人无所不至，惟天不容伪。智可以欺王公，不可以欺豚鱼；力可以得天下，不可以得匹夫匹妇之心。故公之精诚，能开衡山之云，而不能回宪宗之惑；能驯鳄鱼之暴，而不能弭皇甫镈、李逢吉之谤；能信于南海之民，庙食百世，而不能使其身一日安于朝廷之上。盖公之所能者，天也；其所不能者，人也。始潮人未知学，公命进士赵德为之师。自是潮之士皆笃于文行，延及齐民，至于今，号称易治。信乎孔子之言："君子学道则爱人，小人学道则易使也。"潮人之事公也，饮食必祭，水旱疾疫，凡有求必祷焉。而庙在刺史公堂之后，民以出入为艰，前守欲请诸朝作新庙，不果。元祐五年，朝散郎王君涤来守是邦，凡所以养士治民者，一以公为师。民既悦服，则出令曰："愿新公庙者听！"
民欢趋之。卜地于州城之南七里，期年而庙成。或曰："公去国万
里，而谪于潮，不能一岁而归。没而有知，其不眷恋于潮也审矣。"
轼曰："不然。公之神在天下者，如水之在地中，无所往而不在也。
而潮人独信之深、思之至，焄蒿凄怆，若或见之。譬如凿井得泉，而
曰水专在是，岂理也哉？"元丰七年，诏封公昌黎伯，故榜曰"昌黎
伯韩文公之庙"。潮人请书其事于石，因作诗以遗之，使歌以祀公。
其词曰："公昔骑龙白云乡，手抉云汉分天章。天孙为织云锦裳，飘
然乘风来帝旁。下与浊世扫秕糠，西游咸池略扶桑。草木衣被昭回
光，追逐李杜参翱翔。汗流籍湜走且僵，灭没倒景不可望。作书诋佛
讥君王，要观南海窥衡湘，历舜九嶷吊英皇，祝融先驱海若藏，约束
鲛鳄如驱羊。钧于无人帝悲伤，讴吟下招遣巫阳。爆牲鸡卜羞我觞，
于粲荔丹与蕉黄。公不少留我涕滂，翩然被发下大荒。"

乾隆二十四年八月戊寅朔，广东分巡惠潮嘉兵备道梁国治书，潮
州府知府周硕勋勒石，盐运使司运同马兆登、海阳县知县金绅同立。

该碑立于韩祠内正堂南壁，碑高219厘米，宽109厘米，正楷直
书，碑字部分剥蚀。

此碑系韩祠一面影响最广泛的碑记。文章波澜起伏，感情充沛；
结构严谨，文采斐然。其中对韩愈"文起八代之衰，而道济天下之
溺"的评语，几成不刊之论，向为世人所传颂。

据苏轼手书泐石的原碑早已毁没。《宋史纪事本末·蔡京擅国》
谓："乙亥（指崇宁三年，即1104年），诏毁范祖禹《唐鉴》及三
苏、黄庭坚、秦观文集。"于是苏轼在各地所书的碑铭，均遭到了彻
底破坏。

现碑系清乾隆二十四年（1759）重刻者。

【附】

信我人厄非天穷——读苏轼《潮州韩文公庙碑》

曾楚楠

《潮州韩文公庙碑》（下简称《庙碑》）是苏轼文集中一篇风格雄浑、气势磅礴，既作不平之鸣而又真切感人的碑传名篇。

文章可分为三大段。第一段，开首便用"匹夫而为百世师，一言而为天下法"的盘空硬语振起全篇，并以申、吕、傅说的传说为例，阐述了普通人能有"参天地、关盛衰"的精神威力，源于"浩然之气"。在这一段中，作者连用了三组排比句，对无与伦比的"浩然之气"予以高度赞美。其中五个"失"字、四个"不"字的叠用，使文气浩瀚充沛，有如奔放激昂的鼓点，奠定了全篇豪壮雄拔的基调。

第二段是全篇的主干。以韩愈倡古文、弘儒道、辟佛老、平藩乱、驯鳄暴、遭贬逐等事迹为依据，推崇他为"参天地、关盛衰、浩然而独存"的代表人物，并指出"所能者天也，所不能者人也"是他屡遭贬斥的根本原因。作者用"文起八代之衰，而道济天下之溺；忠犯人主之怒，而勇夺三军之帅"四句话，对韩愈的一生作了高度的概括。这四句话已成为评价韩愈的不刊之论、至理名言。

第三段则描述了韩愈在潮州的作为以及潮人对他的深切怀念，最后以一首"蹈厉发越"的祀歌作收结。

纵观全篇，第二段中的"天人之辨"应是文章的要害所在。在这里，"无所不至"的"人"，即假、丑、恶的"非人"、小人，与"不容伪"的"天"，是无法调和的。苏轼以激愤的感情、凌厉的笔墨，发出了震古烁今的不平之鸣："公之精诚，能开衡山之云，而不能回宪宗之惑；能驯鳄鱼之暴，而不能弭皇甫镈、李逢吉之谤；能信于南海之民，庙食百世，而不能使其身一日安于朝廷之上。盖公之所能者，天也；其所不能者，人也。"这四层"能"与"不能"以及第三段中对"潮人之事公也，饮食必祭，水旱疾疫，凡有求必祷焉"的描述，说的是韩愈，其实也是作者的自我写照。元丰八年（1085），苏轼在登州太守任上，曾因"岁晚不复见"的海市蜃楼为恨，于是"祷于海神广德王之庙，明日见焉"，其情状与"开衡山之云"十分相似。欣喜之余，乃写下"率然有请不我拒，信我人厄非天穷"（《登州海市》）之诗句。苏轼虽然没有驯暴鳄的经历，但其在长期外放任地方官的过程中，每到一处，必兴利除弊，以造福生民为念。然而，这一切同样不能弭谗臣之谤，回人主之惑，不能使其身安于朝廷之上，甚至因"乌台诗案"险遭杀身之祸。但是，在他最艰难的时刻，杭州、湖州的百姓却馨香祷祝，一连数月为他作"解厄斋"。后来"再莅杭，有德于民，家有画像，饮食必祝。又（在苏堤）作生祠以报"（《宋史》本传）。可见，唐、宋的两位文坛巨匠，在"合于天而乖于人"这一点上，堪称隔代相应、若契于心。黄震称《庙碑》"非东坡不能为此，非韩公不足以当此"（杨慎《三苏文苑》），洵非虚誉。明乎此，亦就不难理解"平生不为行状墓碑"（《陈公弼传》）的苏轼，何以在潮州太守王涤派人请他撰《庙碑》时，"不敢复以浅陋为辞"，尽管是在由颍州改任扬州太守的旅途中，亦"辍忙为了之"，迅速交予人带回。

苏轼撰写《庙碑》的态度是极其严肃认真的。朱熹评价东坡作《潮州韩文公庙碑》："不能得一起头，起行百十遭。忽得'匹夫'两句，遂扫将去。"（《朱子语类》卷一百三十九）以旷世雄才，复加以一丝不苟的态度，使《庙碑》体现的精神在作者人生体验的基础上得到了升华。它所表达的，不仅仅是少数人屈心抑志、忍尤攘诟的悲愤之情，而是代表了古往今来众多有为之士壮志难酬的不平呼声！诚如洪迈所说："刘梦得、李习之、皇甫持正、李汉皆称颂韩公之文，各极其挚。……及东坡之碑一出，而后众说尽废。"（《容斋随笔》）长期以来，《庙碑》一直鼓舞着那些努力于自我灵魂塑造与独立人格铸造的文人士子，并成为他们汲取精神力量的一个重要源泉。另一方面，因撰《庙碑》而对人生有更深感悟的苏轼，亦因此而更加坚强豁达。八年后，当他从谪居三年的州"赦还"时，耳际回荡的依然是《庙碑》祀歌中"钧天无人帝悲伤，讴吟下招遣巫阳"的余响，从而吟出了"余生欲老海南村，帝遣巫阳招我魂"（《澄迈驿通潮阁》）的诗句。翌年临终前夕，他对儿子们的遗言是："吾生无恶，死必不坠。"（《亡兄子瞻端明墓志铭》）可见，苏轼在临终前，心中所涌动的依然是"不依形而立，不恃力而行，不待生而存，不随死而亡"的浩然正气。

对于《庙碑》的价值及其将产生的影响，苏轼十分自信，因而对碑刻的形式及制作予以非同寻常的关注。他亲自设计了碑样，并在《与王涤书》中反复叮咛："请依碑样，止模刻手书。碑首既有大书十字，碑中不用再写题目，及碑中既有太守姓名，碑后更不用写诸官衔位。……仍不用周回及碑首花草栏界等，只于干净石上模字，不着一物为佳。"遗憾的是，他手书的《庙碑》竖立才十年，"元祐党人案"即席卷全国。崇宁二年（1103）四月，"诏毁东坡文集、传、说、奏议、墨迹、书版、碑铭、崖志"（《苏诗编年总案》）。在当权者的淫威下，《庙碑》当然亦在劫难逃。然而，传诵于世的苏文名篇，又岂是一纸诏令所能彻底禁绝者？宋人周辉《清波杂志》谓："崇宁大观间，海外苏诗盛行，是时朝廷虽尝禁止，赏钱增至八十万，禁愈严而传愈多，往往以多相夸。"何况，韩愈与苏轼是备受潮人崇仰的两位历史英杰。潮州不能没有韩文公庙，同样不能没有苏轼的《庙碑》。从宋代以来，韩祠的修建已达三十次，而重刻《庙碑》之事，亦不绝如缕，代有其人。目前尚存于祠内的《庙碑》，便有元至正丁未仿苏体重书（现仅存残片）、明成化二十年江朝宗、清康熙三十六年赵执信、清乾隆二十四年梁国治重书的四通。这些碑碣虽然也已不同程度地破缺漫漶，但石碑可毁，心碑难摧。只要假、丑、恶的现象还存在，洋溢在《庙碑》中的浩然之气，就必然会以其特有的精神光焰，烛照人间！

（原载《文史知识》1997年第9期）

传道起文

该碑刻立于韩祠内正堂南壁，碑高205厘米，宽84厘米。碑文篆体直书，阴刻，每字约41×33厘米，款字楷体。文曰：

巡视两广盐课太常寺少卿加二级沙拜题

传道起文

康熙三十二年二月谷旦立

"传道起文"四字，历来读法不一。现据《六书通》中有关各字字形予以对照、勘定。

韩愈《师说》云："师者，所以传道授业解惑也。"又《与孟尚书书》谓："使其道由愈而粗传，虽灭死万万无恨。"苏轼《潮州韩文公庙碑》则云："文起八代之衰，而道济天下之溺。"可知，"传道起文"四字是对韩愈的教育观点、政治观点和文学成就等方面的高度概括。康熙三十二年即1693年。

潮州昌黎伯韩文公庙碑（明成化二十年重刻，残）

该碑立于韩祠内正堂南壁，高197厘米，宽120厘米。额、文均作楷书，阴刻。碑面剥蚀严重，末一行"成化二十年"（1484）字迹尚勉强可辨。碑文即苏轼所撰《潮州韩文公庙碑》。

【附】

粤东金石录·潮州韩文公庙碑

（清）翁方纲

元祐七年三月己酉，龙图阁学士、左朝奉郎、知扬州军州事、充淮南东路钤辖苏轼撰，明成化二十年春三月重刻于石，提举广东市舶、前翰林侍讲学士古渝江朝宗撰记，叙重建祠宇刻石之事，云"苏碑经兵燹倾圮，不立二百年于兹矣"。然此石亦已勒其半，近惠潮道梁瑶峰国治又手书刻之，甚端楷。

有言苏公原碑在道廊旁韩祠者，戊子春始访得之。拂拭积苔，稍辨字划，乃亦非原石也。字摹苏而不工，末具书"至正丁未春，江西省左右司郎中兼潮州路总管兼管内劝农防御事灵武王那"，以下不可辨。按潮志，是王那木罕，碑阴作翰，检讨孟扬之父也。此碑之阴刻重修韩山书院记略，至正丙午讫工，明年春王月晋安刘嵩记，福建省照磨张泰书。

重修韩文公庙记

潮州府海阳县儒学教谕古□邵增书丹，奉政大夫户部福建清吏司郎中郡人蔡朔篆额。

自古圣贤之生与天地同悠久而不泯者何欤？盖道有常而已。夫天地□道有常，前乎千万年不见其始，后乎千万年莫知其终。粤自伏羲黄帝尧舜至周公孔子，以圣继圣。皋夔伊傅，颜曾思孟，及汉唐宋诸儒，以贤继贤者是焉。今以昌黎伯韩公言之：生李唐之世，其间虽名儒迭出，求其在当时如公之文起八代之衰，道济天下之溺，有功于生民，垂泽于万世者，则未之见。适公谪官于潮，孰不惜忠不信于君，道不行于时？公之心则不尔，以天下无不可化之人。自莅潮也，于民则德以先之，于物则诚以感之。潮民□皆丕变，感公之功德，虽没世不能忘者此。窃谓自古有功德及下者，人未尝不知感怀报。然感于一时者有之，而不能期其感于将来。今潮人感公千百年如一日，似非公之功德渐摩于下者，有经久常行之实，能是哉？生忝游圣门，睹公之文章、仰公之道德非一日，常恨不得亲诣庙庭。今幸备员广东，得拜□像，若登泰山，若拱北斗。惜堂宇萧颓，门庭荒落，不能不为公所慨。少间，潮之缙绅，致政同知余佑，通判许纲，□□□尚年郭吾辈，闻予兴此，即罗拜于前而曰："存此举，佑等素心也，第未有倡者耳。"于是城之耆彦陆英、陈鼎，郡庠生方舆，邑庠生戴明，咸率先以总其事，就各捐费，鸠工卜日。立石扁以表门楣，易梁栋以新堂殿，辟廊庑以便祭祀，实灰土以坚旧基；复构傍所，以乐余享。吁！何以致是哉？盖德盛者必享无穷之报，泽远者当垂无疆之休。今公之功德有常，所以启后世不忘者，亦发乎常心耳。如此，则知人有古今而人之心无古今，今千百年后人之常心，不外乎天之常而感公功德之常者，岂可诬哉！庸书此以并记士大夫落成者，咸刻于石以垂不朽云。

　　　　　　　　　　时天顺五年岁次辛巳冬十二月吉日

　　赐进士亚中大夫广东布政使司右参政慈溪刘炜撰，赐进士中顺大夫广东提刑按察司副使鄞城陈濂，敕骠骑将军广东都指挥使司都指挥使凤阳张通，赐进士朝列大夫广东布政使司右参议桂阳朱英，潮州府知府周宣，同知周嘉宾，经历郑照，检校焦辅，潮州卫指挥同知陆忠，潮阳县知县陈瑄，揭阳县知县陈爵，海阳县知县梁通，典史曾观，潮州府儒学教授茅秉，训导郑文述、钟琼，海阳县儒学训导□肃等同建。

　　潮郡士大夫同知余佑助银□□□，通判□□□□伍□□□□□□□□义士□□□□□□□□银十两重，义士蔡大本助银二两，耆民陆英助银四两重，耆民陈鼎助银□两重，生员方舆助银四两重，生员戴明助银四两重。

　　该碑立于韩祠正堂廊下南壁，碑高200厘米，宽76厘米，因年久风化，部分字迹已难辨认。

　　碑文指明韩愈莅潮后，"于民则德以先之，于物则诚以感之"，故潮人"感公千百年如一日"；次述天顺五年（1461）修祠经过。正文下端附列捐款人姓名及款数。

残碑

该碑立于韩祠南廊南壁石级旁，碑体已断裂，碑面已无字迹可寻。

甲子阳月游韩山谒文公庙

高风宛在漫追寻，山斗南来重此岑。

八代文章推巨手，九重封事识忠心。

层峦翠锁长江碧，绕廓烟攒众壑阴。

原道薪传宗孔孟，拜瞻何止为登临。

醛邮使者三楚后学杨佐国拜题

该碑刻在韩祠南廊南壁，碑高202厘米，宽94厘米，行书竖刻，完整清楚，款有"杨佐国"一方。甲子系康熙二十三年（1684）。

重修韩文公庙碑记

赐进士第进阶正奉大夫正治卿广西布政使司左布政使前驾部郎中海阳刘子兴撰。

赐进士第中宪大夫浙江按察司提学副使郡人林大春书，赐进士第奉政大夫广西按察司金事邑人章熙篆。

潮祀韩文公于东山之麓，庙貌巍然，为五岭冠冕，盖千百年祀于兹矣。庙左有亭曰侍郎，即公所曾游览处也。木曰韩木，亦公手植，邦人每以其花多寡为登科之兆云。至于山川俱以韩名，盖重之也。宋景炎间，亭毁于兵燹，惟庙独存，殆天所以表忠贞之遗烈欤？其后相继增修罔替。迩年寇盗绎骚，庙渐颓圮。万历二年，藩大夫松涧金公，奉天子命饬备于岭东。展谒公庙，瞻慕久之，慨然兴念曰：公之道德文章，师表当世，其教泽覆被于潮者最深，故潮之禋祀百世如一日。乃今潮寇既绥靖矣，其庙貌弗饬，如风教何？遂檄郡县葺而新之，既逾年讫工，郡守汪君属兴为记。兴惟公之忠言在史册，恩德在潮民，令名亘古今，至如苏文忠撰公庙碑，吴文正立书院记，详矣。

兴也颛侗，又安能窥公墙仞，测其津涯也哉？然兴自髫年尝读原道之作，则明正学而翊六经；佛骨之表，则格君心而排释氏，真宪宗之荩臣、唐室之砥柱也。矧士之蒙难负衅、颠顿困厄，而其志节始终弗渝者盖寡焉。公初以论宫市贬，继以忤执政改官，后以论佛骨再贬，一身万里，百折不回，非邃于学、笃于道、自拔于流俗者，能若是乎？此公之所以大过人者，学者仰之如泰山北斗，名岂虚哉？或谓原道遗格致，兴窃惑焉。盖释氏专以明心见性，惑世罔民，民之沉酣于邪僻，不闻道德仁义之教久矣。故公言治国平天下，特推本以正心焉，诚得其要领也。不然孟夫子所谓正人心、息邪说，果皆非欤？又谓谢表多颂功。兴观其辞切情悲，固非悻悻以沽直，亦岂汲汲于幸全哉？公任天下之重，其志虑固远矣，不然疾驱镇州，从容谕廷凑，不怒而威，而唐之社稷终赖焉。其视宣圣之却莱兵，何以异哉？使天假之年，身安其位，则行道济时，成公之志，勋猷奚止是耶？又谓公刺潮时与大颠来往，有崇信释氏之嫌，则尤非也。盖当是时，远地无可语者，大颠颇聪明、识道理，公召与之语，亦将告以圣人之道，庶几援释而入于儒，此公之所孳孳也。即其答孟尚书书云：使道由愈而粗传，虽灭死万万无恨，又安得自毁其道以从邪？其正直刚大之气，可以对天地而无愧怍。及读送文畅序，其意极诋浮屠，又与原道相表里，故史氏谓端士用心，岂欺我哉？若缘大颠而訾议焉，是助佛老操戈也，不其谬欤！虽然，公之精忠雅操，久而弥著，譬日月之丽于天也，君子当有折衷定论，固无待于鄙生之赘言矣。懿哉！藩大夫表扬先哲于海邦澄义之余，于风纪则肃清，于教化则隆洽，盖异世而同符者也。郡守汪君审，郡丞杨君士中，别驾龚君修、顾君学仁，县令冯君笏，均明经学古之士，秉怀贤景行之忱，故为政知所先务。如此则诸君仪刑于百世之下，宛如亲炙，行将锄残暴、黜异端，以树风教、振浇俗，奚啻大造于海邦，即誉髦之士蒸蒸起矣。由斯以谈潮士笃于文行，窃比于孔之鲁、孟之邹，于熙朝为独盛乎！其勤于程督，则县丞柴君钲也。

万历三年岁次乙亥仲夏之吉立

该碑位于韩祠南廊南壁，碑高210厘米，宽98厘米，碑额篆体横书，正文楷体直书。

碑文首先记述万历二年（1574）藩大夫金松涧檄郡县修葺新韩祠的经过；其次论述韩愈仕途坎坷、屡遭贬斥而能百折不回、自拔于流俗的过人之处；进而对韩愈的《潮州刺史谢上表》、"刺潮时与大颠来往"等，提出自己的看法。万历三年即1575年。

韩文公庙碑（残）

该碑位于韩祠南廊南壁，高220厘米，宽100厘米。篆额尚清晰，碑文模糊，依稀可辨认个别字句，知正文为苏轼撰《潮州韩文公庙碑》。跋语三行，惜难于认读。清代赵执信有《潮州昌黎庙碑，东坡手书者久亡，后人摹刻者亦毁。拗斋砻石，要余书之，因系以诗》一首，疑该碑即其所书者。

重建昌黎伯韩公祠

遗庙千秋白露中，翚飞鸟革已重崇。

蛮方徙鳄犹余事，玉几披鳞独抗忠。

石峙三峰吾道峻，潮来万顷大文同。

平生仰斗钦如在，此日绥黎愧我公。

时康熙癸亥仲秋月谷旦

知潮州府事江东后学林杭学题并书

该碑在韩祠南廊南壁，碑高200厘米，宽92厘米，行书竖刻，保存完好。康熙癸亥年即1683年。

潮州韩文公庙恢复祀典碑记

潮州韩文公庙，先在海阳县城南，宋元祐时知军州王涤始建，有苏文忠所为碑。淳熙中知军州丁允元迁庙于城东。清嘉庆二年知县事韩君异葺治之，即今潮安韩文公庙也。自有明迄清季，春秋祀典，地方官举行惟谨，二十年来此事久阙。民国二十四年，县长辛煜桥与县参议会议长李振智谋恢复之，众议金同，乃决定岁秋分后三日致祭。夫潮州之有韩庙久矣，庙存祀废，人其谓邦人何？今则废者举矣。祀之日，荐牢醴、具笾豆，命祝以告，敬共将事；雍雍肃肃，上显神德而下兴民人之观感。翼中闻之，深喜坠典之复行也，是不可不志也。任其事者具石请撰词，因为此记。韩公为人所景仰，潮人之当祀韩公，前有苏文忠之铭，后有阳湖恽敬之碑，可不复措一辞也。

中华民国二十五年四月 广东民政厅厅长林翼中

该碑刻在韩祠中庭北壁，碑高118厘米，宽70厘米，正楷竖刻，完整清楚。

【附：佚碑】

文公祠记

（宋）郑 伸

至和甲午岁建文公祠堂。知州事郑伸、权监押史□、签判陈□、知县欧阳景、推官雷应昌，落成之时十二月初吉记。

（据光绪《海阳县志》卷三十《金石略一》）

潮州修韩文公庙

（宋）刘克庄

庙始在州宅后，苏碑云在州南七里者，元祐庚午王侯涤之所徙也。淳熙己酉，丁侯允元又徙韩山，夷石为庙，地尤温。甲子一周，屋既老。淳祐辛亥，刘侯希仁以为非吏民怀遗爱、崇先贤之义。属郡文学吕君大圭修废，捐俸楮三千以倡。俄而刘侯去，众曰：役巨费阔且奈何？会臬使吴侯燧行部，全侯昭孙至郡，各助楮二千；倅樊君应亨、海阳令王君道翁各半之；仕于州、游于校者，皆有助；吕君又禆以俸金。自门及奥，轮奂新美，柱若壁之用土木者，皆易以石。糜楮四万，以宝祐初元季秋落成。遂并新八贤祠，耇坚革腐，规制如庙。八贤者，皆潮之名辈耆德。吕君介刘侯请记于余。自古生有权位，能润泽其人；殁有精爽，能耸动灾福之者，皆得祀。贾谊、文翁以学，朱邑、羊祜以惠，宋璟以清，巡、远以节，殆不胜纪。然事久而爱泯，时异而敬衰者多矣。若夫权位尚微，世代遥远，斯文入人肝脾，去思浃人骨髓，血食数百年如一日，余行天下，惟韩庙为然。公在潮仅七阅月而去，而潮人奉尝至今，悽怆如见。至于登览之山，手植之木，犹起敬起爱未已，此岂智力之所能致哉！世或以《谢上表》议公。余曰：方帝怒未解，裴度、崔群不能救，仕进之途穷，庙堂之援绝，他人处此，必怼必躁。否则缘他谬巧，以谋复用，公引咎归美而已，不贤于怒悻悻而去，不向国门而坐者乎？以瘴疠老病，祈哀君父而已，不贤于贻书子公、达函桓温者乎？公不顾其身之万死，而庶几其君之一悟，岂有毫发世念于其间。素讲之学，未行之志，犹有万一冀尔！潮在八千里外，而章奏直达左右，不能蔽于时。韩、柳齐名，柳牧龙城五年，公不旋踵徙袁，宪宗真明主哉！使公再入而惩前事，循嘿可矣。方且折廷凑、忤逢吉，视论佛骨，有进无退。彼智不足以知公，而轻量公深浅者，妄也！公之南迁，虽戚里诸贵，多为论雪。祷神而神享，驱鳄而鳄去。惟镈慕□□□。狂疏若镈慕者，不惟有惭于贵戚，其幽暗甚于鬼而顽冥不如鳄矣。故详著之，列于苏碑之次。刘侯以中书，吴侯以前御史，全侯以上阁外补。樊，临川人。□□，温陵人。吕君又言，郡士陈确竭劳于庙，八贤之后希问；卢密、刘杰叶力于祠，皆宜书。

（据刘克庄《后村先生大全集》卷九十一）

143

重建水东韩庙记

（元）何民先

士君子宦游以得江山为乐，江山以得士君子为重。方其登临，游目骋怀，俯仰千古，啸歌自适。及其后也，邦人怀思。爱及草木，则有尸祝之者矣。昌黎先生之于潮亦然。公以忠言谪潮，道迪人心，功在生民。尝爱溪东山水之胜，公退之暇，时一游憩。亭下之木，所亲植也。旧株既老，飞枝复生，州人以韩木称之，且瑞其花，以卜科目。或曰公尝遣官祭鳄鱼于此，其下即鳄鱼潭也。庙旧在城南，宋淳熙己酉，丁侯允元不忍虚其胜，蔽弗甘棠，迁公庙镇之，以天水赵君、文惠陈公配。盖公尝请赵为师，以训潮人知学。陈守是邦，又尝戮鳄于市。道同志合，犹一日也。距今百余年，鼎革凡几。元延祐四年，宪佥张公世荣行部至潮致敬焉，徘徊眷慕，深虑修葺之费无所出，非所以计久。乃褒儒生，捐金买田，计五十八亩七分，岁得谷一百三十四石五斗，其用心尤远矣！泰定三年秋，牧守亚中公马合马偕士友绝江谒祠下，至则门庑亭宇皆乌有矣，惟正堂仅存，遗像萧瑟，粉壁穿剥，楣柱朽蠹强支风雨，慨然久之，士友悉言其故。公曰："文公功德若是，江山形胜若是，而又宪司维持甚，其可废乎？"归与同知宋君用、府判买住、推官刘君克敬、知事赵君弘道谋，佥曰："然。"遂以命仆，且戒勿扰。仆受命惟谨，乃迹故基，乃市良材，鸠功（工）佣役，一时惟直，是钧是锯，是斫是斲，仆者构之，腐者撤之。已而正堂巍然，两庑翼然，三门魁然，维亭维祠，各复其旧。中外一新，丹黝交焕，晓云飞栋，晚蟾流阶。东负三峰，如屏如几，西面横江，楼台鳞簇，大海潴其南，蛟龙所家，三河泻其北，樯楫若注。一登庙而山川之胜尽在目，城南有是乎！由是揭其堂曰"仰高"，取"泰山北斗"之义焉；亭曰"天风海涛"，取"相期风涛观"之句焉。"尊贤有祠"，崇德也；"侍郎有亭"，存古也。合而颜其门曰韩庙，万户侯尹公铸大书，不一书之。经营于丙寅冬十有一月，成于丁卯春二月，秋八月而润色大备，涓吉落成。牲酒既具，邦大夫率僚属咸拜于庭。士友鼓舞而庆曰："微诸君，庙其墟矣！"大夫曰："文公之灵也，斯道之福也，圣天子之德也。方今天下清平，崇重儒术。潮虽海滨，自文公以来知有教矣，至今号称易治。而吾侪得优游其间，是果谁之赐钦？有系于世教民彝者，君子与其兴，不与其废也。嗣而拓之，且将有望于后之同志者！"言既，属仆记之，于是乎书。潮州路儒学教授何民先记。

（据《永乐大典》卷5345）

重建潮州韩文公庙记

（元）赵孟頫

（原注：在水东）按苏子碑，公庙在潮者宜也。其文尚已。然所书止王君涤迁庙城南事，后非所知也。其参造化，关盛衰，浩然而独存者将终古祀之，岂特元祐间盛事哉！厥后庙二。其城南则郑侯良臣因创讲堂，以来学者。今独存其城东，则有山曰韩山、亭曰韩亭、木曰韩木。李侯迈、丁侯允元因而更祠之；孙侯叔谨并建八贤祠；刘侯用行；牟侯潨整葺不怠。庙用以侈，今皆无复存者。森森古木，生意苍然；造化盛衰，固实有待。皇元统一，文美聿新。乃元贞二年，有太中帖里来长兹郡，创浮桥，立兹庙。大德五年，卞侯立宗修犹未完；九年，常侯元德暨乃僚捐俸计役，期毕兹工。是时则有将仕张君昕，以清名英识为郡知事，孜焉伋焉，慨为己责。其志也专，其任也勇，其营度也久，其使民也不扰。疏之凿之，筑之培之，又从而居恢拓之。用工于某年某月，落成于某年某月。有池有台，有松有竹，仍建八贤祠于右。两庑三门，翼如峙如。复挟二亭于其侧，闳伟壮丽，殚智极虑。邦之耆老来拜来祝，咸曰："吾不图今日复见韩亭之盛若此，且视昔有加焉！匪韩公之灵，抑吾张君有以效其役而彰其灵也。"天地之化，盛衰之运，至此而益昭昭矣。近惠阳别驾王君涤，

奉檄至潮，谓仆知学，语以其事，且俾书以遗潮人。仆谢不敏，则思曩命宰揭阳，将拜祠下不果。今罗浮去潮几千里，未知果遂所志否？兹得以贱姓名附于下，岂非平生至幸！敢僭以苏子所不及书者书。大德十一年夏五月，从仕郎惠州博罗县尹兼劝农事赵孟仆记。

（据《永乐大典》卷5345）

重修韩文公祠记

（明）林廷玉

潮有韩文公庙，实关系巨事。正德二年春，予奉明天子命以按察副使董岭南学政。三月抵潮，试士视学毕，谒文公庙。见其创制崇广，轮奂设象既新且伟，凡百布置，罔有弗良，为之目眩心竦，因叩孰维是图？时张守时泽进曰："前守叶廷玺也。"徐又叩诸生，具道廷玺为政，严有力量，能锄豪右、剔宿弊，用是在潮，诸废咸举。但上下公私喜怒未能皆理，故旋解绶去。于戏！大凡世事同则比，比则相率为久；异则乖，乖则涣以迅矣。理势固然哉！君子之于天下，但揆吾之是非，得失非所计也。廷玺予同乡、同朝，性刚向正，予所稔知，守潮事则创闻也。尝记弘治十二年秋，予谪判海州，时廷玺为民部尚书郎、监储通州仓。作诗追送，词甚激烈，其人从可考知。乃为触感，怃然自失。后诸生因乞为记，予喜而诺。廷玺闻之，走书言谢。未几逆瑾用事，虐焰熏灼，无远弗届。士夫咸厌厌无气，事遂就寝。既而予又以忧解官，守制从吉。寻蒙圣恩晋秩，巡抚北畿及边关。六年之间，奔走不暇。廷玺在林下，于予既闻。而予仆仆尘途，于廷玺则杳不闻矣。正德九年夏初，余得告致仕抵闽，廷玺致书通问，予愧恧者久之。嘻，可终竟负此良友也！思惟计无所出。忽宗契利正铨选潮之二守，予闻拊髀雀跃。遂作文历叙，附托镌石，用偿前信。今守谈公雅重风教，相成必矣。于戏！一念朋友之情，至十年乃遂。岂事之所成，固自有时而廷玺于潮，终不可无纪耶？文公在潮虽不久，而文章道德，衣被于潮者实多。其神之在潮，万世固一日也。嗣守斯土者，孰无钦崇之心，顾限于才力而或不逮。若廷玺者，其可载已。昔孔子作春秋，每遇兴作，无不备书以重民力，惟僖公复閟宫、修泮宫不书，以其为事之当举也。廷玺斯庙之建，崇先贤以厚风教，岂浪举者哉？

（据顺治《潮州府志》卷十二）

新建韩祠①记

（明）黄一龙

唐昌黎韩公刺潮迄今八百有余载，其庙食于潮，实自宋元祐始。其大都苏长公之述备矣。按郡志，公刺潮八阅月而至潮阳者再，最后则留衣大颠寺中。寺旧有留衣亭，盖公尝身所经历而最不能忘情也。公祠在郡治鳄溪之阳，郡之山水皆以公姓得名，其功德入人，可谓深且厚。顾是邑祠独缺，予入境即议鼎建，以时诎未果。居二载余，始卜地于邑东山，地即东岳废址，其左为唐睢阳张许二公庙，又左则宋丞相文山公祠在焉。其栋宇则货诸邑郑氏之故祠木为之，价廉工省。兵燹之余，肖然独峙，若有待而然者。间更益以楱题，稍饰丹黝；前设牖户，以便启闭示严阈；又前筑露台，台复以亭，为拜瞻之所；庭除而下有二古榕，夹道青葱，若盖拱立，视之清风时动，波涛远映，殆山间天然之景也。庭之前为门楼，扁曰韩祠，周围缭以垣墙，墙之内东西翼为两廊，塑公像于堂中，春秋与三忠并祀如时制。经始于隆庆壬申初夏，落成于是秋之季。于时僚友东阳楼君、四明包君暨典幕慈溪叶子咸赞其事，且谓予宜记之。忆予自少小读书，诵公庙碑至约束鲛鳄如驱羊之语，时即敬慕，以为公真天人也。乃今至其地，辄想象驯暴之遗烈而未得其要领。然尝睹公来潮祭神诸作，倦倦以稻蚕耕织各宁厥宇为念；至于乡校一牒，尤致意于德礼之化，忠孝

147

---

① 此韩祠乃汕头市潮阳区之韩祠。

之风。而其大指归之排异端、宗孔子，岂其潜孚默运之机，有出于寻常尺度之外，故能再辟混沦、追隆古昔，不啻如耳目所睹记者欤？议者乃以潮州谢表与大颠三书故，往往为公费辞。不知公之迁潮，以诋佛也。公之学本诸孟子。观其负罪引慝，而不敢以迁谪之过归诸君，若将日望其反之者，亦庶几改之之意也。故虽迫切其词，以冀其见原而不为矫饰，略陈其所长以自献，而不敢自多其排佛之是，此岂悻悻穷日者所易以窥测耶？大颠虽学浮屠，而其智慧过人，能不以势利形骸自累，公因召至与语而与之往来，亦不过唐人交游惜别之常态。若果为奉佛之故，遽尽弃其平生以崇之而倾心以求福利，必不然矣。昔日诋佛于朝而今日事僧于野，佛果有灵，亦将嗤笑不暇，公敢贸然为之乎？予愚昧曷足以知公，顾二事皆公居潮之大者，故因记祠公岁月而并论之如此，庶后之知言君子或有所采云尔。

（据顺治《潮州府志》卷十二）

潮州韩文公庙碑文

（清）恽　敬

潮州韩文公庙有二：其一在城南，宋元祐中知军州王涤始建，苏文忠铭之，今城南书院是也；其一淳熙中知军州丁允元迁城南庙于城西，即忠佑庙也。自前明至本朝，春秋祀事皆行于城西。嘉庆二年，知海阳县韩君异葺治之，阳湖恽敬为碑文，邮之潮州，与潮之贤士大夫商公之故，且告后世焉。公以谏迎佛骨贬潮州，去菩提达摩入中国二百八十余年矣。其时关东西则有丹霞然、圭峰密，河北贝有赵州谂、临济元，江表则有百丈海、沩山祐、药山俨，岭外则有灵山颠。其师友几遍天下，皆以超世之才智、绝人之功力，津梁后起，以合于菩提达摩之传。而公之生也，与之同时；公之仕也，与之同地。呜呼！于此而言不惑，不其难欤？且其时，上无孔子之师，下无七十子之友，老、庄之所流别，管、墨之所出入，马、郑之所未攻，孔、贾之所未辩。呜呼！于此而言不惑，不其难欤？是故公之辟佛辟于极盛之时，宋人之辟佛辟于既衰之后。宋人之辟佛，以千万人攻佛之一人；公之辟佛，以一人攻为佛之千万人，故不易也。虽然，公之辟佛至矣，而佛之教至今存焉，何也？盖圣贤之于天下，去其甚而已。禹抑洪水，而水之泛滥仍世有之；周公兼夷狄，驱猛兽，而夷狄猛兽之侵暴，亦仍世有之；孔子成《春秋》，乱臣贼子惧矣，然不避于当时，不绝于后世；孟子距杨、墨，杨、墨息矣，然人或窃其行，家或传其书。若是者，皆然矣。然而孔子、孟子之功，终天地，尽日月，不可没者，以人人知其为乱臣、为贼子，人人知其为杨、墨也。今天下三尺童子抱书入塾，即有公辟佛之说据于胸中。甲胄之士，未耜之夫，行商坐贾，皆习其说。其宦成名立，才行出入，而沉溺教乘者，朋友、子孙、门弟子，皆能别择于其后。愚夫愚妇，膜手梵呗，随众经行，其心皆知有孔之教。是故公之德揆之孔子、孟子，有大小纯杂之殊。公之功揆之孔子、孟子，有平颇公私之异。而得坠绪于前世，收明效于后来，未尝不如一也。且夫天地之道一而已矣，而人事自二三以及千万焉，行之于行，见之于言，施之于教，皆人事也。惟圣人与道同，其余皆有出入多寡。申不害、韩非一术也，则传；李悝、商鞅一术也，则传；孙武、吴起一术也，则传；王诩一术也，则传；张鲁鬼道也，而亦传；寇谦之、杜光廷鬼道之下也，而亦传。佛者如中国百家之一耳，其徒推演师说，下者可以囿凡愚，高者可以超形气，故其传较百家愈远而愈大，屡灭而屡复，盖将与天地终焉。是故世有孔子之教，则佛之教亦必行，此天道之所以为大也。世有佛之教，则公辟佛之功亦益见，此人事之所以为久也。自公斥为"子焉而不父其父"，而为佛者知养其亲；自公斥为"臣焉而不君其君"，而为佛者知拜其君，供赋税，应力役，未尝不事其事。世之儒者知中国之变而为佛，不知佛之变而为中国；知士大夫之遁于佛，而不知为佛者自托于士大夫。人理所同，岂能外哉！自公之后，儒者好为微言渺论，或由孔子之书失其旨而反堕于偏，或由佛之书得其会而忽反于正，是又在乎善学者焉。失者不得妄附圣人之遗经，得者亦不必讳言佛乘也。嘉庆二十年十月，恽敬谨记。

（据《大云山房文稿》卷四，转引自《韩愈年谱》）

增修韩山昌黎祠记

（清）方功惠

夫康成故里，想见风流；子云故亭，旁搜奇字。凡资观感，恒系怀思，况复衰扶八代，师表百世。肆异端之攘斥，壮吾道之干城。鳄鱼之文，儿童稔其成诵；橡木之植，真灵歘其来集。地辟榛芜之陋习，事章邑乘之殊闻。固宜抚迹流连，希风竦企者哉。潮城之东，韩山对峙，土人立庙崇祀昌黎。中更兵燹，旋复旧观，由宋及明，代无岐尚。第江都授经之宅，靡勤彗扫；河汾讲道之场，乃郁荆棘，颐步碍壁，息影睰庐；肜蚤冈崇，神灵曷侑？南皮张公修学好古，树节岭表，周巡郡域，旷览殿宇，慨然太息。陋湫溢之前规，亵森严之遗像。三鳣宛委，将新伯起之堂；七璧班阑，冀发钟离之瓮。惠承乏郡守，命集工师，拓地十弓，构楹一所。畚锸未辍，簪组已移，功亏一篑，惴惴昕夕。岁在癸巳，重履兹任。爰谋赓续，载增式廊。檐牙耸翠，孤塔疑俯，亭角倒影，危桥欲扶。无日炙而雨淋，倏栽花而莳木。梧桐阴古，或藉郭蔽；猱狙昼见，非复畴曩。郁郁乎娱神之奥区，栖灵之妙境已！殿之东偏曰"三忠祠"，在昔宋丁末造，蒙难艰贞。海岛则飘泊君恩，燕市则啸歌臣节，一身负帝，三仁达殷，靡不烛耀乾坤，辉皇竹素。壮南交之故实，丽北斗于中天。藻梲重施，剥落变其昔状；栗主告絜，官谥易其谬称。馨香并寿，堂庑毗连，亦所以慰英风、章伟烈也。顾独惜夫世祀变迁，俗尚波靡，祈禯禳灾，动盈万族。修德撰业，绝鲜专门。揆厥本原，殆匪旦夕。试与揖让前除，袞袞遗寝，悬大文于日月，净扫尘氛；沁元气于肝脾，饱餐菽粟。厉学八月,奉天水为导师;《原道》一篇,接子舆之传统。凡其严正律身,精诚格物,讵不足濯磨末俗、规范方来矣乎?至若怀奇负异之伦,选胜探幽之侣,抠衣于于,此焉愒息。磐风过竹,乍作秋声;炉烟飏花,似成暝色。云摄山而俱敛,鸟隐树而不飞,亦自足抚弦动操,写均飞毫,以涤烦襟,以豁雅裹(抱)。然则斯举也,其殆敦崇道履,导扬名胜,副大吏拳拳之心,毕守土区区之责,譬绘文翁之象,民自难忘;拟芟召伯之棠,爱终勿替焉尔。

大清光绪二十年太岁在阏逢敦牂阳月,权知潮州府事巴陵方功惠撰并书。

[《广东通志》(未成稿),据郭思恩《潮汕金石萃编》附录拓本]

8. 侍郎阁　侍郎亭

侍郎阁,位于韩山中峰西麓、韩祠后上方。阁址标高57米(黄海高程),总面积1028平方米。自1987年夏兴建,至1989年春完工。阁分两层,大门匾曰"韩愈纪念馆"(赵朴初书);二层檐下悬匾曰

图　韩文公祠侍郎阁

"侍郎阁"（刘炳森书）。阁前有两级石砌平台，从高台上凭栏远眺，潮城风光尽收眼底。台之正后方，有石刻韩愈胸像（陈钟鸣、吴维潮设计，刘崇山题字）。两级平台之间的石垂壁上，镶嵌石碑四面，每面一字，文曰"吾潮导师"（赖少其书）。

侍郎阁系沿侍郎亭旧实而兴建的新景点。侍郎亭，又称韩亭、仰韩亭、思韩亭。宋咸平二年（999），潮州通判陈尧佐《韩山》诗有句曰："侍郎亭下草离离，春色相逢万事非。"其《招韩文公文》则曰："溪东有亭址存焉，俗曰'侍郎亭'，即以公尸之也。"（按：尸，指祭祀时的对象）大中祥符五年（1012）仲冬，潮州太守王汉辟金山后所撰的《金城山记》曰："韩文公尝即东山为亭，以便游观，人呼曰'侍郎亭'……亭久已坏。"可知侍郎亭系韩愈所建，由于他被贬潮州前官拜刑部侍郎，故以"侍郎"名亭，至北宋初，亭已颓圮而仅存遗址。

宋乾道七年（1171）秋，郡博士陈馀庆撰《韩山亭记》云："山有韩亭，昔文公选胜游赏之所也。"太守章元振也有《会诸官韩亭》诗，三首皆以"我爱韩亭好"为起句，可证南宋中期，侍郎亭即韩亭已废而复兴。

宋宁宗嘉定年间（1208—1224），方袺《思古亭记》云："（韩公）又尝登双旌山，手植嘉木……旁有屋数椽，俗号'侍郎亭'。"据此可知其时侍郎亭之规模。至南宋末年，亭毁于火。元延祐四年（1317），金海北广东道肃政廉访事张世荣莅潮，当看到韩祠"漫漶腐桡，仅得不废"的颓败景象后，慨然"捐俸属郡府，鸠工度材，完旧益新，更榜曰'思韩'，以仰之目，不若思之心也"。事见邢世衡《思韩亭记》。该记又云："旧侍郎亭，仰韩则近名。"可见元代初年，侍郎亭曾经修复，并改称"仰韩亭"。

元泰定三年（1326）秋，牧守亚中马合马委托教授何民先董役重修韩祠，工成以后，"尊贤有祠""侍郎有亭"（何民先《重建水东韩庙记》），知其时亭名复称"侍郎"。元至正四年（1344），"郡守张弼建思韩亭，知事张宗元撰记"（郭子章《韩公二祠沿革》），知侍郎亭又复名"思韩"。

明万历三年（1575），刘子兴《重修韩文公庙碑记》曰："庙左有亭曰'侍郎'，即公所曾游览处也……宋景炎间，亭毁于兵燹，惟庙独存，殆天所以表忠贞之遗烈欤？其后相继增修罔替。"知明代该亭仍以"侍郎"为名，且"相继增修罔替"，惜增修之经过不详。

清嘉庆年间，郑昌时撰《韩江闻见录》，其中有《侍郎亭》诗，自注云，亭"在韩祠左"。知乾嘉时，侍郎亭尚在。

"同、光之世，亭又鞠茂草，迄今竟无修复者。"（饶宗颐《潮州韩祠沿革考》）

至此，侍郎亭址已杳不可寻。1984年韩祠进行修建时，遂参照旧实及韩祠景区具体情况，决定增建侍郎阁于主祠后上方。

【附1】

韩山亭记

（宋）陈徐庆

州之东山，惟双旌为最高。山有韩亭，昔文公选胜游赏之所也。自亭之右，陟而浸峻。豁然地稍平衍，有旧亭之东者曰"观海"，有新堂之北者曰"仰斗"。由亭阴以级跻于南北峰之巅，有圆亭曰"抉云"，方亭曰"乘风"。太守曾公造，以政事之暇而增治之。落成之日，尚书王公取史氏之赞、苏公之词而名之也。增治之意、命名之旨，所以壮形势，所以耸瞻观，盖期与邦人景慕高标，宏达远览，飘飘然有风云之志，要无愧于前哲焉。大凡奉天子命为千里师帅者，一听断，二举措，必存教化于其间，俾规模遗爱，渐溢于攸久，毋徒为簿书湮没而已。文公以忠言直节不容于朝，来刺是邦，首命赵德训导诸生。自唐迄今，文风滋盛。其建亭于山脊，植木亭左，以舒襟宇，以繁休泽，以慰厥后去思之怀，而其精神若与神明参，若与造物伍。故四百年之后，韩木时花，以为邦人科第之应。旄倪爱戴，衣冠敬仰。凡分符于斯者，罔不歆艳其余烈。独曾公报政之后，登临环视，乃堂乃亭，以纵游步幽，以撼峻极之灵显，以发山川之秀意。英杰辈出于邦，用广文公之懿范。呜呼伟哉！尚书公式嘉其志，以思韩之念，励乡闾之晚进，博学笃行，藏器养浩，以遂其远者大者，故揭是名，且有深意存。昔孟子以登泰山，观澜水以明其道；司马迁上会稽，窥九疑，浮沅湘，涉汶泗以发其文；谢灵运陟危岭，穷幽峻，蹑岩障以畅其诗思；谢安亦寓会稽，娱乐山水，以丰其相业。而傅说之岩，太公之渭，亦未必不因感慨而成功勋者。况兹东山，巍然有峭拔之气象；亭台之设，又益之以眺望之佳致。四表八荒，恍乎目前；奇峰叠巘，拱手胸次。长江巨海，波涛湍激，以涌其汗漫之词源；朝霞暮云，变态殊胜，以丽其摛藻之章句。尚书公既以经术忠鲠为天子侍臣，破荒于前，是必有真贤实能，嘉猷义概，接踵于其后。然则曾公之举，岂以为游乐之举而已哉？曾公自下车来，云为注画，未尝不以文公为仪式。禁暴戢奸，如清潭鳄。修学待士，如立师训。拓东山之景，以表其景行之笃。殆见邦人思之，与文公齐休于不朽。某备员郡庠，乐其有敦劝之诚，敢不书之。乾道七年乙酉秋[1]，郡博士陈徐庆谨志。

（据《永乐大典》卷5345）

【附2】

思韩亭记

（元）邢世衡

东于郡，山有韩名，唐潮州刺史昌黎伯韩文公庙焉，相传即揭阳楼遗址。其由守居徙者，今为精舍，在郡之南七里。苏文忠公所著文，石刻实存。延祐四年二月朔，休告，佥海北广东道肃政廉访事长

---

[1] 乙酉系乾道元年（1165），原书之"七年"应是抄刻之误。

安张公款精舍，祗谒竣事，谓兹山公素所游息，杖屦经行，草树荣耀，以未至为慊。于是屏驺从，孥舟绝江。婆娑勃窣，循堤而上，百举武梯石触乃至。荐款揭虔，稽图访古。樛枝丛条，美荫繁缛。手植木滋，蔓生不复识。旧侍郎亭，仰韩则近名。危槛浮澜，风榭遡空，与郡西湖山对望。彼丹垩绣错，有华厥初，而此漫漶腐挠，仅得不废，可怪也。公慨然捐俸属郡府，鸠工度材，完旧益新，更榜曰"思韩"，以仰之目，不若思之心也。犹惧蔑以贻永久。越十日丁未，孔子用币，郡士毕集。公曰："潮诗书泽由韩公始，尔士子忘之耶？"皆辞不敢。乃佥志一力，助钱相役，为钱中统万缗。公命置永业田为租百石，廪士之家旁近者奉祠事，籍岁入修葺，不时出纳，不实者有司察之。志虑深矣！郡之缙绅、处士、耆老之俦，咸愿有纪。谨按公扶树教道，息邪抵异，论宫市、出牛元翼、策裴晋公平蔡，用辄中，事在史传，此皆不书。特惜夫世常以文论公，而不知其绵道绪直指正传，其有处非汉唐诸儒所及。三即广南，一随伯父（按：应作伯兄）贬官于韶，一令阳山，一刺潮，咸以言事故。迹其不鄙退旷勤治务，视谪官犹资迁。郡有鳄鱼食人，以文逐去，遂无患民；卖口为常，计庸免之，未相直，辄与钱赎，且著令。故至今思侯为深，传诵侯事为习。夫以公之驴义滂仁，虽身海上，乃心罔不冀主之悟、道之行。至谓公"要观南海窥衡湘"，词迫切，非公本意。独贺兹郡之遭者，彼其玉带金鱼，秉执钧轴。论说唐虞，各天一隅。云龙上下，晨星落如。而沉雅通经之赵德，聪明识理之大颠，遂得附着于公，以托不朽。独非斯人之幸欤！退想一时，亲见子云，以为适然。百千载之后，万颈胥延，音尘邈不可得，然后知公之难遇也。然则举酒相属，俯仰江山，咏侯遗爱，闻风而兴起，醉义而忘归，其获从今公游者，岂独非幸欤？书诸石，所以志公之难遇而潮独幸。俾邦人寿厥贻钦于世世忽忽。将仕郎前南雄教授新安邢世衡记。

（据《永乐大典》卷5345）

【附3】

思古亭记

（宋）方　裕

潮阳古垒，旧传地居鸭湖，唐刺史韩文公尝治焉。鳄为民害，公文以遣之。又尝登双旌山，手植嘉木，邦人以比甘棠。岁寒之姿，迄今不易。旁有屋数椽，俗号"侍郎亭"，二者咸在溪东。自公去潮垂四百载，遗爱在民，如周人之思召公。厥后州治移建于金山之麓，溪东父老作亭于此。南望韩木，右顾鸭湖，以表去思，故亭名"思古"，盖道盛德至善，民之不能忘也。岁月浸久，老屋倾颓。邑子蔡氏，易以柱石，营而新之，庶几过者因亭以有感。今流俗乃号为"师姑亭"，殊溪东老父去思之意。推原其故，得无类于小姑彭郎之谓哉。夫小姑本小孤也，彭郎本平浪也，传习既久，且移小姑以嫁彭郎。况是邦乃昌黎旧治，声名文物，不减中原。南有迥野，北有思古，皆旧侯馆。迥野之名，或讹为行者，俗操南音之为累也如此。守亭者以为请，因用思古旧名，申述故事且告来者，示不忘也。

（据《永乐大典》卷5345）

【附4】

韩山亭子

（明）谢宗镗

韩子去已久，空山今有亭。

秋烟荒橡栗，古壁暗丹青。

城抱江如带，天垂障列屏。

双旌余片石，啼鸟下林坰。

（据民国温廷敬辑《潮州诗萃》）

【附5】

韩亭秋月

（清）陈衍虞

晴烟几缕抹山隈，萧槭疏林拥榭开。

千顷瑶波江芷漾，一庭柏影兔华来。

雁拖秋色过韩峤，僧带岚光叩觉台。

我欲拈毫裁月赋，可怜揭妇已无才。

（据光绪《海阳县志》）

【附6】

韩江记·侍郎亭

（清）林大川

侍郎亭，在韩祠左，为昌黎游览处。宋通判陈尧佐有诗："侍郎亭下草离离，春色相逢万事非。今日江山当日景，多情直拟问斜晖。"

【附7】

韩江记·韩山亭

（清）林大川

韩山亭，即侍郎亭也。国朝释超雪，字宜白，尝登亭赋诗："俯仰小亭间，幽人独往还。风微花气足，树密鸟声闲。鱼跃有源水，云登无尽山。骋怀神自远，万汇各开颜。"

余按宜白，我邑诗僧也。《秋怀》诗有"古木收残雨，疏篱宿冷烟"一联，最脍炙人口。

9. 允元亭

允元亭，位于韩祠外北侧的象山南麓，1989年11月由泰国丁氏宗亲总会捐资港币25万元建成。该亭为蓝琉璃瓦顶攒山檐、六角形石亭，面积24平方米。亭后立《建允元亭碑记》一面，碑高200厘

图　韩文公祠允云亭

米，宽90厘米。有柱联立于亭两侧。有石径、石桥以通往来。周围绿树环合，桥下涧水潺潺，是旅游参观者观览、憩息的好去处。

丁允元事略参见祠内《太守丁公配享碑记》及建亭碑记。

【附1】

建允元亭碑记

曾楚楠

韩祠之建也久矣。然自宋咸平中初辟，以选址欠周，未百年而数易，迨淳熙十六年乃迁于韩山之麓。是处昔为昌黎登览之所，且水色山光，美景天成，韩亭韩木，游怀足慰，以故沿延至今，终无他徙，岂迁祠者深得韩公默眷斯土之本心，抑其识力眼光固非常人之所能及者？迁祠者谁？宋知州丁公讳允元也。公本贯常州，以忠谏由太常少卿谪守潮郡。握篆甫安，患庶民履险于涉，辄解囊增置韩江西岸石洲四，架以梁而覆以屋，民欢呼曰"丁公桥"；复见州学湫隘，建制不全，乃创置六斋，拨田租至三百六十余石，使士有所赡，学得完备。百废既兴，邦人德之，及公新作韩庙，乃相与即庙而立生祠耳。公守郡既久，爱吾潮山川秀丽，民物淳美，因迎其封翁来潮，择地东厢仙田村而家焉。其后子孙繁衍，荫系滋蕃，海内域外，裔昆比比是矣。甲子季秋，政通人和。潮州市人民政府主持韩祠修建，并拟增置丁公及诸名贤亭阁以广观瞻。规划既成，族人欢忭。盖在昔丁公崇祀名宦、配享韩庙，历代垂为定规，庙中碑记有明载也。今之立亭傍庙，俾祖德广为弘扬，游人得添乐所，固其宜矣。如斯盛举，舍我丁氏族人，其谁属欤？值丁公迁祠八百周年之际，遂集资港币二十五万元，于己巳八月兴工，历三月而竣事，因勒石述其本末而志其盛云。

公元一九八九年十一月，泰国丁氏宗亲总会敬立，裔孙家骏敬书时年八十。

捐款者芳名录（以港币为单位）

裔孙家骏十万元。威建一万元。汉杰一万元。锡洲一万元。镜鑫一万元。长电一万元。金喜一万元。文志一万元。文南一万元。木城二千元。锱彬一千六百元。身坤二万元。子建五千元。席潜五千元。瑞添五千元。耀江五千元。惠荣五千元。玩贞五千元。有峰五千元。有营二千五百元。有敬二千五百元。

【附2】

允元亭柱联

曾楚楠

允德继先贤，政绍昌黎余绪；

元功垂史籍，祠钟古郡秀灵。

公元一九八九年冬立　裔孙家骏敬书

159

10. 天南碑胜

天南碑胜，是位于韩祠祠侧甬道南侧的一道当代名家题字碑廊。全长89米，宽4.4米，廊内宽3米，共分28个开间，总建筑面积427平方米，青瓦屋面，砖石结构。长廊南壁现镶入石碑刻40面。

图　天南碑胜

该廊于1991年4月施工，同年10月落成。各匾、联、碑内容及撰书人姓名如下：

木匾：

徐向前（218厘米×72厘米，楷体横书）

天南碑胜

一九八五年元月　徐向前题

柱联：

彭　冲、蔡大燮（行楷竖书）

一纸文章除害毒，千秋俎豆荐忠良。

彭冲　蔡大燮

石碑刻：

李　鹏（172厘米×89厘米，行体竖书）

业精于勤荒于嬉，行成于思毁于随。

录韩愈《进学解》句

李鹏 一九九一年十月十一日

乔　石（172厘米×89厘米，行体竖书）

苏轼韩文公庙碑诗

公昔骑龙白云乡，手抉云汉分天章。天孙为织云锦裳，飘然乘风来帝旁。下与浊世扫秕糠，西游咸池略扶桑。草木衣被昭回光，追逐李杜参翱翔。汗流籍湜走且僵，灭没倒景不可望。作书诋佛讥君王，要观南海窥衡湘，历舜九嶷吊英皇，祝融先驱海若藏，约束鲛鳄如驱羊。钧天无人帝悲伤，讴吟下招遣巫阳。爆牲鸡卜羞我觞，于粲荔丹与蕉黄。公不少留我涕滂，翩然被发下大荒。

己卯春再谒潮州韩文公祠后谨录　乔石

习仲勋（192厘米×68厘米，行体横书）

一代文魁

一九八四年九月　习仲勋

许德珩（192厘米×68厘米，行体横书）

韩山春秀

许德珩题

胡厥文（155厘米×55厘米，行体竖书）

韩祠雅集

胡厥文

周谷城（137厘米×48厘米，行体横书）

狮象屏障

周谷城题

薄一波（152厘米×63厘米，行体横书）

古粤文祠

薄一波　甲子冬

陆定一（172厘米×108厘米，行体直书）

若无韩子庙，只有粤王台。

一九八四年重修韩文公祠应嘱书杨万里句　陆定一

启　功（172厘米×89厘米，行体直书）

羲之俗书趁姿媚，才薄其奈石鼓何。

我拜公祠无可献，妄濡茅管济岩阿。

一九八八年元月　启功

刘海粟（172厘米×89厘米，行体直书）

雪漫蓝关飞老泪，谏迎佛骨何须悔？

南国诗情堪足慰。纲不坠，古今皆是民为贵。

稻海银渠波叠翠，鳄鱼逸去群情沸。

文扫八朝衰飒气。游人醉，象狮江畔遥相对。

调寄《渔家傲》为韩文公祠书

刘海粟　病臂初平年方九十

赵朴初（172厘米×89厘米，行体直书）

到此虚怀遇大颠，留衣亭可与祠班。

不虚南谪八千里，赢得江山都姓韩。

一九八六年二月二十一日访韩文公祠口占　赵朴初

许士杰（172厘米×89厘米，行体直书）

设帐启蒙植桂兰，恶溪驱暴苍生安。

民心如镜长相映，山水于今皆姓韩。

许士杰　一九八四年九月

胡　绳（172厘米×118厘米，行体直书）

冬来草木不萧条，水碧山青岭海梢。

道是韩公驱鳄处，千薨万瓦看新潮。

庚午冬作于潮州　胡绳

林散之（192厘米×60厘米，行体横书）

　　　　　文起八代之衰

　　　　　　　　　　韩文公祠留正　散耳

商承祚（192厘米×60厘米，篆体横书）

　　　　功不在孟子下

　　　　　　　　　　一九八六年春　商承祚

陈　雷（172厘米×89厘米，楷体直书）

　　　　　师道

　　　　　　　　为重修潮州韩文公祠敬题　陈雷

王遐举（150厘米×50厘米，行体直书）

　　　　文光岭海

　　　　　　　　　　　　王遐举

费新我（150厘米×50厘米，行体直书）

　　　　风范长存

　　　　　　　　　　　新我左笔

周而复（160厘米×79厘米，行体直书）

　　　　老树无枝叶，风霜不复侵。

　　　　腹穿人可过，皮剥蚁还寻。

　　　　寄托惟朝菌，依投绝暮禽。

　　　　犹堪持改火，未肯但空心。

　　　　　　　　　　韩愈《枯树》

　　　　　　　　甲子冬书于北京　周而复

任继愈（172厘米×89厘米，隶体直书）

　　　　开文运千载，传儒教一宗。

　　　　　　　　　　　任继愈

吴南生（172厘米×89厘米，行体直书）

　　　　韩山钟灵气，九州翰墨香。

　　　　　　　　　　吴南生

王个簃（163厘米×63厘米，篆体直书）

　　　　　万世师表

　　　　　　　　　　　重修韩文公祠　王个簃题

楚图南（172厘米×89厘米，楷体直书）

　　　　　千秋硕儒几功罪，一代雄文振古今。

　　　　　　　　　　　　　　　　楚图南

萨空了（172厘米×89厘米，行体直书）

　　　　　历代文范，岭海同仰。

　　　　　　　　　　　甲子年七月题韩文公祠　萨空了

杨应彬（160厘米×79厘米，行体直书）

　　　　　文章千古豪情在，山水而今尚姓韩。

　　　　　　　　　　　韩愈纪念馆留念　杨应彬

　　　　　　　　　　　　一九八七年春月

萧　娴（172厘米×89厘米，楷体直书）

　　　　　秦岭家何在，潮阳路八千。

　　　　　　　　　　　韩文公祠惠存　黔南萧娴年八三

谢稚柳（160厘米×79厘米，行体直书）

　　　　　遗爱在民

　　　　　　　　　　　韩文公祠补壁　戊辰初冬　谢稚柳

杨仁恺（172厘米×89厘米，行体直书）

　　　　　文起八代，功泽三阳。

　　　　　　　　　　　潮州韩文公祠留念　仁恺拜题

江友樵（172厘米×89厘米，行体直书）

　　　　　鸾凤本高翔，失迹成延迁，

　　　　　翩然下大荒，里数逾三千。

　　　　　一生恒苦心，生死文字间。

　　　　　赫赫流盛名，高步凌云烟。

举头看星辰，明珠何联联。

窈寐想风采，分明皆眼前。

方今向太平，知识最为贤。

斐然作歌诗，事业无穷年。

潮州韩文公祠惠存

甲子秋　江友樵集韩句

秦咢生（172厘米×89厘米，行体直书）

文章风百代，正道炳千秋。

泽涌韩潮阔，韩祠万古留。

一九八七年四月谒韩祠书念

秦咢生时年八十七

秦　牧（172厘米×89厘米，楷体直书）

潮人历百代，共仰韩文公。

飒爽流风在，长挥万壑松。

题潮州韩祠　秦牧

臧克家（155厘米×63厘米，行体直书）

岭海风范

甲子秋月　臧克家题

廖沫沙（155厘米×63厘米，行体直书）

浩然独存

甲子秋　廖沫沙

钱君匋（172厘米×78厘米，隶体直书）

通贯六经百家

韩愈纪念馆碑林所属

乙丑嘉平月桐乡豫堂　钱君匋年八十书

柳　倩（172厘米×78厘米，行草直书）

双旌山上韩公祠，八百年来世所师。

博士文章夸八代，韩江水浪漾宏辞。

期年始竟春秋业，狮象藩篱潮汕痴。

人事坎坷都历尽，高山流水仰先知。

闻茸修韩祠即兴　柳倩七十又四

黄苗子（178厘米×78厘米，篆体直书）

风波无所苦，还作鲸鹏游。

书韩退之句

甲子秋日　苗子写于京华

阮倬云（172厘米×65厘米，行体直书）

老大韩家十八郎，犹将云锦制衣裳。

至今南斗无精彩，只放文星一点光。

宋杨万里诗　甲子秋月　阮倬云

吴敔木（68厘米×192厘米，行体横书）

文粤百辉

吴敔木书（敔，古文"养"字）

欧阳中石（172厘米×79厘米，行体直书）

六朝以降风披靡，竞慕浮华朴道荒。

幸是韩公支巨手，力匡八代焕文章。

甲子之秋得句为昌黎伯颂　中石

作者简介（书写时职务）：

徐向前　中央军事委员会副主席（门匾）

彭　冲　全国人大常委会副委员长（对联）

乔　石　全国人大常委会委员长

李　鹏　国务院总理

习仲勋　全国人大常委会副委员长

许德珩　全国人大常委会副委员长

周谷城　全国人大常委会副委员长

薄一波　中央顾问委员会副主任

胡厥文　全国人大常委会副委员长

陆定一　全国政协副主席

启　功　全国文物鉴定委员会主任委员、中国书法家协会主席

刘海粟　全国政协常委、南京艺术学院名誉院长

赵朴初　全国政协副主席

许士杰　海南省委书记

胡　绳　全国政协副主席

林散之　全国政协委员、中国书法家协会名誉理事

商承祚　中山大学教授、古文字学家

陈　雷　黑龙江省委书记、省长、中国书法家协会名誉理事

王遐举　北京书画研究社副社长

费新我　江苏书法家协会副主席

周而复　中国人民对外友好协会副会长

任继愈　北京图书馆馆长

吴南生　广东省政协主席

王个簃　全国政协委员、上海中国画院院长

楚图南　中国人民对外友好协会副会长

萨空了　全国政协常委

杨应彬　广东省政协副主席

萧　娴　中国书法家协会名誉理事

谢稚柳　全国古代书画鉴定组组长

杨仁恺　全国古代书画鉴定组成员

江友樵　四川省名书法家、重庆文史馆馆员

秦咢生　广东省名书法家、广东省书法家协会主席

秦　牧　广东省作家协会主席

臧克家　全国政协常委、中国作家协会顾问

廖沫沙　全国政协委员、北京市政协副主席

钱君匋　名书画、金石家

柳　倩　中国书法家协会常务理事

黄苗子　中国书法家协会理事、中国美术家协会理事

阮倬云　江苏省名书法家

吴㪇木　苏州画院副院长、吴门书画研究会会长

欧阳中石　名书法家

11. 天水园

天水园，2007年为纪念潮州俊彦赵德而建。

赵德，号天水，唐宋潮州八贤之一。韩愈称赞他："沉雅专静，颇通经，有文章，能知先王之道，论说且排异端而宗孔氏，可以为师矣！"遂推荐他"摄海阳县尉"，并主持潮州学政。韩愈在转任袁州（今江西省宜春市）刺史时，尝邀赵德同往，但为赵德所婉辞，因撰《别赵子》诗以志别。在赵德的主持下，潮州文风蔚起，州学蓬勃发展，"延师兴学"成为潮州教育史上一段千古佳话。

图　韩文公祠天水园

天水园为中式庭园设计，布局紧凑，景致宜人，园中通廊、假山、鱼池、照壁、花窗交互辉映，修竹、芭蕉、桂花、玉兰、绿荷各臻其美，石雕塑"韩愈别赵子"（吴维潮塑）逼真传神，为该园添彩增色。

12. 韩愈勤政廉政展览馆

韩愈勤政廉政展览馆建于2009年1月，占地面积约450平方米，主要由韩愈勤政廉政展览馆和石雕壁画长廊两部分组成。

石雕壁画长廊全长21米，以苏东

图　韩愈勤政廉政展览馆

坡对韩愈"文起八代之衰，而道济天下之溺；忠犯人主之怒，而勇夺三军之帅"的称誉为主题，分四个场景展现了韩愈的文、道、忠、勇，主题鲜明，别具特色。

韩愈勤政廉政展览馆面积约210平方米，展线总长约80米，共分三个展区，设有"韩愈——勤政廉政的唐代官员"专题展览，分"廉政"和"勤政"两大主题。展览以韩愈一生廉政、勤政的事迹为主线，融入了潮绣、剪纸、泥塑、陶瓷、歌册等多种潮州民间艺术表现形式，并配套了多媒体播放区，采用声、光、电等高科技表现形式进行全方位展示，内容丰富生动。

13. 橡木园

橡木园，建成于2012年。

"韩祠橡木"为著名的潮州八景之一。橡木，相传为韩愈亲手所植，故也称"韩木"。南宋淳熙十六年（1189），郡守丁允元因考虑韩愈"爱溪东山水之胜，公退之暇，时一游憩。亭下之木，所亲植

图　韩文公祠橡木园

也"，故"不忍虚其胜，蔽茀甘棠"，遂将韩祠迁到东山（即韩山今址），韩木就在祠前。

关于韩木历来就有这样的传说：橡木开花的繁稀能预示潮州士子登第人数的多寡。宋代榜眼邑人王大宝《韩木赞》中记载："每值士议春官，邦人以卜登第之祥，其来旧矣。绍圣四年丁丑开盛，倾城赏之，未几，捷报三人，盖比前数多也。继是榜不乏人，繁稀如之。""崇宁五年，花又开盛，中四人；宣和六年，又中三人……"乾隆甲子岁，橡木花稠，是科潮人科甲特盛。（郑昌时《韩江闻见录》）

遗憾的是，橡木到了乾隆后期就开始枯死了，但潮人对橡木别具情结，依旧将这里称为"韩祠橡木"。

为延续这一历史景观，2000年，从韩愈家乡河南省移植了橡木苗进行精心培育，长势良好，因而在2009年筹建橡木园，于2012年春建成竣工。

潮人翘楚、国学大师饶宗颐教授为橡木园题书的400多字的王大宝《韩木赞》，以竹简状的石雕形式嵌入大型背景幕墙中，园口则竖镌刻饶公手书的"韩祠橡木"蜡石，前后种植从河南移植的树龄在30～150年的橡树30棵，左右配"尧佐亭""允元亭"，沿环山磴道，还能眺望凤城美景，悠然惬意。

14. 溅玉沁芳

"溅玉沁芳"景观依"曲水流觞亭"旧实而建。嘉靖《潮州府志》卷四有载："祠东有堂，旧名清趣堂，后有曲水流觞亭，弘治间知府叶元玉建。"2008年，景区依托祠前步级北侧的天然沟壑，利用山势落差及山沟流水资源，配以鱼池与花木点缀，构造出精致写意的假山跌水景观，取名"溅玉沁芳"。雨季时，涓涓细流顺着山沟蜿蜒而下，于沟壑汇集成大大小小的飞瀑，游人驻足于登祠石阶之上，凭栏观水，击掌唤鱼，别有一番意境。

图　韩文公祠"溅玉沁芳"景观

171

（二）昌黎旧治坊

昌黎旧治坊建于明嘉靖十七年（1538）。原立于潮州太平路东府

图　昌黎旧治石牌坊

172

巷口（今昌黎路），后拆毁，仅存坊额，弃置西湖公园内。1986年由潮州市人民政府主持重建。现石牌坊位于昌黎路中段、海阳县儒学宫前。

　　韩愈原籍是河阳（今河南省孟州市）。古人讲究"郡望"（在同姓氏的群体中，如某一郡里的人数多、渊源长或地位、名望高，其家族的所在地就被称为该姓的"郡望"。如李姓称"陇西"、崔姓称"博陵"、黄姓称"江夏"等），昌黎（今辽宁省义县，而不是河北省昌黎县）韩姓在历史上最有名望，所以韩愈自称为"昌黎韩愈"，其门人称他为"昌黎先生"。宋神宗元丰七年（1084），诏封韩愈为"昌黎伯"，因此后人以"昌黎"作为韩愈的代称。

　　韩愈任潮州刺史期间，为当地办了不少好事，特别是兴学育才之举，对后代产生了深远的影响。因此，坊额用"昌黎旧治""岭海名邦"八字，表达对韩愈的怀念和推崇。

　　坊额两面匾文分别为：

　　　　潮州府知府右首郑宗古，同知泰和刘魁，

　　　　通判胡裕、武宁彭凤仪，推官南昌张默

昌黎旧治

大明嘉靖十七年戊戌春，前知兴化府事揭阳

月溪黄一道书（西向）

大明隆庆三年仲春月吉旦

岭海名邦

中顺大夫潮州知府侯必登，奉议大夫同知白世征，

奉直郎杨肇，承事郎推官来经济重建（东向）

（三）泰山北斗坊

泰山北斗坊有二处：一在潮州府前街（今义安路）铺巷口；一在城南书院（今城南学校）前。现均已毁圮。

府前街铺巷口的石坊，正面坊额是"十相留声"，纪念唐宋时到过潮州的十位宰相：常衮、李宗闵、杨嗣复、李德裕（以上唐代），陈尧佐、赵鼎、吴潜、文天祥、张世杰、陆秀夫（以上宋代）。背面坊额是"泰山北斗"，纪念唐代潮州刺史韩愈。

2006年，潮州市人民政府决定重修牌坊街，"十相留声·泰山北斗"坊得以复建，地址在牌坊街（太平路）南端。

泰山北斗的意思是，言行、文章、名望、道德有如泰山、北斗星一样，可作为世人瞻依、景仰的标的。《新唐书·韩愈传赞》："昔孟轲拒杨、墨，去孔子才二百年。愈排（佛家）二家，乃去千余岁，拨衰反正，功与齐而力倍之，所以过况（荀况）、雄（杨雄）为不少矣。自愈殁，其言大行，学者仰之如泰山、北斗云。"

其后，潮州不少纪念韩愈的文物，即以"泰山北斗"誉称文公。如南宋淳祐三年（1243），知州郑良臣在州南韩文公庙旧址"建斋舍、课诸生"，斋舍称"城南书庄"，后堂匾额即书"泰山北斗"。明天顺五年（1461），广东布政使司右参政刘炜在《重修韩文公庙

之记》中说："得拜公像，若登泰山，若拱北斗。"明嘉靖二十五年（1546），潮州知府郭春震则以"泰山北斗"为文，书匾悬于韩文公祠中。

（四）景韩亭

景韩亭在潮州西湖公园内，涵碧楼后面偏北山坡。亭作四方形。朱楹石柱，北、东、南三面疏空，西面有壁，内嵌署名为"退之"的狂草大字《白鹦鹉赋》石碑，以及相传为三国关羽所绘竹叶组字画石刻。景韩亭倚山面湖，雅致幽静，花木掩映，林鸟时鸣，是一个赏碑观景、消暑纳凉的好处所。

据陈克华撰写的《西湖景韩亭碑记》所载："岁在己卯（1939），倭寇侵潮，遍地腥膻。伪吏何某等谬托风雅，欺吾州人。遽移公碑（按：指《白鹦鹉赋》石碑），立亭竖于湖山之麓，且颜其额曰'仰韩亭'。"知亭为日伪县长何丽闻所建，民国三十四年（1945）日本投降后，始改名为"景韩亭"。其用意是，"使千载之下睹斯真迹，

图　景韩亭

犹然有高山仰止、景行行止之暇思，庶吏部（按：指韩愈）余泽日以发扬，而大好湖山永保圭洁"。

亭柱有楷书阴刻楹联一对，系"中华民国三十五年七月邑人刘逊卿撰、黄方松书"，以"景韩"二字为冠首，文曰：

景山①秀色怀燕市②，

韩水瑶光入孟亭③

（五）韩江　韩山

韩江是贯通闽西、粤东的干流。其北源汀江出自福建省长汀县上坪；南源梅江出自广东省紫金县白山嶂。汀、梅两江在大埔县三河汇合后，南流至汕头市附近入南海，全长约410千米。上中游多峡谷，下游为冲积平原。韩江自梅州以下，江面可通航。

韩江在古代因滩石险恶，且有鳄鱼出没，伤害人畜，故称为"鳄溪""恶溪"。唐初御史殷尧藩《寄张明府》（潮州刺史张玄素）诗中有句曰："春草正萋萋，知君过恶溪。"可见"恶溪"之名甚古。韩愈刺潮时，曾带领百姓消弭鳄害，后人遂改称恶溪为韩江。

饶宗颐《潮州丛著·韩江得名考》谓："郭子章《韩江　韩山　韩木》篇云：'自韩公过化之后，江故名恶溪，改曰韩江。'

---

① 景山：在北京市，战国时属燕国。

② 燕市：燕国的国都。《史记·荆轲传》："荆轲嗜酒，日与狗屠及高渐离饮于燕市。"按：旧传韩愈为河北昌黎人，昌黎在燕国境内；又韩愈《送董邵南序》云："燕赵古称多感慨悲歌之士……吾因子有所感矣，为我吊望诸君（指乐毅、燕昭王任他为上将军，破齐国七十余城）之墓，而观于其市，复有昔时屠狗者乎？为我谢曰：'明天子在上，可以出而仕矣！'"故楹联作者于上联中点出"景山""燕市"以抒写怀古幽情。

③ 孟亭：刺史亭之别称，这里指景韩亭。《新唐书·孟浩然传》："王维过郢州（今湖北省武昌区），画浩然像于刺史亭，因曰浩然亭。咸通中，刺史郑诚谓贤者名不可斥，更署曰孟亭。"

图　韩山、韩江、韩文公祠远眺

是江称曰‘韩’者，盖由韩愈而得名也。《邱氏族谱》载刘昉《赠梅州刺史丘君与》诗，有‘名德重韩江’之句，则韩江之名，北宋已著称矣。按旧时所谓韩江，仅以名韩山下之江。《方舆胜纪·卷130》曰‘韩江在城东韩山下’，即其明证。若今统括江上下游总名曰韩江者，则殊非昔之畛域云。"

韩山位于韩江东湄，与潮州古城隔江相望。主峰标高123.14米。与城北的金山、城西的葫芦山，同为古城之屏障，并构成"三山环拱，一水萦流"的天然景观。

明嘉靖《潮州府志·地理志》载："韩山，在城东韩江上。即文笔山，又名双旌。唐韩愈尝览其上，邦人思之，名曰韩山。"而北宋咸平二年（999），潮州通判陈尧佐即有题为《韩山》之绝句（"侍郎亭下草离离……"）。可见，该山由于是韩愈当年尝浏览之地，故早在北宋初年即以"韩"名山。

清顺治《潮州府志·韩山小记》曰："（韩山）旧名双旌，其顶有三峰，形类笔架"；"中峰之北有巨石，曰双旌石"。故韩山又别称"笔架山""双旌山"。（按：双旌，原系古代官员的一种仪仗。《新唐书·百官志》："节度使掌总军旅，颛诛杀。初授，具帤抹兵仗诣兵部辞见，观察使亦如之。辞日，赐双旌双节。行则建节、树六纛，中官祖送，次一驿辄上闻。"唐代州刺史多兼领军事，故其仪仗中也可具双节双旌）韩山中峰及北峰中段，各有巨石一片，遥遥相对。在满山的风化石群中十分显眼，状如两面巨大旌旗。又因为韩愈是唐代潮州刺史，韩山是他登临之地，所以后人称此石为"双旌石"，比为刺史巡行时之前导仪仗。《名山记》谓："东山，在潮阳（即潮州）县治东，有二峰曰双旌石，唐韩愈游览之地。"

又，潮州城北之金山，宋代亦曾称韩山。饶宗颐《潮州韩文公祠沿革考》谓："《舆地纪胜》别载金山亦称韩山，象之（按：指上书作者王象之）宋人，论必有据。金山也称韩山，必以韩祠得名。"（因韩祠创建时，其址即位于金山麓州治前夫子庙正室东厢）

【附1】

韩江　韩山　韩木

（明）郭子章

自韩公过化之后，江旧名恶溪改曰韩江；山俗名笔架山改曰韩山；木本橡木，改曰韩木，今江山如昨。予尝校士山祠，求韩手植木不可得，今山中橡树特其所遗种耳。详子章韩山校士录序。序曰：癸未秋月，予偕二三僚友：苍梧何君、石门梅君、滇南王君暨诸文学诸生，讲业韩山之阳。日亭午，振衣山椒，求志所称韩木不可得。予惟鲁桧秦松，今尚蓊翳，岂唐之植而潮独遗？稍倦，坐翠微。父老折木枝，并进其实。予熟视之，橡也。以视三君，三君曰：橡也。橡凡植，在在著地，潮人何神其名曰韩木，且韩子奚取焉？父老曰：不然。潮无橡，橡始韩子。韩植橡兹山，移其种之他，不橡也，故名曰韩木。木华于春，簇簇附枝如桃，邦人以卜科第兴衰。予反复维之：物莫病于华而无其实者。孔子先黍后桃；曾皙弃脍炙嗜羊枣；周子独君子池莲。岂桃牡丹无足羡，而恶脍炙，而逃之哉？处其实不处其华耳。《图经》载：杼栩皆橡。栎通名橡，一曰栩实，一曰栎实。《尔雅》曰：栎，其实梂。实橡有梂，汇自里也。其大蔽牛，絜之百围。故蒙庄曰：栎社，河内人谓木蓼为栎，其叶辛，初生可食。故应劭曰：采木，秦人谓柞栎为栎。周拔柞械，汉宫五柞。而管子亦云：五粟五沃之土宜柞。其馥艳纤丽，即不得坰于扶苏屈龙，而其实可官、可食、可蔽牛。董实，桔梗，鸡雍，豕零，犹时为帝，而矧其在橡者夫？诸士文亦若是矣！气靡鸿渐，言必鹏运，假珍玉树而颠堕鬼神，华也。旷而不溢，奢而无玷；有实而无乎处，有长而无乎本；剽文之橡也。韩子植橡百千年后，犹称曰韩木。予植士，士稍改柯易叶，十年不中橡，廿年不中屋，百千年后不曰郭士，羞乎而焉用文之？诸文学诸生，湛思若有深省。予与三君取其文，四分校之。约曰：最，其橡者；殿，其非橡者；进之，则周之莲、曾之枣也；又进之，则孔之黍也。嗟乎！夫使予登黍矣，又毋论橡矣。

（据顺治《潮州府志》卷十二）

【附2】

韩山

韩山在城东一里，旧名双旌山；顶有三峰，形类笔架，又名笔架山；高六十余丈，俯临大江，唐韩昌黎刺潮时常游览于此，故名。后建韩祠于中峰之坡，祠有橡木，郡人以花之繁稀卜科名盛衰（原注：橡木在乾隆时尚存，今不见）。祠左有侍郎亭、三仁祠、陆丞相祠，又有虞山书院，今废。山麓为韩山书院，又为乞佩亭、曲水流觞亭及景贤祠（原注：二亭遗址莫考，祠则与陆祠连）。其北有巨石曰双旌石。

国朝光绪十三年，总督张之洞巡潮，檄知府方功惠于韩祠左隙地添建亭、阁、石桥以助其胜。左峰之麓有宁波寺，自此迤南，形势络绎，别名铁城山。山顶平方，东一带峰峦尤美，有占峰、卧石峰、青鸟峰、鹭鹚峰、鸡笼峰，绵亘凡十数里。刘允诗所谓"三十二峰江上山"即指此。

（据光绪《海阳县志·舆地略三》）

（六）昌黎路

昌黎路，是一条横亘原潮州市人民政府门前、东西走向的街道。东连太平路，西接岳伯亭内街，全长261米，宽6米。昌黎路宋代属制锦坊，明清改属里仁坊，因该路中段系明清府治所在，故称府巷，并以府治为界，分别称东西段为东府巷、西府巷。民国11年（1922）潮州拓建街道时，因东府巷口有一座建于明嘉靖年间，旨在缅怀韩愈治潮业绩的昌黎旧治石牌坊，故改称"昌黎路"。

昌黎路向为潮州政教枢纽所在。路区内原有万寿宫、府治、海阳县儒学官以及"岳伯、省郎"石坊等胜迹。沿街多有经营笔墨、装裱的商店，路东段有一座重点小学，也以"昌黎"为名。

（七）城南书庄　韩山书院

城南书庄，是潮州历史上最先建立的一所书院。

宋元祐五年（1090），知州王涤徙建韩文公祠于州南七里处。淳熙十六年（1189），知州丁允元在韩山辟建韩文公祠，以后，城南韩庙渐渐冷落以至荒废。庆元五年（1199），知州沈杞在城南韩庙原址建"盍簪亭"。淳祐三年（1243），知州郑良臣复拓建斋舍以课生徒，匾曰"城南书庄"。从此，城南韩祠遂转为书院。但因书庄中仍供奉孔子、颜子、曾子、子思、孟子，并以韩愈专祠附祀，故城南书庄兼有韩祠、书院双重性质和功能。

元代至元十五年（1278），城南书庄毁于兵火。六年后即至元二十一年（1284）重修。至顺二年（1331），潮州路总管王元恭撤旧构新，使书院规模"宏敞壮伟，倍加于前"。又因"潮城之东，隔水有山，文公平日憩息之地，手植木尚存。潮人称其木为韩木，山为韩

山"，故"取城东之韩山以号城南之书院"。即改称城南书庄为韩山书院。（吴澄《潮州路韩山书院记》）

至正十二年（1352），韩山书院又毁于火，以至"遗址鞠草"，因此潮州路总管王翰于至正二十六年（1366）把书院迁至城西大隐庵处（即今城南学校校址）。院、祠相属的性质不变。明、清两代，书院屡有增益修建。清康熙二十七年（1688），知府石文晟将书院改为"南隅社学"。

康熙三十年（1691），巡道史起贤瞻谒笔架山韩祠，深以贤祠之无书院为憾，乃于"祠东数十步文昌阁下荒基"，"审局面势，辟土诛茆"，创建"昌黎书院"。至雍正十年（1732），知府龙为霖在昌黎书院原有基础上"沿而扩之"，并改称院名为"韩山书院"。嘉庆元年（1796），知府韩义将东、西、南、北四隅社学并于南隅社学，并复名"城南书院"。（史起贤《昌黎书院碑记》、龙为霖《韩山书院碑记》、林大川《韩江记》）

在清廷废科举、兴新学的政令颁布后，光绪二十九年（1903），韩山书院改名为惠潮嘉师范学堂，后又改称广东省立惠潮梅师范学校、省立第二师范学校、省立韩山师范学校、韩山师范专科学校，现称韩山师范学院。城南书院则于光绪二十七年（1901）初改为城南学堂，民国后改为县立第一小学，今称城南小学。

【附1】

潮州重修韩山书院记

（宋）林希逸

韩山书院，余闻之旧矣。咸淳五年夏季，有以三阳士友之书来溪上，曰：韩山，文公故庙址也。前使君郑公良臣筑室于斯，扁其三，门曰"城南书庄"，论堂曰"宗道"，祠室曰"泰山北斗"。文公中居，天水赵公左，濂溪、槎溪二公右。两庑四斋，职员十，生徒倍。食之以田，则郑公所拨，陈公圭买之。自淳祐癸卯迄今未三十年，藩夷檐缺，横者、植者俱敝，凛凛若将压焉。今通守林侯适摄郡事，一日，率诸生谒祠下，讲毕，周旋四顾，曰："潮之士知学，自文公始，亦犹文翁之于蜀，常相之于闽也。邦人奉公香火，于今数百年，不忘公之教也。我朝以来，邦之人物有登从橐者，亚广庭者，冠兰省者，释褐宗庠者，擢英儒科，每诏不绝，家有弦诵之声，里列衣冠之族，皆公赐也。前人为此室，盖绎公之教，思相期于无穷，此而不葺，吾愧焉。"于是捐俸金四十两，命堂长林震曾董其役。凡室之材，无分巨细，摧折者易之，腐缺者补之。楹之础高至数尺，去瓦之敝，重覆一新。自门堂斋庑以至庖福，与外之九贤堂，皆完且固。仲春始事，首夏迄工。郡方焦熬，需调百出，侯念及此，实人所难，阙而不书，恶乎可？愿记之。余曰："侯为郡政，汲汲教事，知所先后，诚近道矣。"然士莫难于学，学莫难于师。今潮人之所师者，文公也。而况游泳于斯，日瞻遗像，其可不知所敬慕乎！慕之云何？是必曰："起八代之衰者，文矣；济一世之溺者，道矣。疏犯人主之怒者，忠；语折三军之帅者，勇。把衡山之灵而云雾去之，恶鳄鱼之暴而风雷驱之。是固公之可传可敬者，抑所谓浩然而独存者，果何物哉。状公之本末，莫妙于坡仙一记。吾侪必以是思之，夫是之谓善学。"侯名式之，字子敬，三山人。是岁己巳孟秋朔具位林某记。

（据林希逸《竹溪鬳斋十一稿续集》卷十一，四库全书文渊阁本）

【附2】

潮州路韩山书院记

（元）吴　澄

朝列大夫同知潮州路总管府事邢让书丹

亚中大夫潮州路总管兼管内劝农事王元恭篆盖

孟子而后，儒之知道盖鲜矣。西汉诸儒文颇近古，贾太傅、司马太史，卓然者也。徐考其言论识趣，大率非、鞅、仪、秦之绪余，于道竟何如哉？降自东汉，不惟道丧，而文弊。历唐中世，昌黎韩子出，追踪西汉之文以合于三代，而《原道》之作，直以尧、舜、禹、汤、文、武、周、孔之道，传至孟轲而止，是又为文而有见于道也，岂三代以下文人之所能及哉！尝自谏佛骨事谪潮州刺史，其后潮人立庙以祀。宋元祐间庙徙州城之南七里，逮淳祐初又于庙所设城南书庄，俾学者居焉游焉。

皇元奄有此土，室屋灰烬于兵。至元甲申，韩山书院重兴，即庙之旧址为先圣燕居。先师兖、郕、沂、邹四国公侍，而韩子之专祠附。唐时先圣配祀独一颜子，宋儒推孟子之传由子思、由曾子，上接孔子，其言本诸韩子《送王埙序》，于是配孔子者四。祠韩而继一圣四师之统也固宜然。书院仅复，规模隘陋，营缮多缺，前守拟更造不果。至顺辛未夏，总管王侯至，命山长陈文子计其费，爰撤旧构新，韩祠燕居，位置相直，宽袤齐等。后有深池，广十丈许，畚土实之，建讲堂其上，扁曰"原道"。两庑辟斋舍馆。诸生日食之供有庖，岁租之入有廪，教官之寝处，祭器之贮藏，一一备具，宏敞壮伟，倍加于前。五月经始，九月落成。海阳县长忻都实董其役。越明年，山长将潮士之意来请记，予谓书院之肇基也，以韩子之能文见于道也；书院之增修也，以王侯之能有志于教也。潮之士其如之何，必也学韩子之学，业精行完，进进而贤，则奚翅贡于王廷，如韩牒所期而已；由是肆先师之学，道明德立，骎骎而圣，则奚翅笃于文行，如苏碑所褒而已。不然学于书院，昔犹夫人，今犹夫人，欲与赵德并且不可，是为深有负于君师之作养，又何望其高睨圣贤之蕴奥乎？陈文子曰："潮城之东，隔水有山，文公平日憩息之地，手植木尚存。潮人称其木为韩木，山为韩山，后取城东之韩山以号城南之书院云。"王侯名元恭，蠡人也。至顺壬申七月己巳，前翰林学士资绪大夫知制诰同修国史临川吴澄撰。

按：上刻原立于城南韩山书院，后书院毁，碑散失。新中国成立后重获，移竖于葫芦山麓文山亭内，但将碑阴所刻文天祥《谒双忠庙·沁园春词》作为正面，此文反作为碑阴。

【附3】

重建韩山书院记略

（元）刘　嵩

韩山书院旧在城南外七里许。至正壬辰火，遗址鞠草，名存实亡也。丙午岁，灵武王公以江西省左右司郎中兼郡守事，追修故典，相其地非礼法之所，乃毁城西大隐庵而迁焉。经始是岁冬十一月，讫工明年春正月，主之者王守那木翰，赞之者同知骆希仲，府判逯文约，推官周泌，经历黄藏、黄瑛，知事赵祐，教授林仕猷，太史元学宾、戴世昌，山长吴期也。晋安刘嵩记，福建省照磨张泰书。

按：此碑原竖于城南韩山书院内，为元朝至正丁未（至正二十七年，即1367年）之物，后书院毁，碑移西湖，因此碑背面刻有苏东坡《潮州韩文公庙碑》，故建亭保护，名曰"苏亭"。原在西湖岸，新中国成立后北迁，另建"新苏亭"于葫芦山中段山麓，仍竖该碑于亭内，十年动乱间被毁。其残片今存韩祠内。

【附4】

三阳志·书院

韩山书院，仿四书院之创，地在州城之南，乃昌黎庙旧址也。淳熙己酉，丁侯允元迁其庙于水东之韩山，其地遂墟。淳祐癸卯，郑侯良臣以韩公有造于潮，书院独为阙典，相攸旧地而院之。外敞二门，讲堂中峙，扁曰城南书庄。后有堂，扁曰泰山北斗，公之祠在焉，旁立天水先生赵德像。翼以两庑，四辟斋庐：曰由道，曰行义，曰进学，曰勤业。山长、堂长位于祠堂之左右。仓廪、庖湢、井厕，靡不

183

毕备。复拨置田亩山地为廪士之费，租入附于学库收支，董以金幕。洞主，郡守为之；山长，郡博士为之。职事则堂长、司计各一员，斋长四员，斋生以二十员为额。春秋二试，则用四书讲义。堂、计、斋职以分数升黜，一如郡庠规式。春秋二祀，则用次丁，郡率僚属，以牲币酒醴献，工歌东坡祀公之诗以侑之。此书院创始之规模也。淳祐乙巳，陈侯圭以复斋嫡嗣来守是邦，尤切加意。春秋课试，亲为命题，讲明四书及濂、洛诸老议论，以示正学之标的。捐金市朱文公所著书，实于书庄，与士友共切劘之。又刊复斋所书《仁说》于二壁，以广诸生之见闻。拨钱一千五百贯，置田益廪，增塑周濂溪、廖槎溪二先生像，并祠其中。以濂溪持节本路，槎溪尝倅此邦，继而为本路宪帅。威德至善，至今使人不能忘也。

    ……

　　韩山书院廪田。淳祐癸卯，郑侯良臣拨钱九百贯足，买周公吴等大和保田一十一石，税钱一百单九贯足；又钱四百贯足，买赵崇霆黡溪田八石，税钱三十九贯五百五十足；又钱七十贯足，买龚氏上水田三石，税钱一十五贯足；又钱一千一百七十贯足，买夏侯元英斗门地田二十五石五斗三升五合，税钱一百一十六贯四百六十足；又钱五百五十贯足，买刘氏揭阳县深浦客洞田七十三石四斗，税钱六十六贯六十足；又钱九十贯，买僧有惠溪东田一石八斗，税钱一十贯足；又钱三十贯足，买许奴闲溪东田大小四拎，税钱三贯三百足；又钱四十贯足，买阿塘溪东园一所，税钱四贯足；又钱六十贯足，买许氏大和保田三段，税钱六贯足；又钱二百六十二贯足，买林氏白水田三石三斗，税钱一十二贯五百足；又钱一百二十贯足，买吴氏斗门地，税钱十二贯足；又钱七十五贯足，买临安寿溪东田二石，税钱八贯足。又拨杨达父没官东蒲班洋田七石五斗五升，税钱三十五贯五百八十足；平林田六石二斗，税钱二十一贯七百足；平林马鞍田七斗，税钱二贯一百足；蔡塘溪边田四石七斗五升，税钱一十四贯足；

溪东湖板田五石七斗五升，税钱七贯足。又拨陈士贵没官木棉田九斗，税钱四贯五百足。又拨柯棨没官凤栖路口山一所，税钱一贯足。又拨方惟一户绝黄坑团田一十石，税钱二十四贯足。又拨水东韩庙旧管田三十二石一斗，地三所，园埔四段，税钱一百一十五贯一百四十足。就内每月拨钱四贯足，付守庙人充灯，余钱添续行供。淳祐乙巳，林侯寿公拨钱五百贯省，买杨达父东莆保田一十一石九斗半，税钱五十一贯八百文。淳祐丙午，陈侯圭捐俸五百贯省，买龙阿定溪东田税钱九贯足，又买赵大监沈洋田税钱二十七贯四百足，又买芋洋黄兴宗田税钱九贯五百足；淳祐丁未，再捐俸一千贯省。

（据《永乐大典》卷5343）

【附5】

三阳图志·书院

韩山书院。以溪东之山，乃韩公登览之地，手植木在焉。昌黎手植橡木，他山所无，土人呼为韩木。庆元己未，沈侯杞即墟创亭曰盍簪。

越路之东，对望有亭曰南珠，祀本郡九贤也。至元戊寅，兵火后亭院无遗。迨二十一年甲申，复建书院，山长一员主之。寻复立夫子燕居室于公祠之前，神位皆西坐东向，因地势也。泰定乙丑，仍构庙于书院燕居之南，徙公之旧祠遗像，北坐南向。至顺辛未夏，郡守亚中大夫宁轩王侯元恭至谒祠，周旋顾瞻，谓诸生曰："夫子西坐东向，文公背夫子而坐，又且面浮屠之钟楼，次序位置，皆有未安。非所以尊圣贤也！"即议改创新祠。迁公像于燕居室之后，以天水先生赵公德、文惠陈公尧佐坐堂上左右配享；两庑之东西，则以前代贤守王侯涤、李侯迈、丁侯允元、廖侯德明、郑侯良臣、林侯寿公、陈侯圭从祀，所以表有功也。书院之前复创旧南珠亭，祀本郡九贤，所以崇有德也。书院后有池，广十余丈，深亦丈余。复傲工填塞，建堂于其上，扁曰"原道"。堂之两庑，辟二斋：西曰"由道"，东曰"进学"，以为诸生肄习之所。至是规模弘远，皆郡守宁轩公之功也。董是役者，海阳宣差忻都，山长陈文子，直学郭宗苏。

（据《永乐大典》卷5343）

【附6】

昌黎书院碑记

（清）史起贤

昌黎书院碑记　北平史起贤撰

文公百世之师也。其庙食于潮，自宋元祐五年苏文忠碑记□祀来与日月昭垂。潮之山水皆以公姓得名，其德化之传流，可见其实深且远。第考公在潮甫八阅月，而郡邑士民、庙貌尸祝，百世之下，没不兴起，非大贤而能若是乎？盖唐代以前潮人未知学，自公至始置乡校，延天水进士赵德为师。人被诗书礼乐之化，后有海滨邹鲁之称。则是公之大造于潮，苏文原非溢美。逮及明季变乱，豺虎纵横，狼鲸纷扰数十年，士民无所安息，风俗因之□漓，欲复其初时之盛，岂易得耶？己巳冬，余奉简命承乏惠潮两郡，得瞻谒公祠于潮城。东门笔架山麓，踞一郡之胜概，而先生之风，庶几山高水长也！然犹意未惬者，贤祠之不可无书院，犹圣庙之不可无明伦堂。伦之不明，由学之不讲。文庙为展谒释奠之地，书院则讲学课文之所，相须有成，不可阙也。今圣天子巡幸阙里，御书"万世师表"颁悬学官、昭示率土，明道学之指归，兴教化为首务。作君作师，旷代首出。为人臣者，不克承流宣化、崇道兴文，其何以表帅士民而不负所学哉？因亟商之郡守李君。李君曰："是予之素志也。"随环顾四隅：祠东数十武文昌阁下荒基，枕阜带江，深广方正，若有待者，因审局面势，辟土诛茆。偕李守、金令各捐数载清俸，不足又贷益之，以为鸠工倡。乃命梓人选材，陶人埏埴。经始于康熙辛未年正月，落成于壬申年六月。正中原道，次进学斋，皆依昌黎之辞为义。前有亭榭，侧有厢房。高明爽垲，四望豁如。将师儒讲肄恒于斯，会课恒于斯，以及习礼校射、弦咏游息，无不可恒于斯。官斯土者以公为师，则爱人育才，聿兴文教，起溺济衰，俗易风移，何难治至升雍？生斯土者以公为师，则好学修辞，明伦饬行，士升于朝，民讴于野，邹鲁弦诵之休风，何不可再睹于今代？益征公之真为百世师，大造于潮非浅也。若夫士隳民窳，异端曲学，以斯为游览之地、酣歌之所，亦岂予今日建院之意？多士勉乎哉！是为记。

康熙三十一年孟秋月□日谷旦立

该碑现存韩山师范学院内，高168厘米，宽98厘米，竖书阴刻，额篆文楷。

【附7】

韩山书院碑记

（清）龙为霖

余治韩山书院落成，司事者请为文以志之，余曰："唯唯。"已而选集诸生，将入肄业，则又请，余曰："唯唯。"规模既定，师弟子相与讲习其中，日有课，月有程，行且匝岁，济济称极盛焉。思其无以垂久远而诏来兹也，又咸以为请，余曰："唯唯。"所以迟迟若不寓意者，岂诚怠厥事耶，抑非第拙于文词已也？窃见夫世之从事书院者，朝挂名籍，暮已自夸于里闾曰："我院中士也！"甚或借以陵轹乡愚，出入官署。偶兴至，则一至院中，扬扬甚自得。叩其所以教、所以学，鹅湖、白鹿之规，经义治事之实，茫乎未之有闻。故今天下谓书院中士纯盗虚声耳！苟相沿陋习，草草营建，初就即辇巨石而置之门前，迫欲标其名、纪其事，道扬其盛德，惟恐后时，是直树一沽名之帜为诸生倡。上以名招，下以名应，交相逐于一日之虚誉，不旋踵而烟消云散矣，虽丰碑林立奚取哉？余方教诸生务实，敢皇皇为名高欤？且夫古之所谓不朽者三，金石不与焉。一曰立德，次日立功，三曰立言。诸生朝夕咿唔，学为文章矣，顾自视有可以不朽者否？坐而言果能起而行乎？修之于家而献之于国者，又未知其何若也？微论碌碌终身，纵一旦博青紫、苟富贵，驰骋当路，嚣然得志于时者之所为，当时则荣，殁则已耳，曾何足辱韩山片石而冀永之贞珉哉？昔韩公之治潮也，甫八月，尝命进士赵德为之师，潮人由是向学，至今称海滨邹鲁焉。然余尝访其遗迹，曾不闻有残碑断碣，只字片词留于后者，而潮之人久而不忘。其荐绅称述盛事，津津然齿颊余芳。樵夫牧竖亦乐道其姓氏，以为美谈。甚至山川树木皆以韩称，反若借公之名而后可以见重人间、垂诸奕祀者，其不朽果安在哉？霖本凉德，承乏是邦，日惟素餐是愧。又不幸少年滥厕科第，学无原本。自揣生平道德闻望、勋业文章，何一可步公后尘？则所恃以传诸久远，俾院中规模，后世得有所考以不替，能无望于诸生？与诸生诵习韩山之麓，仰见三峰峭削，拔起云霄，苍松怪石，森然罗列今古；俯则韩江抱其前，四时烟波缭绕，水族百物之怪，靡不备具；间且遥望，海云暧醲倏忽变幻，千态万状，莫可端倪。类能入学士心胸，发其奇伟倜傥之气，而助其高世拔俗之思。矧院北数步，公之遗像在焉。北斗泰山，晨夕近人，能无感动兴起，慨然有志于古，以求其所谓不朽者哉？毋近名，毋欲速，沉浸酝郁于周孔之书，庶几养其根以竢其实，遇则铭勋钟鼎，黼黻太平之盛；不则卷而藏之，善化乡隅，而著述有以自见于后。则余书院之设，为可以不虚矣，是不可不书而志之，以为诸生劝。院址创自观察史公起贤，余沿而扩之。为楼三，贮古今书籍，颜曰振华；堂曰原道，仍其旧；书舍厅屋凡百一十间，缭以垣墙。奎星阁辅其左，乞珮亭枕其后，观鱼槛临其前。错植华果草树千株，又疏池种莲以助胜概。是役也，始于壬子九月，越癸丑三月告成。董其事者邑绅士黄枢模、陈鸿。捐置书史，海阳令龚松林。司教铎则进士翁廷资、孝廉杜道坦。翁，本郡名宿；杜，江西新建人。方今圣天子加意文学，海隅日出之乡，增设教职，应选而来，余因得延之云。

大清雍正十有二年岁次甲寅夏五月，赐进士中宪大夫知潮州府事加二级纪录三次重庆龙为霖撰。黄枢模篆额书丹。

该碑现存韩山师范学院内，高213厘米，宽90厘米，竖刻隶书。

【附8】

城南书院

（清）郑昌时

今之城南书院，昔之所谓韩山书院也。志称宋知州王公涤，移刺史公堂后韩文公庙于此。抑予又闻故老云："王所建庙在州南七里，今圣者庵也，后毁于火，乃移此。"然此庙亦屡改，淳祐三年知州郑公良臣改祠堂，建斋舍课诸生。元至顺间，总管王公元恭乃改城南书院，后屡修葺。明知府郭公子章尝题"浩然堂"。国朝顺治四年，巡道曾公宏又题额曰"昌黎过化"。康熙间，知府石公文晟又立为"南隅义学"。嘉庆丙辰、丁巳间，知府韩公义重倡修建复，仍题为"城南书院"，并四隅义学而一于此。院前有"太山北斗坊""鸢飞鱼跃亭"。元王公翰建。处士戴希文有联云："西廊云连沙树晚，前池风荐水花凉。"

（据郑昌时《韩江闻见录》卷九）

【附9】

韩山书院

（清）郑昌时

今之韩山书院，昔之所谓昌黎书院也。考其地，自前明为御史蔡公梦悦祠，公有惠政，万历间修广济桥，民德之，故为立祠，有碑记，且建坊曰"千载甘棠"。康熙三十年辛未，巡道史公起贤移坊于左，即坊建大门，颜曰"昌黎书院"，题其堂曰"原道堂"，移蔡碑于史祠。雍正二年，绅士请归原祠。迨雍正十八年①间，太守龙公为霖又再辟院址，奉蔡公、史公于院内之景贤祠。按：景贤祠者，许祠也，乃宋里人许会元申之祠也。公乃榜院门曰"韩山书院"。传当日院向本拟庚酉，历筹修改，莫果。戊辰温公承志为巡道，倡改之。举绅士为司事，昌时与焉。至辛未而成。溯书院初建，适交三甲子也。门额易以灰，立石坊于内，书"抉汉分章"四字。院前有池，池上故有观鱼亭，最佳胜，因易向方起去，予拟重立，并重摹韩公阳山所刻"鸢飞鱼跃"四字于石，可与韩庙公书《鹦鹉碑》相辉映，已白于当途及绅众，未果。因拟《八景》诗如左：

亭阴榕幄

绿树荫如幄，青山张似屏。此中堪着我，坐啸飞霞亭。

石磴松涛

驱涌起云涛，韩文八代高。长松撑石磴，竟日风飔飔。

曲水流觞

九曲涧边水，三春掌上杯。临流人对酌，一笑山花开。

平池浸月

池水碧于油，春宵平不流。中天澄璧彩，横笛浪西楼。

橡木遗迹

科名以人重，重人及此木。后来科名人，尝以花开卜。

鹦鹉古碑

奋势如跳龙，藏锋作卧虎。天门凤阙中，灵异调鹦鹉。

水槛观鱼

休道我非鱼，莫论子非我。万物一体中，达观无不可。

山窗听鸟

松枝挂山鸟，窗前话春晓。欲抒一春情，笔舌无尔巧。

（据郑昌时《韩江闻见录》卷九）

---

① 雍正前后仅13年，原书谓"十八年间"显系笔误。疑为"雍正十二年"。

（八）思韩堂

《永乐大典》卷5343 "潮字" 引《三阳志·州治》曰：

太守之厅事，由仪门东偏而入。公堂之后，其堂有二：东曰，"宣美" 今名平理，北曰 "清心" 燕寝之室实肘之。盖东而南向，有堂曰 "明远"，后更为 "思韩"，为文公设也。由堂之东，梯城以上，有亭曰 "叠翠"，其堂额，陈文惠公笔也。循亭而北，有亭曰 "独游"，文惠倅郡日，实名之，复记之。二亭相去咫尺，举目转盼，互有景物。今 "独游" 已废，"叠翠" 屹立于其前。

万卷堂，在 "清心" 之侧。《舆治纪胜》："万卷堂，在州治东。"

思韩堂，在万卷堂之东。绍定初，孙候叔谨重建，直院陈常伯贵谊记之。后有亭曰 "仰斗"，刻韩公像于其中，刻韩公及诸贤墨迹于两庑。莆田王迈为之记。

《三阳志》是宋、元时代的潮州地志［自宋高宗绍兴十年（1140）起，潮州辖海阳、潮阳、揭阳三县，别称 "三阳"］，由上述记载可知，"思韩堂" 在州治内，万卷堂之东，初名 "明远"，宋理宗宝庆三年（1227）至绍定元年（1228）间由潮州知州孙叔谨重建并改名为 "思韩堂"，"为文公设也"。堂之东有 "叠翠""独游" 二亭，堂之后有亭曰 "仰斗"，亭内刻有韩公像，亭两庑刻有韩公及诸贤墨迹。［自宋高宗绍兴二十一年（1151）起，潮州知州章元振《会诸官韩亭》所说的："我爱韩亭好，文公像逼真。音容虽已往，英概恍如新。" 诗中之 "韩亭"，即 "思韩堂"（其时称 "明远堂"）后的 "仰斗亭"］遗憾的是，志中提及的 "直院陈常伯""莆田王迈" 撰写之《记》均阙如，不然的话，有关 "思韩堂" 的情况当更翔实。

明初，州治移往 "新街"（今义安路北端），原金山麓之公署渐沦为民居。由于实物荡然，其后之地志，关于 "思韩堂" 的记载，亦渐趋简约。如嘉靖《潮州府志·海阳·古迹》谓："思韩堂，旧名明远，宋知州孙叔谨建。堂东亭曰'叠翠'，陈尧佐书；北曰'独游'，久废。有诗：'记得幽人旧吟处，独游亭在野桥西。'"

清代顺治、乾隆《潮州府志·古迹》"思韩堂"条基本袭用嘉靖《潮州府志》的记述。

光绪《海阳县志·古迹略一》的记载更简略："明远堂，一名思韩堂，在县城内。宋知军州事孙叔谨建。"（文后注明：据《大清一统志》。该志把宋代潮州州治在金山子城内泛指为"在县城内"，实有误导读者之嫌）

苏东坡在《潮州昌黎伯韩文公庙碑》中说："元祐五年，朝散郎王君涤来守是邦，凡所以养士治民者，一以公为师。"其实，不单王涤是这样，从宋代以后，历代莅潮官员亦无不"以韩为师"。"明远"亦好，"思韩"亦好，堂之命名与兴建，正是潮州古代官风特色的具体反映。

（九）盍簪亭　南珠亭　八贤堂　九贤堂

何谓"盍簪"？《易·豫卦》谓："勿疑，朋盍簪。"唐代孔颖达疏："盍簪，群朋合聚而疾来也。"后指士人聚会。

明代郭子章《潮中杂记》卷四《韩公二祠沿革》谓：

按《三阳志》：韩山书院，地在州城之南，昌黎庙旧址也。淳熙己酉（按，淳熙十六年，公元1189年），丁允元以溪东之山，乃韩公登览之地，手植木在焉，乃建庙于其地而城南（祠）遂墟。庆元己未（1199）沈杞即墟创亭曰"盍簪"。

依此，光绪《海阳县志·古迹略一》"盍簪亭"条乃谓："盍簪亭，在城南书院。宋庆元五年知军州事沈杞建。"（原注：谨案《沿革考》："沈杞即墟创亭"，其称曰"墟"，盖指州南七里之旧址也）

其实，沈杞不但建"盍簪亭"，还建了一座"八贤堂"。

《永乐大典》卷5342"文章"引《图经志·王宗烈〈八贤堂记〉》谓：

庆元五年冬，晋陵沈杞来守古瀛，越明年夏，政静民安，百废具兴。乃搜访是邦昔之有贤哲八人，立堂而祠，命宗烈为文以记……八贤之祠，义取斯矣。因为客评之曰：通经有文章，排异端而宗孔氏，赵公（德）其人也；对策忤权贵，献灾异而过（董）仲舒，林公（巽）其人也；草泽应诏而魁进士，许公（申）其人也；枫宸召对而授直讲，卢公（侗）其人也；若夫金紫刘公（允），则未老辞归，注籍仙官；远游吴公（复古），则有禄逊兄；知己名士，清节如张（夔），则录而著御屏；刚鲠如王（大宝），则投闲而避权相。一方英气，萃在八贤，宁不为古瀛之贵耶？……（沈）侯之志广矣，异时以副其愿望者，若亲若故，若子若孙，皆获俎豆于左右斯堂也。辟而增之，继是必有待焉。

上《记》起首就明确地说，八贤堂是庆元六年（1200）夏由知州沈杞所建。"八贤"是唐代的赵德，宋代的林巽、许申、卢侗、刘允、吴复古、张夔、王大宝。此即潮人历称之"唐宋潮州八贤"。再者，沈杞建八贤堂的意义、目的是亦得到充分的说明。总之，沈杞在任上创建盍簪亭、八贤堂，事实清楚，确凿不移。

《永乐大典》卷5343引《三阳志·书院》曰："（韩山书院）仿四书院之创，地在州城之南，乃昌黎庙旧址也。淳熙己酉，丁侯允元迁其庙于水东之韩山，其地遂墟……淳祐癸卯，郑侯良臣以韩公有造于潮，书院独为阙典，相攸旧地而院之……淳祐乙巳，陈侯圭以复斋（陆九龄）嫡嗣来守是邦，尤切加意……"

同书又引《三阳图志》曰："（韩山书院）越路之东，对望有亭曰'南珠'，祀本郡九贤也。"

"南珠亭"系何时、何人所建，上引文献均未提及。嘉靖《潮州府志》谓："宋守郑厚建。"未知何据？（顺治《潮州府志》袭用嘉靖《潮州府志》之记述，从略）光绪《海阳县志·古迹略一》则谓："南珠亭，在城南书院，宋淳祐间知军州事陈圭建，祀本郡九贤，取韩愈《别赵德》诗意而名。"

郑厚是宋高宗绍兴年间人，与弟郑樵齐名。绍兴十八年戊辰（1148）曾应州守翁子礼之邀撰《金山亭记》。至淳祐年间，年已逾百。且查民国《潮州志·职官志》，宋代潮州知州无郑厚其人。故嘉靖《潮州府志》之"郑厚建南珠亭"说，可予排除。光绪《海阳县志》之"陈圭建南珠亭"说是否成立，则可先参照《永乐大典》卷5345"潮州府三"收录之元代刘希孟《南珠亭记》后，再下结论。《南珠亭记》略谓：

> 潮人以思韩之故，而有庙祀，而有书院，扁以"韩山"，以赵公（德）配。庆元庚申，郡守沈公复采赵、许（申）二公，而后有若林公巽（以下胪列"八贤"名讳，略）……皆为古贤，一邦之所敬者为一祠。淳祐癸卯，郡守郑公良臣，移建书院于城南，邦人又以姚公宏中通祀为"九贤"。与书院对峙，有亭翼然临于前者，扁以"南珠"，取韩之诗，示不忘也。

该《记》之前段，记述了沈杞建八贤堂的历程。与王宗烈之《八贤堂记》大体相同。稍为模糊的是叙述郑良臣"移建书院于城南，邦人又以姚公宏中通祀为'九贤'"一段话。淳祐癸卯即为淳祐三年（1243），据《潮州志·职官志》，郑良臣任知州是在淳祐二年（1242），也就是说，他任州守已有两个年头。而到了淳祐五年乙巳（1245），继任者竟有李遇、林寿公、陈圭三人。四年间潮州知州像走马灯般换了四人，南珠亭究竟是在谁的任期内建成的？由于年代较久远［《南珠亭记》撰于元代至顺二年（1331），距郑良臣建书院已过了88年］，加上《记》之作者其时远在京城大都任职（《永乐大典》载有刘希孟《潮州路三山国王庙记》，文末署衔为"前翰林院国史院编修官兼经筵检讨"），对潮州史事的"细节"不熟悉（也许是提供情况简介的人本身就不甚明了），所以只能以"邦人又以姚公宏中通祀为'九贤'"一语，含糊、笼统而言之。但若从前引《三阳志·书院》的记述去分析，郑良臣建书院，从统筹、施工，到建后的人员编制、院规、考试、祀典等皆亲力亲为，且任期已屈，恐无暇顾及南珠亭、九贤堂之兴建。李遇、林寿公二位州守，历来志书均未提及其与书院建设任何事项。倒是淳祐五年乙巳来任州守的陈圭，对韩山书院的各方面建设"尤切加意"（《三阳志·书院》中胪列他对书院的各种贡献，如课试；捐金购理学家著作，示正学之标的，广诸生之见闻；拨钱置田益廪；增塑周敦颐、廖德明像；等等）。因此，在未见更有说服力的资料前，可依据光绪《海阳县志》之成说，概定陈圭系南珠亭、九贤堂的创建者。

宋、元易代，"中罹兵毁"，书院、亭、堂均遭重创。迨元文宗至顺二年辛未（1331）夏，王元恭来任潮州路总管，情况方有转机。据《南珠亭记》谓：

> （王元恭）先有司以清狱讼，访民瘼以苏疲癃，除螟去蠹，根泽匡乏，好贤下士，悉以韩公为师，一洗积年衰陋之习，以新我众民……重建"九贤堂"于旧基，归侵疆若干亩步。仍创"南珠亭"于前，以复太平之盛观。

至此，南珠亭、九贤堂终于"以复太平之盛观"。《南珠亭记》还记载了王元恭的一件"轶事"：

> 初，公之治省阃也（按，指江西行中书省），尝梦至一僧寺，有以手卷书"南珠"二字以遗，公觉而异之。比至于潮，暇日于书院邻寺中，或指南珠亭故址以白公，公恍今记前梦以新是图，岂非九贤之精爽不昧，豫以起废之事属之公耶？

梦中有先兆，日后再圆梦。"轶事"的情节也许老套些，但可为南珠亭、九贤堂的重建增添一点传奇色彩，信疑与否，悉听尊便，当成谈助可也。

元代末至正二十年（1360），址在州南七里的韩山书院"毁于火，遗址鞠草。三十四年郡守王那木翰（王翰）追修旧典，乃于城西南前临方塘、后倚小金山之大隐庵，废而迁焉"［光绪《海阳县志·古迹略二》。按：元至正只有三十年，志所载有误。据刘嵩《韩山书院记》，应为至正二十六年丙午（1366）时，距元朝灭亡仅三年］。重建过程中，南珠亭、九贤堂未再恢复，从此遂成潮人之历史记忆。

【附1】

八贤堂记

（宋）王宗烈

庆元五年冬，晋陵沈来守古瀛。越明年夏，政静民安，百废具兴，乃搜访是邦昔之有贤哲八人，立堂而祠，命宗烈为文以记。切尝凝神静观，八极之表，一气流畅，得之者靡不取重于世：景星庆云，耀其光彩；荥阳河洛，吐其精微。荣而为植物，则梗楠梓；神而为动物，则麟凤龟龙。及其秀而为人，则古今之所景仰者，皆此气之呈露。然则是邦八贤，其亦有得于此乎？客有讯余曰："美则美矣，而未大也。在昔古瀛，岭南佳郡，山川炳灵，英材辈出，子果何见而艰是选耶？"余应之曰："人之于物，徒知以多为贵，而不知少之为尤贵。揖逊致理，众贤和朝，时则八元八恺。世济其美，忠厚成风。多士生国，时则八士，圣人首称，寥寥数百载间，而君厨俊及之俦，始显于东都。如是者岂苟得哉？胡不观卫多君子，何补于卫？晋多贤大夫，亦何益于晋？一儒冠立于国中。而曲阜风声气习，迄今可掬，其轻重为何如？八贤之祠，义取斯矣。"因为客评之曰："通经有文章，排异端而宗孔氏，赵公其人也；对策忤权贵，献灾异而过仲舒，林公其人也；草泽应诏而魁进士，许公其人也；枫宸召对而授直讲，卢公其人也。若夫金紫刘公，则未老辞归，注籍仙官；远游吴公，则有禄逊兄；知己名士，清节如张，则录而著御屏；刚鲠如王，则投闲而避权相。一方英气，萃在八贤，宁不为古瀛之贵耶？客曰："唯。"或者从而诿其说，山川犹在，风物逾胜，昔何炳焕，今何寥落。母乃气有盛衰欤？噫嘻！日月昏兮开则明，雷霆息兮震而惊。气之在人，不以生而存，不以死而灭。奋于生前，一时之荣也；振于死后，千百世来可量也！天诱其衷，爰命我侯发其幽光，启其往躅。孰知此气熏蒸，将见彬彬蔼蔼。登金门，步玉堂，图云台，貌烟阁。勒功鼎彝，垂名竹帛，其必由我侯今日之举，有以畅之。昔荀氏有子皆贤，得颍川八龙之誉，后官位毕显。小而一家尚尔，况一国乎。侯之志广矣。异时以副其愿望者，若亲若故，若子若孙，皆获俎豆于左右斯堂也。辟而增之，继是必有待焉。宗烈幸睹盛事，竦然援笔而书，俾后人得以见侯之志。至若输费度材，计工董役，末也，故略之。庆元庚申六月朔日，廸功郎、潮州州学教授王宗烈记。

（据《永乐大典》卷5345）

【附2】

南珠亭记

（元）刘希孟

南粤自尉佗分封之后，椎结余风，由汉历唐而未殄。惟潮阳乃韩文公过化之邦，较之他郡，污染为易新。自置乡校牒，进士赵德为之师，潮之人士，始笃于文行，遂为海滨之邹鲁。至宋大中祥符三年，天子东巡时，则有若许公申，以贤良应诏，试学士院，擢进士第一。授秘书省校书郎，历官宪漕，至刑部郎中。尝因灾异言事，极诋时弊，凛然有直臣风。后此以贤德称，表表当世者，代不乏人，溯其源则由赵公始。韩公以山斗之望，来刺于潮，赵公以乡国之善，见知于韩，声应气求，是可观其所主。迨韩公移刺于袁，以诗留别赵公，有"婆娑海水南，簸弄明月珠"之句，民到于今诵之。潮人以思韩之故，而有庙祀，而有书院，匾以韩山，以赵公配。庆元庚申，郡守沈公杞复采赵许二公而后有若林公巽，有若卢公侗，有若吴公复古，有若刘公允，有若张公夔，有若王公大宝，皆为古贤。一邦之所尊敬者为一祠。淳祐癸卯，郡守郑公良臣，移建书院于城南，邦人又以姚公宏中通祀为九贤，与书院对峙。有亭翼然临于前者，匾以南珠，取韩之诗，示不忘也。中罹兵毁。草创之余，书院虽存，而堂废矣，地易主矣。至顺辛未夏，今守亚中王侯，自江西省闼分竹南来，下车初政，不棘不徐，惟厥中。先有司以清狱讼，访民瘼以苏疲癃，除螟去蝗，振滞匡乏，好贤下士，悉以韩公为师。一洗积年衰陋之习，以新我众民；鼎建泮宫礼殿，以尊先圣；次撤书院而新之，以敬先贤；重建九贤堂于旧基，归侵疆若干亩步，仍创南珠亭于前，以复太平之盛观，此岂徒政而不大者之所能哉！初公之治省闼也，尝梦至一僧寺，有以手卷书"南珠"二字以遗，公觉而异之。比至于潮，暇日于书院邻寺中，或指南珠亭故址以白公，公恍兮记前梦而新是图。岂非九贤之精爽不昧，豫以起废之事，属之公耶？继自今登斯亭者，景仰高风，罔俾古贤专美前代，此则公之所望于士也。世人有爱珠者至剖腹而藏诸，其与匹夫怀璧具罪者相去不能以寸。回视公之兴礼崇化，所宝唯贤，而不泚其颡者几希。公之治绩，宜不一书。将如西都之良二千石，增秩赐金于在官之日，征为公卿于选表之余，此又士之所望于公者也。昔孟尝为合浦太守，洁其身而去珠复还；今公之至于是邦，归以正而百废俱兴，使南珠之亭复旧，汉阳之田来归，方之孟尝所履，讵肯溟涬然第之哉？公名元恭，字居敬，蠢吾世家，宁轩所自号也。若夫九贤之爵里，详载图经。公之修理兴学院，自有碑刻，故不书。

（据《永乐大典》卷5345）

（十）仰韩阁

《永乐大典》卷5343引《三阳记·桥道》中有一段描述康济桥（俗称湘子桥）建造过程的话："乾道七年（1171），太守曾公汪乃造舟为梁八十有六只，以接江之东、西岸，且峙石洲于中，以绳其势、根其址，凡三越月而就，名曰'康济桥'。"意为：州守曾汪只用三个月的时间在韩江中段建一石洲，然后用86只大船分别连接江之东、西岸。这是有史以来横跨韩江的第一座桥梁，从此，"过客已无曩日之忧"。接着，该志书又用文采斐然的语气记述浮桥修缮和辟建"仰韩阁"的经过：

越三年，舟以雨坏，太守常公袆所以处此者，与曾公（按，其时曾汪已升任广东提点刑狱），一概出帑余为居民唱（倡），乃命以损其制以便操习，其舟数侈于前者十三。（意为：舟改小，数增至106只）役毕，馀力犹裕，遂创杰阁于西岸，以镇江流，名曰"仰韩"，以韩文公遗迹，实与是阁对也。东顾则闽岭横陈，西望则洀江直泻。南连沧海，漫而莫睹津涯；北想中原，慷慨而益增怀抱。势压滕王阁，雄吞庾亮楼。檐牙共斗柄争衡砌玉与地轴接轸。树木张四时之锦，屋庐环万叠之鳞。溪流淇漾以连空，山色回环而入座。登高寓目，足以豁羁客之愁；对景赋诗，庶几动骚人之兴，固一方壮观已。董是役者，军事推官曹嵩。淳熙己亥（1179），朱公汪（应作"江"）建"登瀛门"，左扁"三己亥堂"（按，年、月、日皆为己亥），右扁"南门奇观"。门之旧址，即"仰韩阁"也。阁以火，易（易）为门（按，即登瀛门）。

上引这段优美的文字，虽不无溢美之处，但对仰韩阁营建的本末，大体清晰：曾汪建浮桥式的康济桥后三年，常袆来任潮州知州，时桥舟被暴雨冲坏，常太守遂与升职莅潮之曾汪决定"用帑余（即私囊之余。藏金帛的囊称'帑'）为居民倡"，亦即带头捐款。把桥舟改小增数。工役毕，尚有盈余，所以在桥之西岸建仰韩阁。可惜的是，雄伟壮丽的仰韩阁建后不到六年，辄遭大火焚毁。接任的州守朱江因在阁的故址改建为登瀛门。（按：登瀛，比喻士人得到荣宠，如登仙界。唐代李肇《翰林志》："唐兴，太宗始于秦王府开文学馆，擢房玄龄、杜如晦一十八人，皆以本官兼学士……时人谓之"登瀛洲"。）

登瀛门左右各掖"三己亥堂"和"南门奇观"（《三阳志·公署》作"南州奇观"）。由于有得天独厚的壮丽景色，故淳熙八年（1181）腊月以"广东提举常平"的职位，率师参与平定海寇沈师之乱的杨万里莅潮后，亦禁不住写下《南州奇观》的七言绝句二首。其一为："海边楼阁海边山，银汉初收霁日寒。看着南州奇观了，人间山水不须看！"高度评价了有独特景观的潮州风光。（关于仰韩阁的修建过程，可参阅宋代张羔的《仰韩阁记》）

自然界的灾害时有发生，翻开桥史，有关洪、涝、风、雷、地震的灾情屡见不鲜。如：南宋端平初年（1234），桥"于溪洪、风飓之余，亭屋俱弊"。景定三年（1262），"飓风之厄，桥舟与亭屋，俄顷之尽"。元代大德二年（1298），"总管大中怡里修造桥亭，寻复为洪流所坏"。至大德十年（1306），方由总管常元德修复……据元代梁祐《仰韩阁记》所载："此后数十年间，溪水泛滥，桥遂中折；惊风怒涛，舟或沦没，民甚苦之。"直至至正四年甲申（1344）：

府判乔侯贤莅事伊始，慨然曰："修理桥道，余职也。"爰与推官崔侯思诚谋复之……遂捐俸以相其役……镇守万户邢维明，伟是役之浩也，亦施锱以助不给。越数月而桥成，筑亭于桥上者，为楹二十有四。为阁于桥之西，而未得其名。众曰："兹桥之东，韩山在焉，昔日于是名曰'仰韩'，愿复其旧。"……越明年乙酉……宪签周侯伯温篆书"仰韩有阁"之额，嶂山公复大书"济川为桥"之匾……以为仰韩之所，俾潮人没世不忘也。

光绪《海阳县志·古迹略一》据《明一统志》谓："仰潮阁，在县东济川桥左，元至正中通判乔贤能建。"（简短的两句话，错了两处："济川桥"仅是明代以后"广济桥"东桥的专称，以专称代替全称，错一；"通判乔贤能"中"能"字衍，应作"乔贤"，错二。看来，《明一统志》的编纂者对潮州文史不甚熟悉，且没机会读到元代梁祐《仰韩阁记》，致有此误。光绪《海阳县志》袭其误，以致民国《潮州志·职官志》中"元代通判"栏亦误作"乔贤能"，且注明"据《明一统志》"。）

仰韩阁之位置，宋代张羔《仰韩阁记》谓："创杰阁于岸右"，"盖韩文公芟薆憩故地，实与阁对也"。元代梁祐《仰韩阁记》谓："为阁于桥之西"，"兹桥之东，韩山在焉"。两《记》所言，其实是同一地点："岸右""桥西"且与韩山相对的，除了州城的东门与广济桥之间的地带之外，再无别处。元至正间，通判乔贤修建仰韩阁后，该阁之存废情况，文献无征。而顺治《潮州府志·城池乡村考》亦有"宋至和九年筑，庆元间增筑，洪武年间指挥俞良辅辟其西南……"之简单记述。光绪《海阳县志·城池》相对较详，谓："洪武三年（1370）指挥俞良辅辟其西南，筑砌以石，改门为七，曰广济、曰竹木、曰上水、曰下水、曰安定、曰南门、曰北门，谓之'凤城'……"从此，广济门外至广济桥西第一墩之间便固定成相对空阔的地带，仰韩阁谅必不再存在，故饶宗颐《广济桥志》"仰韩阁"条遂加了"久废"二字。

综上所述，今之广济城楼基址，似可勾勒出历代建筑的大体轮廓：

仰韩阁［南宋淳熙元年甲午（1174）］——登瀛门［涵"三己亥堂""南州奇观"。南宋淳熙六年己亥（1179）］——仰韩阁［复旧名。元至正四年甲申（1344）］——广济城楼［明洪武三年庚戌（1370）］

【附1】

仰韩阁记

（宋）张 羡

　　沿潮之东，古鳄溪也。航溪有桥，因邦人之愿而作也。桥之西有阁，翼然壮丽，因兹桥而作也。溪当闽、广之冲，凡道于是者，立马倚担溪渡。移晷骤雨暴涨，翻复一转臂间。漕使长乐曾公汪襄领郡，阖郡请维舟为梁以济。公领之，不三易月而桥成。潮人镂石颂美，述公德焉。岁在甲午夏，潦怒溢自汀、赣、循、梅下，溃流奔突不可遏。啮缆漂舟，荡没者半，存者罅漏。太守临邛常公祎曰："利众者易兴，谋众者易成。是桥之建，千里一词。已成之功，可中尼耶？"乃酌约宜费，括帑劝羡，首为倡，响应乐输。常公闻而喜，于是协谋参订成略。指授旧舫之大者少损之，锐者易平之，以便操摺。出金贸材，计直偿工。众皆一力，役不淹时。舳舻编连，龙卧虹跨，昨病涉者既履坦已。复计余绪，创杰阁于岸右。赎地辟基，甃石捍溢，隆栋修梁，重檐叠级。游玩览眺，遂甲于潮。福建舶使虞公似良，以古隶体扁之曰仰韩。盖韩文公荄憩旧地，实与阁对也。桥凡百有六舟，造于是年秋仲，告成冬初；阁以腊月经始，越次二月讫工。方敞精舍，官给田以备后役。军事推官曹嵩者，时董其事。常公合乐张宴，邀宾僚而落之。乃觞曹曰："是役不扰而济，子力也！"曹屏伏对："嵩何劳？顾二公规画之素，嵩奉行惟谨耳！"环观者相与叹曰："物之兴建，信待人若时耶？夫开端于前，植址于后，行者便适，登者披豁。"凡过潮者，悉载二公之赐。朋侪祝颂，肖像立祠。群请于羡曰："泚笔勒成，子职也。今二公实惠伟绩如是，巨噤默无纪？"羡详诊颠末，不敢以斐陋辞，谨撼实而述于左。

（据《永乐大典》卷5345）

【附2】

仰韩阁记

（元）梁 祐

潮之为郡，介乎闽、广之冲。凡趋闽趋广者，靡不经焉。郡之东有溪，昔鳄鱼之所窟宅也。昌黎韩文公辞而逐之。而其遗迹，至今泓深莫测，涉者病焉。宋乾道间，曾君汪来守斯郡，始造舟为浮桥，以济不通。继是而作者，或凿石为桥梁，或屋其上，以便往来。数十年间，溪水泛滥，桥遂中折。惊风怒涛，舟或沦没，民甚苦之。至正甲申岁，府判乔侯贤莅事伊始，慨然曰："修理桥道，余职也。"爰与推官崔侯思诚谋复之。来岁，同知张侯弼、幕长卢君德直、知事张君宗元继至，咸曰："是亦便民之一也。"遂捐俸以相其役，且曰："是役也，必择属之廉能者任焉，事乃有成。"询于众，得录事林君智镜，命之曰："君以廉能信于民。今举君以董是役，期于必成。府不汝责，其曰毋怠。"君受命。乃度材鸠工，日往来其上，与群工相可否。或以石，或以木，各适其宜。镇守万户邢惟明，伟是役之浩也，亦施锾以助不给。越数月而桥成。筑亭于桥上者，为楹二十有四。为阁于桥之西，而未得其名。众曰："兹桥之东，韩山在焉；昔日于是名曰仰韩。愿复其旧。"落成之日，郡侯幕宾，集宴其上。仰观壮丽，俯视渊深，乾坤端倪，莫不献状。东有韩山之秀，东湖之美；南有文公书院，弦诵之声；西湖之山界其西，金山诸峰耸其北，诚一郡之伟观也！越明年乙酉，林君以请事至广，具本末之详于宪府诸公。咸嘉其功之有成也。于是宪佥周侯伯温篆书"仰韩为阁"之额，嶂山公复大书"济川为桥"之匾，且嘱余撰文以记之。余谓韩文公驱鳄鱼以绥此土，太守曾汪即其溪为桥；今之继政者又能起废而新之，且阁于其上，以为仰韩之所，俾潮人没世不忘也。录事林君又能襄其事，今而后潮人思公侯之惠爱，与韩公相为不朽矣！他日诸公乘

203

驷马过此者，无野水横舟之叹，大其施于天下可也。遂为之书。至正六年丙戌，奉政大夫广西两江道宣慰副使佥都元帅府事梁祐撰。

（据《永乐大典》卷5345）

五、韩愈贬潮诗文汇编

（一）文

论佛骨表

　　臣某言：伏以佛者，夷狄之一法耳。自后汉时流入中国，上古未尝有也。昔者黄帝在位百年，年百一十岁；少昊在位八十年，年百岁；颛顼在位七十九年，年九十八岁；帝喾在位七十年，年百五岁；帝尧在位九十八年，年百一十八岁；帝舜及禹年皆百岁。此时天下太平，百姓安乐寿考，然而中国未有佛也。其后殷汤亦年百岁，汤孙太戊在位七十五年，武丁在位五十九年，书史不言其年寿所极，推其年数，盖亦俱不减百岁。周文王年九十七岁，武王年九十三岁，穆王在位百年。此时佛法亦未入中国，非因事佛而致然也。汉明帝时，始有佛法，明帝在位才十八年耳。其后乱亡相继，运祚不长。宋齐梁陈元魏已下，事佛渐谨，年代尤促。惟梁武帝在位四十八年，前后三度舍身施佛，宗庙之祭，不用牲牢，昼日一食，止于菜果。其后竟为侯景所逼，饿死台城，国亦寻灭。事佛求福，乃更得祸。由此观之，佛不足事，亦可知矣。高祖始受隋禅，则议除之。当时群臣材识不远，不能深知先王之道、古今之宜，推阐圣明，以救斯弊，其事遂止，臣常恨焉。伏维睿圣文武皇帝陛下，神圣英武。数千百年已来，未有伦比。即位之初，即不许度人为僧尼道士，又不许创立寺观。臣常以为高祖之志，必行于陛下之手。今纵未能即行，岂可恣之转令盛也？今闻陛下令群僧迎佛骨于凤翔，御楼以观，舁入入内，又令诸寺递迎供养。臣虽至愚，必知陛下不惑于佛，作此崇奉，以祈福祥也。直以年丰人乐，徇人之心，为京都士庶设诡异之观，戏玩之具耳。安有圣明若此，而肯信此等事哉？然百姓愚冥，易惑难晓。苟见陛下如此，将谓真心事佛，皆云天子大圣，犹一心敬信，百姓何人，岂合更惜身命？焚顶烧指，百十为群；解衣散钱，自朝至暮；转相仿效，惟恐后时；老少奔波，弃其业次。若不即加禁遏，更历诸寺，必有断臂脔身以为供养者。伤风败俗，传笑四方，非细事也！夫佛本夷狄之人，与中国言语不通，衣服殊制。口不言先王之法言，身不服先王之法服，不知君臣之义、父子之情。假如其身至今尚在，奉其国命，来朝京师，陛下容而接之，不过宣政一见，礼宾一设，赐衣一袭，卫而出之于境，不令惑众也。况其身死已久，枯朽之骨，凶秽之余，岂宜令入宫禁？孔子曰："敬鬼神而远之。"古之诸侯行吊于其国，尚令巫祝先以桃茢祓除不祥，然后进吊。今无故取朽秽之物，亲临观之，巫祝不先，桃茢不用，群臣不言其非，御史不举其失，臣实耻之。乞以此骨付之有司，投诸水火，永绝根本，断天下之疑，绝后代之惑。使天下之人知大圣人之所作为，出于寻常万万也。岂不盛哉，岂不快哉！佛如有灵，能作祸祟，凡有殃咎，宜加臣身。上天鉴临，臣不怨悔。无任感激恳悃之至。谨奉表以闻，臣某诚惶诚恐。

潮州刺史谢上表

臣某言：臣以狂妄戆愚，不识礼度，上表陈佛骨事，言涉不敬，正名定罪，万死犹轻。陛下哀臣愚忠，恕臣狂直。谓臣言虽可罪，心亦无他，特屈刑章，以臣为潮州刺史，既免刑诛，又获禄食。圣恩弘大，天地莫量。破脑刳心，岂足为谢。臣某诚惶诚恐，顿首顿首。臣以正月十四日蒙恩除潮州刺史，即日奔驰上道。经涉岭海，水陆万里，以今月二十五日到州上讫，与官吏百姓等相见，具言朝廷治平，天子神圣。威武慈仁，子养亿兆人庶，无有亲疏远迩。虽在万里之外，岭海之陬，待之一如畿甸之间、辇毂之下。有善必闻，有恶必见；早朝晚罢，兢兢业业。惟恐四海之内，天地之中，一物不得其所。故遣刺史面问百姓疾苦，苟有不便，得以上陈。国家宪章完具，为治日久。守令承奉诏条，违犯者鲜，虽在蛮荒，无不安泰。闻臣所称圣德，惟知鼓舞欢呼，不劳施为，坐以无事。臣某诚惶诚恐，顿首顿首。臣所领州，在广府极东界上，去广府虽云才二千里，然来往动皆经月。过海口、下恶水，涛泷壮猛，难计程期。飓风鳄鱼，患祸不测；州南近界，涨海连天；毒雾瘴氛，日夕发作。臣少多病，年才五十，发白齿落，理不久长。加以罪犯至重，所处又极远恶，忧惶惭悸，死亡无日。单立一身，朝无亲党。居蛮夷之地，与魑魅为群。苟非陛下哀而念之，谁肯为臣言者？臣受性愚陋，人事多所不通。惟酷好学问文章，未尝一日暂废，实为时辈所见推许。臣于当时之文，亦未有过人者。至于论述陛下功德，与诗书相表里；作为歌诗，荐之郊庙；纪泰山之封，镂白玉之牒；铺张对天之闳休，扬厉无前之伟迹；编之乎诗书之策而无愧，措之乎天地之间而无亏。虽使古人复生，臣亦未肯多让。伏以大唐受命有天下，四海之内，莫不臣妾；南北东西，地各万里。自天宝之后，政治少懈，文致未优，武剋不刚，孽臣奸隶，蠹居棋处，摇毒自防，外顺内悖，父死子代，以祖以孙，如古诸侯，自擅其地，不贡不朝，六七十年，四圣传序，以至陛下。陛下即位以来，躬亲听断。旋乾转坤，关机阖开；雷厉风飞，日月清照；天戈所麾，莫不宁顺；大宇之下，生息理极。高祖创制天下，其功大矣，而治未太平也。太宗太平矣，而大功所立，咸在高祖之代。非如陛下承天宝之后，接因循之余，六七十年之外，赫然兴起，南面指麾，而致此巍巍之治功也。宜定乐章以告神明，东巡泰山，奏功皇天；具著显庸，明示得意；使永永年代，服我成烈。当此之际，所谓千载一时不可逢之嘉会。而臣负罪婴衅，自拘海岛，戚戚嗟嗟，日与死迫。曾不得奏薄伎于从官之内、隶御之间，穷思毕精，以赎罪过。怀痛穷天，死不闭目。瞻望宸极，魂神飞去。伏惟皇帝陛下，天地父母，哀而怜之，无任感恩恋阙惭惶恳迫之至，谨附表陈谢以闻。

贺册尊号表

臣某言：臣伏闻宰相公卿百官及关辅百姓耆耋等，以陛下功崇德巨、天成地平，宜加号于殊常，以昭示于来代。陈请恳至，于再于三。陛下仰稽乾符，俯顺人志。乃以新秋首序，令月吉辰，发扬鸿休，膺受显册。天人合庆，日月扬光。环海之间，含生之类，欢欣踊跃，以歌以舞。臣某诚欢诚喜，顿首顿首。臣闻体仁长人之谓元，发而中节之谓和，无所不通之谓圣，妙而无方之谓神，经纬天地之谓文，戡定祸乱之谓武，先天不违之谓法天，道济天下之谓应道。伏惟元和圣文神武法天应道皇帝陛下，子育亿兆，视之如伤，可谓体仁以长人矣；喜怒以类，刑赏不差，可谓发而中节矣；明照无私，幽隐毕达，可谓无所不通矣；发号出令，云行雨施，可谓妙而无方矣；三光顺轨，草木遂长，可谓经纬天地矣；除划寇盗，宇县清夷，可谓戡定祸乱矣；风雨以时，祥瑞辐凑，可谓先天而天不违矣；国内无饥寒，四夷皆朝贡，可谓道济天下矣。众美备具，名实相当；赫赫巍巍，超今冠古。方当议明堂辟雍之事，撰泰山梁父之仪；搜三代之逸礼，补百王之漏典；时乘六龙，肆觐东后。微臣幸生圣代，触犯刑章。假息海隅，死亡无日。瞻望宸极，心魂飞扬。有永弃之悲，无自新之望。曾不得与鸟兽率舞，蛮夷纵观为比。衔酸抱痛，且耻且惭，无任感恩恋阙恳迫彷徨之至。谨奉表陈贺以闻。

鳄鱼文

维年月日，潮州刺史韩愈，使军事衙推秦济，以羊一豕一，投恶溪之潭水，以与鳄鱼食，而告之曰：昔先王既有天下，列山泽，罔绳擉刃，以除虫蛇恶物为民害者，驱而出之四海之外。及后王德薄，不能远有，则江汉之间，尚皆弃之以与蛮夷楚越，况潮岭海之间，去京师万里哉？鳄鱼之涵淹卵育于此，亦固其所。今天子嗣唐位，神圣慈武。四海之外，六合之内，皆抚而有之。况禹迹所揜，扬州之近地，刺史县令之所治，出贡赋以供天地宗庙百神之祀之壤者哉？鳄鱼其不可与刺史杂处此土地！刺史受天子命，守此土，治此民。而鳄鱼睅然不安溪潭，据处食民畜熊豕鹿獐，以肥其身，以种其子孙，与刺史亢拒，争为长雄。刺史虽驽弱，亦安肯为鳄鱼低首下心，伈伈睍睍，为民吏羞，以偷活于此邪！且承天子命以来为吏，固其势不得不与鳄鱼辨。鳄鱼有知，其听刺史言：潮之州，大海在其南。鲸鹏之大，虾蟹之细，无不容归，以生以食，鳄鱼朝发而夕至也。今与鳄鱼约：尽三日，其率丑类南徙于海，以避天子之命吏。三日不能至五日，五日不能至七日。七日不能，是终不肯徙也，是不有刺史听从其言也。不然，则是鳄鱼冥顽不灵，刺史虽有言，不闻不知也。夫傲天子之命吏，不听其言，不徙以避之，与冥顽不灵而为民物害者，皆可杀！刺史则选材技吏民，操强弓毒矢，以与鳄鱼从事，必尽杀乃止。其无悔！

209

潮州谢孔大夫状

伏奉七月二十七日牒，以愈贬授刺史，特加优礼，以州小俸薄，虑有阙乏，每月别给钱五十千，以送使钱充者。开缄捧读，惊荣交至；顾己量分，惭惧益深。欲致辞为让，则乖伏属之礼；承命苟贪，又非循省之道。进退反侧，无以自宁。其妻子男女并孤遗孙侄奴婢等，尚未到官。穷州使宾罕至，身衣口食，绢米足充，过此以往，实无所用。积之于室，非廉者所为；受之于官，名且不正。恃蒙眷待，辄此披陈。

潮州祭神文五篇

（一）祭大湖神文

维年月日，潮州刺史韩愈，谨差摄潮阳县尉史虚己以特羊庶羞之奠，告以大湖神之灵。愈承朝命，为此州长，今月二十五日至治下。凡大神降依庇贶斯人者，皆愈所当率徒属奔走致诚，亲执祀事于庙庭下。今以始至，方上奏天子，思虑不能专一；冠衣不净洁；与人吏未相识知；牲牷酒食器皿粗弊，不能严清；又未卜日时，不敢自荐见。使摄潮阳县尉史虚己以告，神其降监。尚飨。

（二）又祭止雨文

维年月日，潮州刺史韩愈谨以清酌腵修之奠，祈于大湖神之灵，曰：稻既穗矣，而雨不得熟以获也；蚕起且眠矣，而雨不得老以簇也。岁且尽矣，稻不可复种，而蚕不可复育也。农夫桑妇将无以应赋税继衣食也。非神之不爱人，刺史失所职也。百姓何罪，使至极也！神聪明而端一，听不可滥以惑也。刺史不仁，可坐以罪；惟彼无辜，惠以福也。划劙云阴，卷月日也。幸身有衣、口得食，给神役也。充上之须，脱刑辟也。选牲为酒，以报灵德也。吹击管鼓，侑香洁也。拜庭跪坐，如法式也。不信当治，疾殃殛也。神其尚飨。

（三）祭城隍文

维年月日，潮州刺史韩愈谨以柔毛刚鬣清酌庶羞之奠，祭于城隍之神。间者以淫雨将为人灾，无以应贡赋，供给神明，上下获罪罚之故，乃于六月壬子，奔走分告，乞晴于尔明神。明神闵人之不辜，若飨若答。粪除天地山川，清风时兴，白日显行。蚕谷以登，人不咨嗟。惟神之恩，夙夜不敢忘怠。谨卜良日，躬率将吏，荐兹血毛清酌嘉羞，侑以音声，以谢神贶。神其飨之。

（四）祭界石神文

维年月日，潮州刺史韩愈谨遣耆寿成寓以清酌少牢之奠，告于界石神之灵，曰：惟封部之内，山川之神，克庥于人。官则置立室宇，备具服器，奠飨以时。淫雨既霁，蚕谷以成。织妇耕男，忻忻衎衎。是神之庥庇于人也，敢不明受其赐。谨选良月吉日，斋洁以祀，神其鉴之。尚飨。

（五）又祭大湖神文

维年月日，潮州刺史韩愈谨以清酌庶羞之奠，祭于大湖之神。惟神降依兹土，以庇其人。今兹无有水旱雷雨风火疾疫为灾，各宁厥宇，以供上役。长吏免被其谴，赖神之德，夙夜不敢忘。谨具食饮，躬斋洗，奏音声，以献以乐，以谢厥赐，不敢有所祈。尚飨。

与大颠师书

愈启：孟夏渐热，惟道体安和。愈弊劣无谓，坐事贬官到此。久闻道德，切思见颜。缘昨到来，未获参谒。傥能暂垂见过，实为多幸，已帖县令具人船奉迎。日久仁瞻，不宣。愈白。

愈启：海上穷处，无与话言。侧承道高，思获被接，专辄有此咨屈。傥惠能降喻，非所敢望也，至此一二日却归高居，亦无不可。旦夕渴望，不宣。愈白。

愈启：惠匀至，辱答问，珍悚无已。所示广大深迥，非造次可谕。《易·大传》曰："书不尽言，言不尽意。"然则圣人之意，其终不可得而见邪？如此而论，读来一百遍，不如亲见颜色，随问而对之易了。此旬来晴明，旦夕不甚热。傥能乘闲一访，幸甚，旦夕驰望。愈闻道无疑滞，行止系缚。苟非所恋著，则山林闲寂与城郭无异。大颠师论甚宏博，而必守山林，义不至城郭，自激修行，独立空旷无累之地者，非通道也。劳于一来，安于所适，道故如是，不宣。愈顿首。

211

潮州请置乡校牒

原文

孔子曰："道之以政，齐之以刑，则民免而无耻。"

不如以德礼为先，而辅之以政刑也。

夫欲用德礼，未有不由学校师弟子者。此州学废日久。进士、明经，百十年间，不闻有业成贡于王庭、试于有司者。①人吏目不识"乡饮酒之礼"，或未尝闻《鹿鸣》之歌。②

忠孝之行不劝，亦县之耻也！

夫十室之邑，必有忠信。

今此州户万有余，岂无庶几者邪？

刺史县令，不躬为之师，里间后生，无所从学尔。

赵德秀才③，沉雅专静，颇通经，有文章，能知先王之道，论说且排异端而宗孔氏，可以为师矣！请摄海阳县尉④，为衙推官，专勾当州学，督生徒，兴恺悌⑤之风。

刺史出己俸百千⑥以为举本，收其赢余，以供学生厨馔。

译文

孔子说："用政法引导他们，使用刑罚来整顿他们，民众虽暂时免于罪罚，却没有廉耻之心。"

不如先用道德礼义来引导他们，而把政法刑罚作为辅助手段。

而要用德礼，就没有不通过学校来教育学生的。这个州的学校荒

---

① 进士、明经一段：唐代科举的科目甚多，"进士""明经"两科最重要。参加考试的人，除中央国子监的生员外，还有由地方举荐的"乡贡进士"（因随贡品献给朝廷，故称"乡贡"）。考试由礼部主持，及第以后，还须经过吏部考核，合格者才能正式授官，故称"试于有司"。唐代李肇《国史补·叙进士科举》："有司谓之座主。"

② 乡饮酒之礼：《仪礼》有《乡饮酒礼》之篇。按：古之乡学，三年业成，以其贤能者荐于君主。时由乡大夫设宴送行，宴会的程序、仪式称为"乡饮酒之礼"。《鹿鸣》之歌：唐代科举考试后，由州县长官宴请中第诸生，称为"鹿鸣宴"，宴时用少牢（羊），歌《诗经·小雅》"鹿鸣"之章。

③ 秀才：唐朝初期科举有"秀才科"，地位最高，故后来尊称进士为"秀才"。

④ 县尉：与县丞、主簿等，同为县令之佐官，职掌一县治安。唐代县尉兼主持县试。

⑤ 恺悌：《左传·僖公十二年》："恺悌君子，神所劳矣。"恺，乐也；悌，易也。意谓和乐平易。

⑥ 百千：唐代钱币单位。《唐会要》："开元二十四年定令，四品官（按：潮州刺史为正四品下阶）月俸为十二千四百。"按此标准，百千相当于韩愈八个月的俸禄。

废已久。进士、明经（考试）中，百余年来，没听说过有学业取得成就，可以贡献给朝廷、接受主管长官考核的人。官吏没见识过"乡饮酒之礼"的场面，或者未听过《鹿鸣》之歌。

忠孝的准则没人去提倡，这是地方的耻辱啊！

古人说：一个只有十户人家的村落，也一定有讲忠孝信义的人。

现在这个州的户口数有一万多，难道就没有类似的人吗？

这只是刺史、县令不亲自去当老师，使各乡里闾巷的后生，无从就学罢了。

赵德这位秀才，为人文雅沉静，又能专心致志，他通晓经史，很有文采，又明了先代君王教导的道理，主张抵制各种异端邪说而尊崇孔子，他完全可以为人师表啊！所以请他代理海阳县尉，当州衙推官，专门主持州学，以便督促学生，发扬和乐平易的风气。

我这个刺史则捐出俸钱百千，作为办学的资本，再把其中盈余部分，供给学生们作膳食费。

（二）诗

左迁至蓝关示侄孙湘

一封朝奏九重天，夕贬潮州路八千。

欲为圣明除弊事，肯将衰朽惜残年。

云横秦岭家何在？雪拥蓝关马不前。

知汝远来应有意，好收吾骨瘴江边。

武关西逢配流吐蕃

嗟尔戎人莫惨然，湖南地近保生全。

我今罪重无归望，直去长安路八千。

路傍堠

堆堆路傍堠，一双复一只。迎我出秦关，送我入楚泽。
千以高山遮，万以远水隔。吾君勤听治，照以日月敌。
臣愚幸可哀，臣罪庶可释。何当迎送归，缘路高历历。

次邓州界

潮阳南去倍长沙，恋阙那堪又忆家。
心讶愁来惟贮火，眼知别后自添花。
商颜暮雪逢人少，邓鄙春泥见驿赊。
早晚王师收海岳，普将雷雨发萌芽。

食曲河驿

晨及曲河驿，凄然自伤情。群乌巢庭树，乳雀飞檐楹。
而我抱重罪，孑孑万里程。亲戚顿乖角，图史弃纵横。
下负朋义重，上孤朝命荣。杀身谅无补，何用答生成？

过南阳

南阳郭门外，桑下麦青青。行子去未已，春鸠鸣不停。
秦商邈既远，湖海浩将经。孰忍生以戚，吾其寄余龄。

题楚昭王庙

丘坟满目衣冠尽，城阙连云草树荒。
犹有国人怀旧德，一间茅屋祭昭王。

泷吏

南行逾六旬，始下昌乐泷。险恶不可状，船石相春撞。
往问泷头吏："潮州尚几里？行当何时到？土风复何似？"

泷吏垂手笑："官何问之愚！譬官居京邑，何由知东吴？

东吴游宦乡，官知自有由。潮州底处所？有罪乃窜流。

侬幸无负犯，何由到而知？官今行自到，那遽妄问为？"

不虞卒见困，汗出愧且骇。吏曰："聊戏官，侬尝使往罢。

岭南大抵同，官去道苦辽。下此三千里，有州始名潮。

恶溪瘴毒聚，雷电常汹汹。鳄鱼大于船，牙眼怖杀侬。

州南数十里，有海无天地。飓风有时作，掀簸真差事。

圣人于天下，于物无不容。比闻此州囚，亦有生还侬。

官无嫌此州，固罪人所徙。官当明时来，事不待说委；

官不自谨慎，宜即引分往。胡为此水边，神色久惝慌？

瓴大瓶罂小，所任自有宜。官何不自量，满溢以取斯？

工农虽小人，事业各有守。不知官在潮，有益国家不？

得无虱其间，不武亦不文。仁义饰其躬，巧奸败群伦。"

叩头谢吏言："始惭今更羞。历官二十余，国恩并未酬。

凡吏之所诃，嗟实颇有之。不即金木诛，敢不识恩私？

潮州虽云远，虽恶不可过。于身实已多，敢不持自贺？"

题临泷寺

不觉离家已五千，仍将衰病入泷船。

潮阳未到吾能说，海气昏昏水拍天。

晚次宣溪辱韶州张端公使君惠书叙别酬以绝句二章

（一）

韶州南去接宣溪，云水苍茫日向西。

客泪数行元自落，鹧鸪休傍耳边啼。

（二）

兼金那足比清文，百首相随愧使君。

俱是岭南巡管内，莫欺荒僻断知闻。

过始兴江口感怀

忆作儿童随伯氏，南来今只一身存。
目前百口还相逐，旧事无人可共论。

赠别元十八协律六首

（一）

知识久去眼，吾行其既远。蓍蓍莫訾省，默默但寝饭。
子兮何为者，冠珮立宪宪。何氏之从学，兰蕙已满畹。
于何玩其光，以至岁向晚？治惟尚和同，无俟于謇謇。
或师绝学贤，不以艺自挽，子兮独如何，能自媚婉娩。
金石出声音，宫室发关楗。何人识章甫，而知骏蹄踠。
惜乎吾无居，不得留息偃，临当背面时，裁诗示缱绻。

（二）

英英桂林伯，实维文武特。远劳从事贤，来吊逐臣色。
南裔多山海，道里屡纡直。风波无程期，所忧动不测。
子行诚艰难，我去未穷极。临别且何言？有泪不可拭。

（三）

吾友柳子厚，其人艺且贤。吾未识子时，已览赠子篇。
寤寐想风采，于今已三年。不意流窜路，旬日同食眠。
所闻昔已多，所得今过前。如何又须别，使我抱悁悁？

（四）

势要情所重，排斥则埃尘。骨肉未免然，又况四海人？
巍巍桂林伯，矫矫义勇身。生平所未识，待我逾交亲。
遗我数幅书，继以药物珍。药物防瘴疠，书劝养形神。
不知四罪地，岂有再起辰。穷途致感激，肝胆还轮囷。

（五）

读书患不多，思义患不明。患足已不学，既学患不行。
子今四美具，实大华亦荣。王官不可阙，未宜后诸生。
嗟我摈南海，无由助飞鸣。

（六）

寄书龙城守，君骥何时秣？峡山逢飓风，雷电助撞捽。
乘潮簸扶胥，近岸指一发。两岩虽云牢，木石互飞发。
屯门虽云高，亦映波浪没。余罪不足惜，子生未宜忽。
胡为不忍别？感谢情至骨。

初南食贻元十八协律

鲎实如惠文，骨眼相负行。蚝相黏为山，百十各自生。
蒲鱼尾如蛇，口眼不相营。蛤即是虾蟆，同实浪异名。
章举马甲柱，斗以怪自呈。其余数十种，莫不可叹惊。
我来御魑魅，自宜味南烹。调以咸与酸，芼以椒与橙。
腥臊始发越，咀吞面汗骍。惟蛇旧所识，实惮口眼狞。
开笼听其去，郁屈尚不平。卖尔非我罪，不屠岂非情。
不祈灵珠报，幸无嫌怨并。聊歌以记之，又以告同行。

宿曾江口示侄孙湘二首

（一）

云昏水奔流，天水漭相围。三江灭无口，其谁识涯圻？
暮宿投民村，高处水半扉。犬鸡俱上屋，不复走与飞。
篙舟入其家，瞑闻屋中唏。问知岁常然，哀此为生微。
海风吹寒晴，波扬众星辉。仰视北斗高，不知路所归。

（二）

舟行亡故道，屈曲高林间。林间无所有，奔流但潺潺。

嗟我也拙谋，致身落南蛮。茫然失所诣，无路何能还？

答柳柳州食虾蟆

虾蟆虽水居，水特变形貌。强号为蛙蛤，于实无所校。
虽然两股长，其奈脊皱疱。跳踯虽云高，意不离汗淖。
鸣声相呼和，无理只取闹。周公所不堪，洒灰垂典教。
我弃愁海滨，恒愿眠不觉。叵堪朋类多，沸耳作惊爆。
端能败笙磬，仍工乱学校。虽蒙勾践礼，竟不闻报效。
大战元鼎年，孰强孰败桡？居然当鼎味，岂不辱钓罩？
余初不下喉，近也能稍稍。常惧染蛮夷，失平生好乐。
而君复何为，甘食比豢豹？猎较务同俗，全身斯为孝。
哀哉思虑深，未见许回棹。

琴操十首（并序）

将归操　孔子之赵闻杀鸣犊作

狄之水兮，其色幽幽。我将济兮，不得其由。涉其浅兮，石啮我足。乘其深兮，龙入我舟。我济而悔兮，将安归尤？归兮归兮！无与石斗兮，无应龙求。

猗兰操　孔子伤不逢时作

兰之猗猗，扬扬其香。不采而佩，于兰何伤？今天之旋，其曷为然？我行四方，以日以年。雪霜贸贸，荠麦之茂。子如不伤，我不尔觏。荠麦之茂，荠麦之有。君子之伤，君子之守。

龟山操　孔子以季桓子受齐女乐，谏不从，望龟山而作

龟之氛兮，不能云雨。龟之枿兮，不中梁柱。龟之大兮，只以奄鲁。知将隳兮，哀莫余伍。周公有鬼兮，嗟归余辅。

越裳操　周公作

雨之施，物以孳。我何意于彼为？自周之先，其艰其勤。以有疆

宇，私我后人。我祖在上，四方在下。厥临孔威，敢戏以侮。孰荒于门？孰治于田？四海既均，越裳是臣。

拘幽操　文王羑里作

目窈窈兮，其凝其盲。耳肃肃兮，听不闻声。朝不日出兮，夜不见月与星。有知无知兮，为死为生？呜呼！臣罪当诛兮，天王圣明。

岐山操　周公为太王作

我閟于家，自我先公。伊我承序，敢有不同？今狄之人，将土我疆。民为我战，谁使死伤？彼岐有岨，我往独处。尔莫余追，无思我悲。

履霜操　尹吉甫子伯奇无罪，为后母谮而见逐，自伤作

父兮儿寒，母兮儿饥。儿罪当笞，逐儿何为？儿在中野，以宿以处。四无人声，谁与儿语？儿寒何衣？儿饥何食？儿行于野，履霜以足。母生众儿，有母怜之。独无母怜，儿宁不悲？

雉朝飞操　牧犊子七十无妻，见雉双飞，感之而作

雉之飞，于朝日。群雌孤雄，意气横出。当东而西，当啄而飞。随飞随啄，群雌粥粥。嗟我虽人，曾不如彼雉鸡。生身七十年，无一妾与妃。

别鹄操　商陵穆子娶妻五年无子，父母欲其改娶。其妻闻之，中夜悲啸。穆子感之而作

雄鹄衔枝来，雌鹄啄泥归。巢成不生子，大义当乖离。江汉水之大，鹄身鸟之微。更无相逢日，且可绕树相随飞。

残形操　曾子梦见一狸，不见其首作

有兽维狸兮，我梦得之。其身孔明兮，而头不知。吉凶何为兮，觉坐而思。巫咸上天兮，识者其谁？

量移袁州张韶州端公以诗相贺因酬之

明时远逐事何如？遇赦移官罪未除。
北望诇令随塞雁，南迁才免葬江鱼。

将经贵郡烦留客，先惠高文起谢予。

暂欲系船韶石下，上宾虞舜整冠裾。

别赵子

我迁于揭阳，君先揭阳居。揭阳去京华，其里万有余。

不谓小郭中，有子可与娱。心平而行高，两通诗与书。

婆娑海水南，簸弄明月珠。及我迁宜春，意欲携以俱。

摆头笑且言："我岂不足钦？又奚为于北，往来以纷如？

海中诸山中，幽子颇不无。相期风涛观，已久不可渝。

又尝疑龙虾，果谁雄牙须？蚌蠃鱼鳖虫，瞿瞿以狙狙。

识一已忘十，大同细自殊。欲一穷究之，时岁屡谢除。

今子南且北，岂非亦有图？人心未尝同，不可一理区。

宜各从所务，未用相贤愚。"

【附1】

旧唐书·韩愈传

韩愈，字退之，昌黎人。父仲卿，无名位。愈生三岁而孤，养于从父兄。愈自以孤子，幼刻苦学儒，不俟奖励。大历、贞元之间，文字多尚古学。效杨雄、董仲舒之述作，而独孤及、梁肃最称渊奥，儒林推重，愈从其徒游，锐意钻仰，欲自振于一代。洎举进士，投文于公卿间，故相郑馀庆颇为之延誉，由是知名于时。

寻登进士第。宰相董晋出镇大梁，辟为巡官。府除，徐州张建封又请为其宾佐。愈发言真率，无所畏避。操行坚正，拙于世务。调受四门博士，转监察御史。德宗晚年，政出多门，宰相不专机务，宫市之弊，谏官论之不听。愈尝上章数千言极论之，不听，怒贬为连州阳山令。量移江陵府掾曹。元和初，召为国子博士，迁都官员外郎，时华州刺史阎济美以公事停华阴令柳涧县务，俾摄掾曹。居数月，济美罢郡，出居公馆。洞遂讽百姓遮道索前年军顿役直。后刺史赵昌按得洞罪以闻，贬房州司马。愈因使过华，知其事，以为刺史相党；上疏理洞，留中不下。诏监察御史李宗奭按验，得洞赃状，再贬洞封溪尉。以愈妄论，复为国子博士。愈自以才高，累被摈黜，作《进学解》以自喻（下原引《进学解》，略）。执政揽其文而怜之，以其有史才，改比部郎中、史馆修撰。逾岁，转考功郎中、知制诰，拜中书舍人。

俄有不悦愈者，据其旧事，言愈前后左降为江陵掾曹，荆南节度使裴均馆之颇厚，均子锷凡鄙，近者锷还省父，愈为序饯锷，仍呼其字。此论喧于朝列，坐是改太子右庶子。元和十二年八月，宰臣裴度为淮西宣慰处置使，兼彰义军节度使，请愈为行军司马，仍赐金紫。淮、蔡平，十二月随度还朝，以功授刑部侍郎，仍诏愈撰《平淮西碑》，其辞多叙裴度事。时先入蔡州擒吴元济，李愬功第一，愬不平之。愬妻出入禁中，因诉碑辞不实，诏令磨愈文。宪宗命翰林学士段文昌重撰文勒石。

凤翔法门寺有护国真身塔，塔内有释迦文佛指骨一节，其书本传法，三十年一开，开则岁丰人泰。十四年正月，上令中使杜英奇押官人三十人，持香花，赴临皋驿迎佛骨。自光顺门入大内，留禁中三日，乃送诸寺。王公士庶，奔走舍施，唯恐在后。百姓有废业破产，烧顶灼臂供养者。愈素不喜佛，上疏谏（下原引《论佛骨表》，略）。

疏奏，宪宗怒甚。间一日，出疏以示宰臣，将加极法。裴度、崔群奏曰："韩愈上忤尊听，诚宜得罪，然而非内怀忠恳，不避黜责，岂能至此？优乞稍赐宽容，以来谏者。"上曰："愈言我奉佛太过，我犹为容之。至谓东汉奉佛之后，帝王咸致夭促，何言之刺也？愈为人臣，敢尔狂妄，固不可赦。"于是人情惊惋，乃至国戚诸贵亦以罪愈太重，因事言之，乃贬为潮州刺史。

愈至潮阳，上表曰（下原引表文，略）。宪宗谓宰臣曰："昨得韩愈到潮州表，因思其所谏佛骨事，大是爱我，我岂不知？然愈为人

221

臣，不当言人主事佛乃年促也，我以是恶其容易。"上欲复用愈，故先语及，观宰臣之奏对。而皇甫镈恶愈狷直，恐其复用，率先对曰："愈终太狂疏，且可量移一郡。"乃授袁州刺史。

初，愈至潮阳，既视事，询吏民疾苦，皆曰："郡西湫水有鳄鱼，卵而化，长数丈，食民畜产将尽，以是民贫。"居数日，愈往视之，令判官秦济炮一豕一羊，投之湫水，咒之（下原引《鳄鱼文》，略）。咒之夕，有暴风雷起于湫中。数日，湫水尽涸，徙于旧湫西六十里，自是潮人无鳄患。

袁州之俗，男女隶于人者，逾约则没入出钱之家。愈至，设法赎其所没男女，归其父母。仍削其俗法，不许隶入。

十五年，徵为国子祭酒，转兵部侍郎。会镇州杀田弘正，立王延凑，令愈往镇州宣谕。愈既至，集军民，谕以逆顺，辞情切至，延凑畏重之。改吏部侍郎。转京兆尹，兼御史大夫。以不台参，为御史中丞李绅所劾。愈不伏，言准敕仍不台参。绅、愈性皆褊僻，移刺往来，纷然不止，乃出绅为浙西观察使，愈亦罢尹，为兵部侍郎。及绅面辞赴镇，泣涕陈叙，穆宗怜之，乃追制以绅为兵部侍郎，愈复为吏部侍郎。

长庆四年十二月卒，时年五十七，赠礼部尚书，谥曰文。

愈性弘通，与人交，荣悴不易。少时与洛阳人孟郊、东郡人张籍友善。二人名位未振，愈不避寒暑，称荐于公卿间，而籍终成科第，荣于禄仕。后虽通贵，每退公之隙，则相与谈谑，论文赋诗，如平昔焉。而观诸权门豪士，如仆隶焉，瞪然不顾。而颇能诱厉后进，馆之者十六七，虽晨炊不给，怡然不介意。大抵以兴起名教弘奖仁义为事。凡嫁内外及友朋孤女仅十人。

常以为自魏、晋以还，为文者多拘偶对，而经诰之指归，迁、雄之气格，不复振起矣。故愈所为文，务反近体，抒意立言，自成一家新语。后学之士，反为师法。当时作者甚众，无以过之，故世称"韩文"焉。然时有恃才肆意，亦有蹈孔、孟之旨。若南人妄以柳宗元为罗池神，而愈撰碑以实之；李贺父名晋，不应进士，而愈为贺作《讳辨》，令举进士；又为《毛颖传》，讥戏不近人情，此文章之甚纰缪者。时谓愈有史笔，及撰《顺宗实录》，繁简不当，叙事拙于取舍，颇为当代所非，穆宗、文宗尝诏史臣添改。时愈婿李汉、蒋係在显位，诸公难之。而韦处厚竟别撰《顺宗实录》三卷。有文集四十卷，李汉为之序。

子昶，亦登进士第。

【附2】

新唐书·韩愈传

韩愈字退之，邓州南阳人。七世祖茂，有功于后魏，封安定王。父仲卿，为武昌令，有美政，既去，县人刻石颂德。终秘书郎。

愈生三岁而孤，随伯兄会贬官岭表。会卒，嫂郑鞠之。愈自知读书，日记数千百言，比长，尽能通《六经》百家学，擢进士第。会董晋为宣武节度使，表署观察推官。晋卒，愈从丧出，不四日，汴军乱，乃去依武宁节度使张建封，建封辟府推官。操行坚正，鲠言无所忌。调四门博士，迁监察御史。上疏极论宫市，德宗怒，贬阳山令。有爱在民，民生子多以其姓字之。改江陵法曹参军。元和初，权知国子博士，分司东都，三岁为真。改都官员外郎，即拜河南令。迁职方员外郎。

华阴令柳涧有罪，前刺史劾奏之，未报而刺史罢。涧讽百姓遮索军顿役直，后刺史恶之，按其狱，贬涧房州司马。愈过华，以为刺史阴相党，上疏治之。既御史覆问，得涧赃，再贬封溪尉。愈坐是复为博士。既才高数黜，官又下迁，乃作《进学解》以自谕（下原引《进学解》文，略）。执政览之，奇其才，改比部郎中、史馆修撰。转考功，知制诰，进中书舍人。

初，宪宗将平蔡，命御史中丞裴度使诸军按视。及还，且言贼可灭，与宰相议不合。愈亦奏言："淮西连年修器械防守，金帛粮畜耗于给赏，执兵之卒四向侵掠，农夫织妇饷于其后，得不偿费。比闻畜马皆上槽枥，此譬有十夫之力，自朝抵夕，跳跃叫呼，势不支久，必自委顿。当其已衰，三尺童子可制其命。况以三州残弊困剧之余而当天下全力，其败可立而待也。然未可知者，在陛下断与不断耳。夫兵不多不足以取胜，必胜之师不在速战，兵多而战不速则所费必广。疆场之上，日相攻劫，近贼州县，赋税百端，小遇水旱，百姓愁苦。方此时，人人异议以惑陛下，陛下持之不坚，半途而罢，伤威损费，为弊必深。所贵先决于心，详度本末，事至不惑，乃可图功。"又言："诸道兵羁旅不足用，而界贼州县，百姓习战斗，知贼深浅，若募以内军，教不三月，一切可用。"又欲"四道置兵，道率三万，畜力伺利，一日俱纵，则蔡首尾不救，可以责功"。执政不喜。会有人诋愈在江陵时为裴均所厚，均子锷素无状，愈为文章，字命锷，谤语嚣暴，由是改太子右庶子。及度以宰相节度彰义军，宣慰淮西，奏愈行军司马。愈请乘遽先入汴，说韩弘使叶力。元济平，迁刑部侍郎。

宪宗遣使者往凤翔迎佛骨入禁中，三日，乃送佛祠。王公士人奔走膜呗，至为夷法灼体肤，委珍贝，腾沓系路。愈闻恶之，乃上表（下原引表文，略）。表入，帝大怒，持示宰相，将抵以死。裴度、崔群曰："愈言讦忤，罪之诚宜。然非内怀至忠，安能及此？愿少宽假，以来谏争。"帝曰："愈言我奉佛太过，犹可容。至谓东汉奉佛以后，天子咸夭促，言何乖剌耶？愈，人臣，狂妄敢尔，固不可赦。"于是中外骇俱，虽戚里诸贵，亦为愈言，乃贬潮州刺史。

既至潮，以表哀谢（下原引表文，略）。帝得表，持示宰相曰："愈前所论是大爱朕，然不当言天子事佛乃年促耳。"皇甫镈素忌愈直，即奏言："愈终狂疏，可且内移。"乃改袁州刺史。

初，愈至潮，问民疾苦，皆曰："恶溪有鳄鱼，食民畜产将尽，民以是穷。"数日，愈自往视之，令其属秦济以一羊一豕投溪水而祝之（下原引《鳄鱼文》，略）。祝之夕，暴风震电起溪中，数日水尽涸，西徙六十里，自是潮无鳄鱼患。

袁人以男女为隶，过期不赎，则没入之。愈至，悉计庸得赎所没，归之父母七百余人。因与约，禁其为隶。召拜国子祭酒，转兵部侍郎。

镇州乱，杀田弘正而立王廷凑，愈宣抚。既行，众皆危之。元稹言："韩愈可惜。"穆宗亦悔，诏愈度事从宜，无必入。愈至，廷凑严兵迓之，甲士陈廷。既坐，廷凑曰："所以纷纷者，乃此士卒也。"愈大声曰："天子以公有将帅材，故赐以节，岂意同贼反邪？"语未终，士前奋曰："先太师为国击朱滔，血衣犹在，此军何负，乃以为贼乎？"愈曰："以为尔不记先太师也，若犹记之，固善。天宝以来，安禄山、史思明、李希烈等有子若孙在乎？亦有居官者乎？"众曰："无。"愈曰："田公以魏、博六州归朝廷，官中书令，父子受旗节，刘悟、李祐皆大镇，此尔军所共闻也。"众曰："弘正刻，故此军不安。"愈曰："然尔曹亦害田公，又残其家矣，复何道？"众曰："善。"廷凑虑众变，疾麾使去。因曰："今欲廷凑何所为？"愈曰："神策六军将如牛元翼者为不乏，但朝廷顾大体，不可弃之，公久围之，何也？"廷凑曰："即出之。"愈曰："若尔，则无事也。"会元翼亦溃围出，廷凑不追。愈归奏其语，帝大悦。转吏部侍郎。

时宰相李逢吉恶李绅，欲逐之，遂以愈为京兆尹，兼御史大夫，特诏不台参，而绅果劾奏愈，愈以诏自解。其后文刺纷然，宰相以台、府不协，遂罢愈为兵部侍郎，而出绅江西观察使。绅见帝，得留，愈亦复为吏部侍郎。长庆四年卒，年五十七，赠礼部尚书，谥曰文。

愈性明锐，不诡随。与人交，终始不少变。成就后进士，往往知名。经愈指授，皆称"韩门弟子"，愈官显，稍谢遣。凡内外亲若交友无后者，为嫁遗孤女而恤其家。嫂郑丧，为服期以报。

每言文章自汉司马相如、太史公、刘向、杨雄后，作者不世出，故愈深探本元，卓然树立，成一家言。其《原道》《原性》《师说》等数十篇，皆奥衍闳深，与孟轲、杨雄相表里而佐佑《六经》云。至它文造端置辞，要为不袭蹈前人者。然惟愈为之，沛然若有余，至其徒李翱、李汉、皇甫湜从而效之，遽不及远甚。从愈游者，若孟郊、张籍，亦皆自名于时。

赞曰：唐兴，承五代剖分，王政不纲，文弊质穷，崿俚混并。天下已定，治荒剔蠹，讨究儒术，以兴典宪，薰醲涵浸，殆百余年，其后文章稍稍可述。至贞元、元和间，愈遂以《六经》之文为诸儒倡，障隄末流，反刓以朴，划伪以真。然愈之才，自视司马迁、杨雄，至班固以下不论也。当其所得，粹然一出于正，刊落陈言，横鹜别驱，汪洋大肆，要之无抵牾圣人者。其道盖自比孟轲，以荀况、杨雄为未淳，宁不信然？至进谏陈谋，排难恤孤，矫拂媮末，皇皇于仁义，可谓笃道君子也。自晋迄隋，老、佛显行，圣道不断如带。诸儒倚天下正议，助为怪神。愈独喟然引圣，争四海之惑，虽蒙讪笑，跲而复奋，始若未之信，卒大显于时。昔孟轲拒杨、墨，去孔子才二百年。愈排二家，乃去千余岁，拨衰反正，功与齐而力倍之，所以过况、雄为不少矣。自愈没，其言大行，学者仰之如泰山、北斗云。

六、历代咏韩诗文、史料选辑

（一）唐代

祭韩吏部文

刘禹锡

高山无穷，太华削成；人文无穷，夫子挺生。典训为徒，百家抗行；当时勃者，皆出其下。古人中求，为敌盖寡。贞元年中，帝鼓薰琴。奕奕金马，文章如林。君自幽谷，升于高岑。鸾凤一鸣，蝘蜓革音。手持文柄，高视寰海。权衡低昂，瞻我所在。三十余年，声名塞天。公鼎侯碑，志隧表阡；一字之价，辇金如山。权豪来侮，人虎我鼠；然诺洞开，人金我灰。亲亲尚旧，宜其寿考。天人之学，可与论道。二者不至，至者其谁？岂天与人，好恶背驰。昔遇夫子，聪明勇奋。常操利刃，开我混沌。子长在笔，我长在论。持矛举盾，卒不能困。时惟子厚，审言其间。赞词愉愉，固非颜颜。磅礴上下，羲农以还。会于有极，服之无言。岐山威凤不复鸣，华亭别鹤中夜惊。畏简书兮拘印绶，思临恸兮志莫就。生兮一束酒一杯，故人故人歆此来！

（据《刘梦得文集·外集》卷十）

故正议大夫行尚书吏部侍郎上柱国
赐紫金鱼袋赠礼部尚书韩公行状

李　翱

曾祖泰，皇任曹州司马。祖睿素，皇任桂州长史。父仲卿，皇任秘书郎，赠尚书左仆射。公讳愈，字退之，昌黎某人。生三岁，父殁，养于兄会舍。及长读书，能记他生之所习。年二十五，上进士第。汴州乱，诏以旧相东都留守董晋为平章事、宣武军节度使，以平汴州。晋辟公以行，遂入汴州，得试秘书省校书郎，为观察推官。

晋卒，公从晋丧以出，四日而汴州乱，凡从事之居者皆杀死。武宁军节度张建封奏为节度推官，得试太常寺协律郎。选授四门博士，迁监察御史。为幸臣所恶，出守连州阳山令，政有惠于下。及公去，百姓多以公之姓以命其子。改江陵府法曹参军，入为权知国子博士。宰相有爱公文者，将以文学职处公。有争先者，构公语以非之。公恐又难，遂求分司东都。权知三年，改真博士。入省为分司都官员外郎。改河南县令，日以职分辨于留守及尹，故军士莫敢犯禁。入为职方员外郎。华州刺史奏华阴县令柳涧有罪，遂将贬之，公上疏请发御史辨曲直方可处以罪，则下不受屈。既柳涧有犯，公由是复为国子博士。改比部郎中、史馆修撰，转考功郎中，修撰如故。数月，以考功知制诰。上将平蔡州，先命御史中丞裴公度使诸军以视兵。及还，奏兵可用，贼势可以灭，颇与宰相意忤。既数月，盗杀宰相，又害中丞不克，中丞微伤，马逸以免。遂为宰相，以主东兵。自安禄山起范阳，陷两京，河南北七镇节度使身死，则立其子，作军于表以请，朝廷因而与之。及贞元季年，虽顺地节将死，多即军中取行军副使将校以授之，积习以成故矣。朝廷之贤，恬于所安，以苟不用兵为贵，议多与裴丞相异。唯公以为盗杀宰相而遂息兵，其为懦甚大，兵不可息。以天下力取三州，尚何不可？与裴丞相议合，故兵遂用。而宰相有不便之者。月满，迁中书舍人，赐绯鱼袋，后竟以他事改太子右庶子。元和十二年秋，以兵老久屯，贼未灭，上命裴丞相为淮西节度使以招讨之，丞相请公以行。于是以公兼御史中丞，赐三品衣鱼，为行军司马，从丞相居于郾城。公知蔡州精卒悉聚界上以拒官军，守城者率老弱，且不过千人，亟白丞相，请以兵三千人间道以入，必擒吴元济。丞相未及行，而李愬自唐州文城垒提其卒以夜入蔡州，果得元济。蔡州既平，布衣柏耆以计谒公，公与语奇之，遂白丞相曰："淮西灭，王承宗胆破，可不劳用众，宜使辩士奉相公书，明祸福以招之，彼必服。"丞相然之。公令柏耆口占为丞相书，明祸福使柏耆袖之以至镇州。承宗果大恐，上表请割德、棣二州以献。丞相归京师，公迁刑部侍郎。岁余，佛骨自凤翔至，传京师诸寺，时百姓有烧指与顶以祈福者。公奏疏言："自伏羲至周文、武时，皆未有佛，而年多至百岁有过之者。自佛法入中国，帝王事之，寿不能长。梁武帝事之最谨，而国大乱。请烧弃佛骨。"疏入，贬潮州刺史，移袁州刺史。百姓以男女为人隶者，公皆计佣以偿其直而出归之。入迁国子祭酒，有直讲能说礼而陋容，学官多豪族子，摈之不得共食。公命吏曰："召直讲来，与祭酒共食！"学官由此不敢贱直讲。奏儒生为学官，日使会讲，生徒多奔走听闻，皆喜曰："韩公来为祭酒，国子监不寂寞矣。"改兵部侍郎。镇州乱，杀其帅田弘正，征之不克，遂以王廷凑为节度使。诏公往宣抚，既行，众皆危之。元稹奏曰："韩愈可惜。"穆宗亦悔，有诏令至境观事势，无必于入。公曰："安有授君命而滞留自顾！"遂疾驱入，廷凑严兵拔刃弦弓矢以逆。及馆，甲士罗于庭，公与廷凑、监军使三人就位。既坐，廷凑言曰："所以纷纷者，乃此士卒所为，本非廷凑心。"公大声曰："天子以为尚书有将帅材，故赐之以节。实不知公共健儿语，未及大错。"甲士前奋言曰："先太史为国打朱滔，滔遂败走，血衣皆在，此军何负朝廷，乃以为贼乎？"公告曰："儿郎等且勿语，听愈言。愈将谓儿郎已不记先太史之功与忠矣，若犹记得，乃大好。且为逆与顺利害，不能远引古事，但以天宝来祸福，为儿郎等明之。安禄山、史思明、李希烈、梁崇义、朱滔、朱泚、吴元济、李师道，复有若子若孙在乎？亦有居官者乎？"众皆曰："无。"又曰："令公以魏博六州归朝廷，为节度使，后至中书令，父子皆授旄节，子与孙虽在幼童者，亦为好官。穷富极贵，宠荣宠耀天下。刘悟、李佑皆居大镇，王承元年始十七，亦仗节。此皆三军耳所闻也。"众乃曰："田弘正刻此军，故军不安。"公曰："然汝三军亦害田令公身，又残其家矣，复何道？"众乃欢曰："侍郎语是。"廷凑恐众心动，遽麾众散出，因泣谓公曰：

"侍郎来，欲令廷凑何所为？"公曰："神策六军之将，如牛元翼比者不少，但朝廷顾大体，不可以弃之耳，而尚书久围之，何也？"廷凑曰："即出之。"公曰："若真耳，则无事矣。"因与之宴而归。而牛元翼果出。乃还，于上前尽奏与廷凑言及三军语。上大悦曰："卿直向伊如此道。"由是有意欲大用之。王武俊赠太师，呼太史者，燕、赵人语也。转吏部侍郎，凡令史皆不锁，听出入。或问公，公曰："人所以畏鬼者，以其不能见也。鬼如可见，则人不畏矣。选人不得见令史，故令史势重；听其出入，则势轻。"改京兆尹，兼御史大夫。特诏不就御史台谒，后不得引为例。六军将士皆不敢犯，私相告曰："是尚欲烧佛骨者，安可忤！"故盗贼止。遇旱，米价不敢上。李绅为御史中丞，械囚送府，使以尹杖杖之。公曰："安有此使？"归其囚。是时绅方幸，宰相欲去之，故以台与府不协为请，出绅为江西观察使，以公为兵部侍郎。绅既复留，公入谢，上曰："卿与李绅争何事？"公因自辨。数日复为吏部侍郎。长庆四年得病，满百日假。既罢，以十二月二日卒于靖安里第。公气厚性通，论议多大体，与人交，始终不易。凡嫁内外及交友之女无主者十人。幼养于嫂郑氏，及嫂没，为之期服以报之。深于文章，每以为自扬雄之后，作者不出。其所为文，未尝效前人之言，而固与之并。自贞元末以至于兹，后进之士，其有志于古文者，莫不视公以为法。有集四十卷，小集十卷。及病，遂请告以罢。每与交友言既终以处妻子之语，且曰："某伯兄德行高，晓大药，食必视本草，年止于四十二。某疏愚，食不择禁忌，位为侍郎，年出伯兄十五岁矣，如又不足，于何而足？且获终于牖下，幸不至失大节，以下见先人，可谓荣矣。"享年五十七，赠礼部尚书。谨具任官事迹如前，请牒考功下太常定谥，并牒史馆，谨状。

（据李翱《李文公集》卷十一）

祭吏部韩侍郎文

李 翱

呜呼！孔氏去远，杨朱恣行，孟轲拒之，
乃坏于成。戎风混华，异学魁横。兄尝辩之，
孔道益明。建武以还，文卑质丧。气萎体败，
剽剥不让。俪花斗叶，颠倒相上。及兄之为，
思动鬼神。拨去其华，得其本根。开合怪骇，
驱涛涌云。包刘越嬴，并武同殷。六经之风，
绝而复新。学者有归，大变于文。兄之仕官，
罔辞于艰。疏奏辄斥，去而复还。升黜不改，
正言亟闻。贞元十二，兄在汴州。我游自徐，
始得兄交。视我无能，待予以友。讲文析道，
为益之厚。二十九年，不知其久。兄以疾休，
我病卧室。三来视我，笑言穷日。何荒不耕，
会之以一。人心乐生，皆恶言凶。兄之在病，
则齐其终。顺化以尽，靡憾于中。别我千万，
意如不穷。临丧大号，决裂肝胸。老聃言寿，
死而不亡。兄名之垂，星斗之光。我撰兄行，
下于太常。声殚天地，谁云不长。丧车来东，
我刺庐江。君命有严，不见兄丧。遣使奠罍，
百酸搅肠。音容若在，曷日而忘。呜呼哀哉，
尚飨！

（据李翱《李文公集》卷十六）

唐故正议大夫行尚书吏部侍郎上柱国
赐紫金鱼袋赠礼部尚书谥文公昌黎韩先生神道碑

皇甫湜

韩氏出晋穆侯。晋灭，武穆之韩，而邑穆侯孙万于韩，遂以为氏，后世称王。汉之兴，故韩襄王孙信有功，复封韩王，条叶遂著。后居南阳，又隶延州之武阳。拓跋后魏之帝，其臣有韩茂者，以武功显，为尚书令，实为安定桓公。次子均袭爵，官至金部尚书，亦能以功名终。尚书曾孙睿素，为唐桂州长史，善化行于江岭之间，于先生为王父，生赠尚书左仆射讳仲卿。仆射生先生。先生讳愈，字退之。乳抱而孤，熊熊然角，嫂郑氏异而恩鞠之。七岁属文，意语天出。长悦古学，业孔子、孟轲而侈其文。秀人伟士，多以文游，俗遂化服。炳炳烈烈，为唐之章。贞元十二年，用进士从董晋平汴州之乱，又佐徐州、青淄，通漕江淮。入官于四门，先生实师之。擢为御史。十九年，关中旱饥，人死相枕藉，吏刻取怨。先生列言天下根本，民急如是，请宽民傜而免田租之敝。专政者恶之，出为涟州阳山令，阳山民至今多以先生氏泊字呼其子孙。累除国子博士，不丽邪宠，惧而中请分司东都避之，除尚书都官郎中，分司判祠部。中官号功德使，司京城观寺。尚书敛手充职，先生按六典尽索之以归，诛其无良，时其出人，禁哗众以正浮屠。授河南令。魏、郓、幽镇各为留邸，贮潜卒以橐罪亡，官无敢问者。先生将擿其禁，以壮朝廷，断民署吏俟旦发，留守、尹以闻皆大恐，令遽相禁。有使还为言，宪宗悦曰："韩愈助我者。"是后郓邸果谋反东都，将屠留守以应淮、蔡。华州刺史奏华阴令柳涧赃，诏贬涧官。先生守尚书职方郎中，奏疏言华近在国城门外，刺史奏县令罪，不参验，坐郡。御史考实，奏事如州。宰相不为坚白本意，先生竟责出省。复比部郎中修史。主柄者不喜，不卒展用。再迁中书舍人。廷议蔡叛可诛，与众意违，改右庶子。十二年七月，诏御史中丞、司马彰义军讨元济。出关趋汴，说都统弘，弘悦用命。遂至郾城，审贼势虚实，请节度使裴度曰："某须精兵千人取元济。"度不听察。居数日，李愬自文城果行无人，擒贼以献，遂平蔡方。三军之士为先生恨。复谓度曰："今藉声势，王承宗可以辞取，不烦兵矣。"得柏耆，先生授词，使者执笔书之，持以入镇。承宗恐惧，割德、棣以降，遣子入侍。还奏，拜刑部侍郎。宪宗盛仪卫迎佛骨，士女纵观倾城。先生大惧，遂移典校，上章极谏，贬潮州刺史。大官谪为州县，簿不治务。先生临之，若以资迁。洞究海俗，海夷陶然。鳄鱼稻蟹，不暴民物。掠卖之口，计庸免之，未相计值，辄与钱赎。及还，著之赦令。转刺袁州，治袁州如潮。征拜国子祭酒，其属一奏用儒生，日集讲说。生徒官人以艺学浅深为顾，待品豪曹，游益不留。既除兵部侍郎。方镇反，太原兵以轻利诱回纥。召先生祸福，譬引虎啗朣血，直今所患，非兵不足，遽疏陈得失。王廷凑屠衣冠，围牛元翼，人情望之若夫蚖虺。先生奉诏入贼，渊然无事行者。既至，乃召众贼帅前，抗声数责，致天子命，词辩而悦，悉其机情，贼众惧伏。贼帅曰："惟公指令。"乃约之出元翼，归士大夫之丧，功可意而复。穆宗大喜，且欲相之。迁吏部侍郎。会京兆尹以不治闻，遂以迁拜。敕曰："朕屈韩愈公为尹，宜令无参御史，不得为故常。兼御史大夫，用优之。"禁军老奸宿恶不摄，尽缚送狱，京理恪然。御史中丞有宠，旦夕且相，先生不诣，固为耻矣。械囚送府，令取尹杖决之，先生脱囚械纵去。御史悉奏，宰相乘之，两改其官。复为兵部侍郎。铨不锁，入吏，选父七十，母六十，身七十，悉与三利取才，财势路绝。病满三月，免。四年十二月丙子，薨靖安里第，年五十七。嗣天子不御朝，赠礼部尚书。宝历元年三月癸酉，葬河南某县。先叔父云卿，当肃宗、代宗朝，独为文章官。兄会亦显名，官至起居舍人。会妻之亡，先生以齐衰服服焉，用报之。朝有大狱大疑，文武会同，莫先发言。先生援经引决，考合传记，侃侃正色，伏其所词，执政而出。又曰："其贤善耳，必心跃色扬，钩而游之。内外惮

233

弱悉抚之，一亲以仁。使男有官，女有从，而不啻于己生。"交于人，已而我负，终不计。死则庇其家，均食剖资，虽微弱待之如贤戚。人诟笑之，愈笃，未尝一食不对客。闺人或罕见其面，退相指语，以为异事。实嗜才技，毫细无所略。然而天下之进士而后者，望风慑畏，以为瑞人神士，复出天外，不可梯接。非可奇卓，望门不敢造。未尝宿贷，有余财，每曰："吾前日解衣质食，今存有已多矣。"遗命丧葬，无不如礼。俗习夷狄尽写浮屠，日以七数之及拘阴阳，所谓吉凶，一无污我。夫人高平郡君，孤前进士昶，谨以承命。湜既已铭先生墓矣，又悉叙其系叶，德诏于碑，以图永久，而揭以词：

韩因朝封，交武之穆。厥全赵孤，天下阴福。子孙宜昌，宣惠遂王。秦绝韩祀，蚁虿有子。绝王阳翟，继王安定。三王其爵，韩世何盛。桂胄系雅，三祖官下。秘书发祥，追锡仆射。径孰道荒，物丧其明。谁恳其治，先生之生。先生之武，袭蹈圣矩。基于其身，克后其所。居归丘轲，危解祸罗。具兮素兮，有觊何多。縻引而忘，天吝其施。垂陛乃颓，群心孔哀。厥声赫赫，满华遍貊。年千世百，新在竹帛。我铭在碑，展我哀思。

（据河南省孟州市韩愈墓前"神道碑"参校，《皇甫持正文集》卷六）

韩文公墓铭

皇甫湜

长庆四年八月，昌黎韩先生既以疾免吏郎侍郎，书谕湜曰："死能令我躬所以不随世磨灭者、惟子以为嘱。"其年十二月丙子，遂薨。明年正月，其孤昶使奉功绪之录，继讣以至。三月癸酉，葬河南河阳，乃哭而叙铭其墓，其详将揭之于神道碑云。先生讳愈，字退之，后魏安定桓王茂六代孙。祖朝散大夫、桂州长史讳睿素。父秘书郎、赠尚书左仆射讳仲卿。先生七岁好学，言出成文。及冠，恣为书以传圣人之道。人始未信，既发不掩，声震业光，众乃惊爆而萃排之。乘危将颠，不懈益张，卒大信于天下。先生之作，无圆无方，至是归工。抉经之心，执圣之权，尚友作者，跋邪觗异，以扶孔氏，存皇之极，知人罪非我计。茹古涵今，无有端涯，浑浑灏灏，不可窥校。及其酾放，豪曲快字，凌纸怪发，鲸铿春丽，惊耀天下。然栗密窈眇，章妥句适，精能之至，入神出天。呜呼！极矣，后人无以加之矣。姬氏已来，一人而已矣。始先生以进士仕，历官二十有七。其为御史、尚书郎、中书舍人，前后三贬，皆以疏陈治事，廷议不随为罪。常惋佛老氏法溃圣人之堤，乃唱而筑之，及为刑部侍郎，遂章言宪宗迎佛骨非是，任为身耻，震怒天颜。先生处之安然，就贬八千里海上。呜呼！古所谓非苟知之，亦允蹈之者邪！吴元济反，吏兵久屯无功，国涸将疑，众惧悯悯。先生以右庶子兼御史中丞、行军司马。宰相军出潼关，请先乘遽至汴，感说都统，师乘遂和，卒擒元济。王廷凑反，围牛元翼于深，救兵十万望不敢前。诏择廷臣往谕，众慄缩，先生勇行。元稹言于上曰："韩愈可惜。"穆宗悔，驰诏无径入。先生曰："止，君之仁；死，臣之义。"遂至贼营，麾其众责之，贼惶汗伏地，乃出元翼。《春秋》美臧孙辰告籴于齐，以为急病，校其难易，孰为宜褒？呜呼！先生真古所谓大臣者耶！选拜京兆尹，敛禁军，帖旱籴，蟹倖臣之铓。再为吏部侍郎，薨，年五十七，赠礼部尚书。先生与人洞朗轩辟，不施戟级。姻族故君旧不自立者，必待我然后衣食嫁娶丧葬。平居虽寝食，未尝去书，怠以为枕，餐以饴口，讲评孜孜，以磨诸生。恐不完美，游以诙笑啸歌，使皆醉义忘归。呜呼！可谓乐易君子巨人者矣。夫人高平郡范阳卢氏，孤前进士昶，婿左拾遗李汉，集贤校理樊宗懿，次女许嫁陈氏，三女未笄。

铭曰：维天有道，在我先生。万颈胥延，坐庙以行。令望绝耶，痏此四方。惟圣有文，乖微岁千。先生起之，焯役于前。狂义滂仁，耿照充天。有如先生，而合亘年。按我章书，经纪大环。吟不时施，昌极后昆。噫嘻永归，奈知之悲。

（据皇甫湜《皇甫持正文集》卷六）

祭韩吏部诗

张　籍

呜呼吏部公，其道诚巍昂。　生为大贤姿，天使光我唐。

德义动鬼神，鉴用不可详。　独得雄直气，发为古文章。

学无不该贯，吏治得其方。　三次论诤退，其志益刚强。

再使平山东，不言谋所臧。　荐待皆寒羸，但取其才良。

亲朋有孤稚，婚姻有办营。　如彼天有斗，人可为信常。

如彼岁有春，物宜得华昌。　哀哉未申施，中年遽殂丧。

朝野良共哀，矧于知旧肠。　籍在江湖间，独以道自将。

学诗为众体，久乃溢笈囊。　略无相知人，黯如雾中行。

北游偶逢公，盛语相称明。　名因天下闻，传者入歌声。

公领试士司，首荐到上京。　一来遂登科，不见苦贡场。

观我性朴直，乃言及平生。　由兹类朋党，骨肉无以当。

坐令其子拜，尝呼幼时名。　追招不隔日，继践公之堂。

出则连辔驰，寝则对榻床。　搜穷今古书，事事相斟量。

有花必同寻，有月必同望。　为文先见草，酿熟皆共觞。

新果及异鲑，无不相待尝。　到今三十年，曾不少异更。

公文为时师，我亦有微声。　而后之学者，或号为韩张。

我官麟台中，公为大司成。　念此委末秩，不能力自扬。

特状为博士，始获升朝行。　未几飨其资，遂忝南宫郎。

是事赖拯扶，如屋有栋梁。　去夏公请告，养疾城南庄。

籍时官休罢，两月同游翔。　黄子陂岸曲，地旷气色清。

新池四平涨，中有蒲荇香。　比台临稻畴，茂柳多阴凉。

板亭坐垂钓，烦若稍已平。　共爱池上佳，联句舒遐情。

思有贾秀士，来兹亦间并。　移船入南溪，东西纵篙撑。

划浪激船舷，前后飞鸥鸧。　回入潭濑下，网截鲤与鲂。

踏沙掇水蔬，树下蒸新秔。　日来相与嬉，不知暑日长。

柴翁携童儿，聚观于岸旁。月中登高滩，星汉交垂芒。

钓车掷长线，有获齐欢惊。夜阑乘马归，衣上草露光。

公为游溪诗，唱咏多慨慷。自期此可老，结社于其乡。

籍受新官诏，拜恩当入城。公因同归还，居处隔一坊。

中秋十六夜，魄圆天差晴。公既相邀留，坐语于阶楹。

乃出二侍女，合弹琵琶筝。临风听繁丝，忽遽闻再更。

顾我数来过，是夜凉难忘。公疾浸日加，孺人视药汤。

来候不得宿，出门每回遑。自是将重危，车马候从横。

门仆皆逆遣，独我到寝房。公有旷达识，生死为一纲。

及当临终晨，意色亦不荒。赠我珍重言，傲然委衾裳。

公比欲为书，遗约有修章。令我署其末，以为后事程。

家人号于前，其书不果成。子符奉其言，其于亲使令。

鲁论未讫注，手迹今微茫。新亭成未登，闭在庄西厢。

书札与诗文，重叠我笥盈。顷息万事尽，肠情多摧伤。

旧茔盟津北，野窆动鼓铮。柳车一出门，终天无回箱。

籍贫无赠赀，曷用申哀诚。衣器陈下帐，醪饵奠堂皇。

明灵庶鉴知，仿佛斯来飨。

（据四川大学出版社《韩愈全集校注》）

寄韩潮州愈

贾 岛

此心曾与木兰舟，直到天南潮水头。

隔岭篇章来华岳，出关书信过泷流。

峰悬驿路残云断，海浸城根老树秋。

一夕瘴烟风卷尽，月明初上浪西楼。

（据贾岛《长江集》卷九）

237

寄韩湘

贾　岛

过岭行多少，潮州涨满川。花开南去后，水冻北归前。
望鹭吟登阁，听猿泪滴船。相思堪面话，不着尺书传。

（据贾岛《长江集》卷七）

韩愈别传

孟　简

元和十四年正月，帝遣中使杜英奇，持香花往凤翔府法云寺护国真身塔所，请佛骨入内。帝御安福门迎拜，留禁中供养三日，五色光现，百僚称贺，乃送诸寺。王公士庶，奔走膜拜，具释部威仪及太常长安万年音乐，旌幡鼓吹，伟盛殊特。刑部侍郎韩愈上表陈谏，引古论今，称帝寿国祚不延永。帝大怒，持示丞相，将抵于死。裴度、崔群曰："愈言讦牾，罪之诚宜。然非内怀至忠，安能及此？愿少宽假，以来谏争。"帝曰："愈言我奉佛太过，犹可容；至谓东汉奉佛以后，天子咸夭促，言何乖剌邪？愈，人臣，狂妄敢尔，固不可赦！"于是，戚里诸臣，为愈哀请，遂贬潮州刺史。既至潮，闻大颠之名，遂致书相请至再三。

书一

愈启：孟夏渐热，惟道体安和。愈弊劣无谓，坐事贬官到此，久闻道德，切思见颜。缘昨到来，未获参谒。傥能暂垂见过，实为多幸，已帖县令具人船奉迎。日久伫瞻，不宣。四月七日，愈白。

书二

愈启：海上穷处，无与话言。侧承道高，思获披接，专辄有此咨屈。傥惠能降喻，非所敢望也，至此一二日却归高居，亦无不可，且夕渴望，不宣。六月初三日，愈白。

书三

愈启：惠匀至，辱答问，珍悚无已。所示广大深迥，非造次可喻。《易·大传》曰："书不尽言，言不尽意。"然则圣人之意，其终不可得而见邪？如此而论，读来一百遍，不如亲见颜色，随问而对之易了。此旬来晴朗，且夕不甚热。傥能乘闲一访，幸甚，且夕驰望。愈闻道无疑滞，行止系缚。苟非所恋著，则山林闲寂与城郭无异。大颠师论甚宏博，而必守山林，义不至城郭，自激修行，独立空旷无累之地者，非通道也。劳于一来，安于所适，道故如是，不宣。七月十五日。愈顿首。

于是，大颠至郡，留师旬日，或入定数日方起，愈甚敬焉。师辞去，愈到郡之初，以表哀谢，劝帝东封泰山，久而无报，因祀神海上，乃登灵山，造师之庐。

韩愈牧潮州，祀神海上，访释者大颠焉。大颠曰："子来官于南，闻以其言之直也。今子之貌郁郁然似有不怿者，何也？"愈对曰："愈之用于朝，享禄厚矣。一日以忠言不用，而夺吾刑部侍郎，窜逐于八千里之海上，播越奔走，经涉岭海，丧吾女孥。及至潮阳，飓风鳄鱼，祸患不测，毒雾瘴气，日夕发作，愈少多病，发白齿落，今复忧煎，黜于无人之地，其生岂可保乎？愈之来也，道出于黄陵之庙而祷之，幸蒙其力，而卒以无恙。愈以主上有中兴之功，已奏章道之，使定乐章告神明，东巡太山，奏功皇天，傥其有意乎此，则庶几召愈述功德，作歌诗，而荐郊庙焉。愈早夜待之而未至，冀万一于速归，愈安能有怿乎？"大颠曰："子之直言于朝也，忠于君而不顾其身耶，抑尚顾其身而强言以徇其名耶？忠于君而不顾其身，其言用则为君之荣，言不用而已有放逐，是尔职也。何介介乎胸中哉？若尚顾其身而强言也，则言用而获忠直之名，享报言之利，不用而逐，亦事之必至也。苟患乎逐，则盍勿言而已。且吾闻之，为人臣者不择地而安，不量势而行，今子遇逐而不安，趋时而求徇，殆非人臣之善也。且子之死生祸福也，其命岂不悬诸天乎？汝姑自内修而外任命可也，彼黄陵安能福全汝耶？主上继天宝之后，奸臣负国而讨之，粮馈云合，杀人盈城，仅能克平，而疮痍未疗，方此之际，而子又欲封禅告功，以搔动天下，而属意在乎己之归，子奚忍乎是也？且夫以穷自乱，而祭非其鬼，是不知命也；动天下而不顾以便己，是不知仁也；强言以干忠遇困而抑郁，是不知义也；以乱为治，而告皇天，是不知礼也。而子何以为之？且子遭黜也，其所言者何事也？"

韩愈曰："主上迎佛骨于凤翔，而异人大内，愈以为佛者，夷狄之一法耳。自后汉时流入中国，上古未曾有也。昔者黄帝、尧、舜、禹、汤、文、武之际，天下无佛，是以年寿永久；汉、宋、陈、魏事佛弥谨，而莫不夭且乱。愈恐主上之惑此也，是以不顾其身而斥之耳。"大颠曰："若是，则子之言谬矣！佛也者，覆天人之器也。其道则妙万物而为言，其言则尽幽明性命之理，其教则舍恶而趣善，去伪而存真，其视天下，犹父之于子也。而子毁之，是犹子之刃其父也。盖吾闻之，善观人者，观其道之所存，而不较其所居之地。桀纣之君，盗跖之臣，皆中国人也。然而不可法者，以其无道也。舜生于东彝，文王生于西彝，由余出于戎，季札出于蛮，彼二圣二贤，岂可谓之彝狄而不可法也？今子不观佛之道，而徒以为彝狄，何其言之陋也？子必以为上古未有而不可法也，则孔子、孟轲生于衰周，而蚩尤、瞽叟生于上古矣。岂可舍衰周之圣贤而法上古之凶顽哉？子以黄帝三代为未有佛，而寿且长，则外丙二年，仲壬四年，何其夭也？以汉、陈之间为有佛，而人主夭且乱，则汉明帝为一代之英主，而梁武帝寿至八十有三矣，岂必皆夭且乱耶？"于是，韩愈攘袂作色而言曰："愈之所谓佛者，口不谈先王之法言，而妄倡乎轮回生死之说，身不践仁义忠信之行，而诈造乎报应祸福之故，无君臣之义，无父子之亲，使其徒不耕而食，不蚕而衣，以戕贼先王之道，愈安能默而不斥之乎？"大颠曰："甚矣，子之不达也！有人于此，终日数十而不知二五，则人必以为狂矣。子终日言仁义忠信，而不知佛之常乐我净，无以异也。得非数十而不知二五乎？且子既尝诵佛之书矣，其疑与先王异者，可道之乎？"韩愈曰："愈安得读彼之书哉？"大颠曰："子未尝读彼之书，则安知其不谈先王之法言耶？且子无乃自以尝读孔子之书，而遂疑彼之非乎，抑闻人以为非而遂非之乎？苟以尝读孔子之书，而遂疑彼之非，是舜犬也；闻人以为非，而遂非之，是妾妇也。昔者舜馆畜犬焉，犬之旦暮所尝见者惟舜也。一日尧过其馆，犬从而吠之，非爱舜之贤，而恶尧也。以其所尝见者惟舜，未尝见尧者也。今子尝以孔子为学，而未尝读佛之书，遂从而怪之，是舜犬之说也。吾又闻女子之嫁也，母送之曰：'往之汝家，必敬必戒，无违父子。'然则从人者，妾妇之事也。安可从人之非，而遂以非之乎？夫轮回生死，非妄造也。此天地之至数，幽明之妙理也。以物理观之，则凡有形于天地之间者，未尝不往复生死如循环也。草木之根荄着于地，因阳之煦而生，则为枝、为叶、为华、为实，气之散则萎然而槁矣。及阳之复煦，则又生焉。性识也者，人之根并也，枝叶华实者，人之体也。则其往复又何怪焉？孔子曰：'原始要终，故知生死之说。'夫终则复始，天行也。况于人不死而复生乎？庄周曰：'万物皆出于机，入于机。'贾谊曰：'化为异物兮，又何足悲？'此皆轮回之说，不俟于佛而明言者也，焉得谓之妄乎？且子又以报应祸福为佛诈造，此犹足以见子之非也。夫积善积恶，随作随应，其主张者，皆气焰熏蒸，神理自然而应耳。《易》曰：'积善之家，必有余庆；积不善之家，必有余殃。'又曰：'鬼神害盈而福谦。'曾子曰：'戒之戒之，出乎尔者，反乎尔者也。'此报应之说也。惟佛能恻隐乎天下之祸福，是以彰明较著，言其必至之理，使之不自陷乎此耳，岂诈造之乎哉？又言佛无君臣之义，无父子之亲，此固非子之所及也。夫事固有在乎方之内者，有在乎方之外者。方之内者，众人所共守之；方之外者，非天下之至神莫之能及也。故圣人之为言之者，彼各有所当也。孔子之言道也，极之则无思无为，寂然不动，此非众人所共守之言也。众人而不思不为，则天下之理，或几乎息矣。此不可不察也。佛之与人子言，必依于孝，与人臣言，必依于忠，此众人所共守之言也。及其言之至，则有至于无心；非惟无心也，而又至于无我；非惟无我也，而又至无生矣，则阴阳之序不能乱，而天地之数不能役也，则于君臣父子固有在矣，此岂可为单见浅闻者道哉？子又疑佛之徒，不耕不蚕而衣食，则儒者亦不耕不蚕，何也？"韩愈曰："儒者之道，君用之则安富尊荣，其子弟从之，则孝悌忠信，是以不耕不蚕，而不为素飧也。"大颠曰："然则佛之徒，亦以其有益于人故也。今子徒见夫世未有如佛者蚕食于人，而独不思今之未能如孔孟者，亦蚕食于人乎？今吾告汝以佛之理，盖无方者也，无体者也，妙之又妙者也，其比则天也。有人于此，终日誉天而天不加荣，终日诟天而天不加损，然则誉之诟之者皆过也。夫自汉至今，历年如此其久也，天下事物之变革如此其多也，君臣士民如此其众也，天地神明如此其不可诬也。而佛之说乃行于中国，无敢议而去之者，此必有以蔽天地而不耻，阅百圣而不惭，妙理存乎其间，然后至于此也，子盍深思之乎？"韩愈曰："吾固非訾佛以立异也。盖吾所谓道者，博爱之谓仁，行而宜之之谓义，由是而之焉之谓道，足乎己无待于外之谓德。仁于义为定名，道与德为虚位之谓也，此孔子之道，而皆不同也。"大颠曰："子之所以不知佛者，为其不知孔子故也。使子而知孔子，则佛之义亦明矣。子之所谓仁义为定名，道德为虚位者，皆孔子之所弃也。"韩愈曰："何谓也？"大颠曰："孔子不云乎：'志于道，据于德，依于仁，游于艺。'盖道也者，百行之首也，仁不足以名之也。周公之语六德，曰：智、仁、圣、义、中、和。盖德也者，仁义之原；而仁义也者，德之一也，岂以道德为虚位哉？子贡以博施济众为仁，而孔子斥之曰：'何事于仁必也圣乎？'是仁不足以为圣也。子焉知孔子之所谓哉！今吾教汝以学者，必先存乎道之远者焉。道之远，则吾之志有所不能测者矣，则必视夫人之贤于我者之所向而从之。彼之人贤于我，而以此为是，而我反见其非，则是我必有所不尽知者也。是故深思彼之所是，而力求之，则庶乎有所发也。今子自视通四海异方之学，而文章磅礴，能如秦之罗什乎？子之知来识往，能如晋之佛图澄乎？子之尽万物不动其心，孰如萧梁之宝志乎？"韩愈默然良久，曰："不如也。"大颠曰："子之才既不如彼矣，彼之所从事者，而子反以为非，然则岂有高才而不知子之所知者耶？今子不屑于形器之内，而奔走于声色利禄之间，小不如志，则愤郁悲躁，若将不容其生，何以异于蚊蚋争秽壤于积薰之间哉？"于是，韩愈目瞪而不收，气丧而不扬，反求其所答，若有所自失，逡巡请大颠曰："言尽于此已乎？"大颠曰："吾之所以告子者，盖就子之所能而为之言耳，非至乎至者也。"韩愈曰："愈也不肖，欲幸闻其至者。"大颠曰："去尔欲，诚尔心，宁尔神，尽尔性，穷物之理，极天之命，然后可闻也。尔去，吾不复言矣！"

韩愈趋而出，至于州。后改袁州刺史，有诣大颠，献衣二袭而告别焉，曰："愈将去师矣，幸闻一言，卒以相愈也。"大颠曰："吾闻之，易信人者，必其守易改；易誉人者，必其谤易发。子闻吾之言，而易信之矣，庸知子复闻异端，而不复以我言为非哉？"遂不教也。愈知其不可问，乃拜而去耳。

（据《潮州三山志·韩山志·附录》）

【附1】

韩愈别传跋

（宋）欧阳修

余官琅琊，有以《退之别传》相示者，余反复读之，知大颠果非常僧也。及后得孟简《答退之书》，亦曰大颠者，果非常僧尔。有曰：《韩退之别传》，若非深达先王之法言者，莫之能为也。退之《答孟简书》，盖在袁州之后，其书尚深訾浮屠氏之学，然其易信人者必其守易改之，言果验耶？抑实未尝如《别传》所载，则大颠为屈耶？虽然如《别传》之言，余意退之复生，不能自解免，得不谓天下之至言哉？余尝志浮屠氏盛，而嘉退之力能诋之。疑柳子厚之徒，反诋退之之说。及观大颠所言，果知柳子厚不为不过也。噫！浮屠之说，流于今而愈盛者，岂其道诚不可改，而天卒相之耶？是皆非吾所能测也。

（据《潮州三山志·韩山志·附录》）

【附2】

韩愈别传赞

（元）虞　集

噫彼群生，异累纷沦。厥趣苟同，或互其形。

域中之教，俾人识正。但束身心，罕穷性命。

维大觉尊，具正遍知。直示心原，觉彼群迷。

诸天大梵，听命如仆。帝释擎拳，四王捧足。

教流东夏，列后尊隆。未闻它道，获是褒崇。

陋儒偏生，小智自怵。诋为异端，啄穷力麿。

嗟尔昌黎，称唐儒宗。狂言自祸，反咎其忠。

号哀于朝，丐命于鬼。曾是不思，犹肆穷毁。

维大颠师，开廓其蒙。彼乱罔措，我则从容。

反复辩端，如目于指。特祈凡情，未原至理。

赐之颖悟，性道难闻。彼安反侧，我道弥尊。

启尔学徒，党同伐异。未辩形声，群然起吠。

叔孙毁圣，日月何伤？父慈念子，怜悯其狂。

因果同原，应而靡失。事理双影，初权后实。

集生也幸，不愧于人。敬述嘉猷，与后作程。

（据《潮州三山志·韩山志·附录》）

请配飨书

皮日休

于戏，圣人之道不过乎用。用于生前，则一时可知也。用于死后，则百世可知也。故孔子之封赏，自汉至隋，其爵不过乎公侯。至于吾唐，乃策王号。七十子之爵命，自汉至隋，或卿大夫。至于吾唐，乃封公侯。曾参之孝道，动天地、感鬼神，自汉至隋，不过乎诸子。至于吾唐，乃旌入十哲。噫！天地久否，忽泰则平。日月久昏，忽开则明。雷霆久息，忽震则惊。云雾久郁，忽廓则清。仲尼之道，否于周、秦而昏于汉、魏，息于晋、宋而郁于陈、隋。遇于吾唐，万世之愤一朝而释。傥死者可作，其志可知也。今有人身行圣人道，口吐圣人言，行如颜、闵，文若游、夏，死不得配食于夫子之侧，愚又不知尊先圣之道也。夫孟子、荀卿翼传孔道，以至于文中子之末。降及贞观、开元，其传者醨，其继者浅，或引刑名以为文，或援从横以为理，或作词赋以为雅。文中子之道，旷百祀而得室授者，唯昌黎文公。公之文，蹴杨、墨于不毛之地，蹂释、老于无人之境，故得孔道巍然而自正。夫今之文人千百士之作，释其卷，观其词，无不裨造化，补时政，繄公之力也。公之文曰："仆自度若世无孔子，仆不当在弟子之列。"设使公生孔子之世，公未必不在四科焉。国家以二十贤者代用其书，垂于国胄，并配飨于孔圣庙堂者，其为典礼也，大矣！美矣！苟以代用其书得不以释圣人之辞，笺圣人之义哉！况有身行其道，口传其文，吾唐已来，一人而已，不得在二十一贤之列，则未以乎典礼为备。伏请命有司，定其配飨之位，则自兹已后，天下以文化，未必不由夫是也。

（据四川大学出版社《韩愈全集校注》）

（二）宋代

韩山

陈尧佐

侍郎亭下草离离，春色相逢万事非。

今日江山当日景，多情直拟问斜晖。

（据乾隆《潮州府志》卷四十二）

送胡都官知潮州

梅尧臣

自背揭阳郡，刺史推韩侯。

韩侯初来时，问吏泷水头。

到官谕鳄鱼，夜失风雨湫。

乃知抱正直，异类尚听谋。

潮虽处南粤，礼义无遐陬。

勿言古殊今，唯在政教修。

适闻豫章士，勇住登犀舟。

不畏恶溪恶，叠鼓齐歌讴。

远将天子命，水物当自囚。

更寻贤侯迹，书上揭阳楼。

（据乾隆《潮州府志》卷四十二）

送潮州吕使君

王安石

韩君揭阳居，戚嗟与死邻！吕使揭阳去，笑谈面生春。

当复进赵子，诗书相讨论。不必移鳄鱼，诡怪以疑民。

有若大颠者，高材能动人。亦莫与为礼，听之汩彝伦。

同朝叙朋友，异姓接婚姻。恩义乃独厚，怀哉余所陈。

（据乾隆《潮州府志》卷四十二）

与潮州王朝请涤二书

苏　轼

承寄示士民所投牒及韩公庙图，此古之贤守留意于教化者所为，非簿书俗吏之所及也。顾不肖何足以纪此？公意既尔，众复过听，亦不敢固辞。但迫行冗甚，未暇成之，愿稍宽假，递中附往也。子野诚有过人处，公能礼之甚善。向蒙宠惠高文，钦味不已。但老懒废学，无以塞盛意，悚作而已。

承谕欲撰韩公庙碑，万里远意，不敢复以浅陋为辞。谨以撰成付来价，其一已先遁矣。卷中者乃某手书碑样，止令书史录去。请依碑样，止模刻手书。碑首既有大书十字，碑中不用再写题目；又碑中既有太守姓名，碑后更不用写诸官衔位。此古碑制度，不须徇流俗之意也。但一切依此样，仍不用周回及碑首花草栏界之类，只于净石上模字，不着一物为佳也。若公已替，即告封此简与吴道人勾当也。

（据乾隆《潮州府志》卷四十）

247

与吴子野论韩文公庙碑书

苏　轼

文公庙碑近已寄去。潮州自文公未到，则已有文行之士如赵德者，盖风俗之美久矣。先伯父与陈文惠公相知，公在政府，未尝一日忘潮也。云潮人虽小民亦知礼义，信如子野言也，碑中已具论矣。然谓瓦屋始于文公者，则恐不然。尝见文惠公与伯父书云："岭外瓦屋始于宋广平，自尔延及支郡，而潮尤盛。鱼鳞鸟翼，信如张燕公之言也。"以文惠书考之，则文公前已有瓦屋矣。传莫若实，故碑中不欲书此也，察之。

（据乾隆《潮州府志》卷四十）

祭韩文公

郑 侠

　　先生以一言忠鲠，思悟其主于四百余年之前，获罪而来此。当时之民，蒙被厚赐以至于今，推崇向服如一日。盖道之为贵，未始不如是也。若夫文章行谊，粲然在编简史笔者，此固与日月争明，鬼神争奥，宜乎天涯地角，闻风向慕。某非懵然无识者，则其为师慕明德者岂一日？适过祠下，敢陈酒脯之奠，如释菜于其先师者之礼焉。

（据《西塘集》）

寒食登韩亭

郑 厚

燔身介子意何忙？理迹昌黎道更光。

慷慨一封论佛骨，流离万里入蛮乡。

孤芳亭角留韩木，遗爱人心比召棠。

勿谓笔端无造化，如何祛鳄似祛羊！

（据《永乐大典》卷5345）

韩山

刘 允

惆怅昌黎去不还，小亭牢落古松间。

月明夜静神游处，三十二峰江上山。

（据乾隆《潮州府志》卷四十二）

潮阳容老出游闽浙，过泉南，当谒涌老禅师，因寄四句偈

赵 鼎

老矣潮州韩吏部，饥餐渴饮似当年。

明明月夜长相照，莫怪无书寄大颠。

（据赵鼎《忠正德文集》卷六，四库全书文渊阁本）

谒昌黎伯庙

杨万里

南海行几遍，东潮欠一来。

若无韩子庙，只有越王台。

文字天垂日，兴亡草上埃。

聊吹鳄溪水，洒起六丁雷。

（据杨万里《诚斋集》卷十九《南海集》）

题韩亭韩木二绝

杨万里

老大韩家十八郎，犹将云锦制衣裳。

至今南斗无精彩，只放文星一点光。

笑为先生一问天，身前身后两般看。

庭前树子关何事，也得天公赐姓韩。

（据杨万里《诚斋集》卷十九《南海集》）

简沈沅陵求潮州韩文公庙碑，并抄山谷碑诗二首

赵 蕃

公曾数载潮阳掾，笔力怪来韩与苏。

壁上庙碑当乞我，庶求涓滴润焦枯。

涪翁昔在黔戎贬，逸翰遗章久更多。

字画公今元祐脚，拟烦妙手定如何？

（据赵蕃《淳熙稿》卷十八《七言绝句》）

曾潮州到郡未几，首修韩文公庙，次建贡闱，
可谓知化本矣。某因读韩公别赵子诗，用韵以寄

王十朋

韩公学孔子，不陋九夷居。诋佛讥君王，道大忠有余。

南迁八千里，文墨以自娱。至今潮阳人，比屋皆诗书。

蓬茨得赵子，如获沧海珠。临行赠以言，恨不与之俱。

德云"昌黎公，圣人之徒欤！"比周孔孟轲，不道迁相如。

韩公不可见，赵子今亦无。潮人敬爱公，百世祀不渝。

英姿入山骨，凛凛苍眉须。彼哉逢吉铸，金章裹猿狙！

使君艺且贤，所至政绩殊。下车首风教，庙修庭草除。

又闻新棘闱，轮奂归画图。继坡当有作，大笔文辞驱。

恶诗愿勿刻，人方笑其愚。

自注：潮州书云，欲刊某和韩诗。

（据《梅溪王先生文集·后集》卷十九）

韩文公祝文

许应龙

惟公文起八代之衰，道济天下之溺。屈临此邦，犹不鄙夷其民而训迪之，遂使遐陬同风邹鲁。某被命此来，敢不仰遵懿范，一意作成，以期文物彬彬之盛。兹因祗谒，敢控衷忱！

（据许应龙《东涧集》卷九《状》，四库全书文渊阁本）

韩亭

薛利和

岭脊孤亭势倚云，前临城邑后荒村。

八千里外人归久，四百年间木尚存。

直北恶溪泉滚滚，落南瘴海雾昏昏。

先生伟绩传青史，万古民怀逐鳄恩。

（据《永乐大典》卷5345）

会诸官韩亭（三首）

章元振

我爱韩亭好，文公像逼真。

音容虽已往，英概恍如新。

我爱韩亭好，天遥眼界宽。

引觞延胜友，笑语出云端。

我爱韩亭好，霜空宿霭收。

望中江入海，应有济川舟。

（据《永乐大典》卷5345）

谒韩祠

陈知柔

斯文何罪窜南荒，来谒孤祠泪数行。

恐有遗书藏坏壁，岂无哀赋吊沅湘！

精神不受氛烟蔽，道义长涵日月光。

四壁萧萧香火冷，何人能与作堂皇？

读潮本韩集

陈知柔

大雅寥寥不复还，如公几得古人全？

格高枯淡《复志赋》，意到浑沦《原道》篇。

赵子遗篇今复乱，欧公校本孰能传？

古音秘矣尤难识，聊与磨铅一究研。

韩木（二首）

陈知柔

层江波静鳄如扫，一亩寒阴禽自呼。
莫把甘棠比韩木，令人洒涕共长吁！

康成迹寄书带草，玄德祥摽羽葆桑。
名与此山俱不朽，何如烟杪郁苍苍。

（据《永乐大典》卷5345）

韩祠（三首）

刘克庄

柳祠韩庙双碑在，孔思周情万古新。
不信二公俱绝笔，别无诗可送迎神。

一宵丑类徙南溟，靡待仙宫敕六丁。
宗闵与绅空并世，可怜不似鳄鱼灵。

莱相竹今供戍用，武侯柏亦付胡儿。
南来犹有昌黎木，神物千年尚护持。

（据刘克庄《后村先生大全集》卷十二）

送李用之察院赴潮州（二首）

刘克庄

乌府名臣暂拥麾，霜棱聊复变春熙。
行人犹谓骢当避，圣世初无鳄可移。
粤俗相携看上日，韩祠配食付他时。
极知不作周南滞，禁闼须君补阙遗。

昔在番禺鬻策时，謇言不敢计从违。

固知国有三空患，又欲民无再榷讥。

簫裹为生尤瘠薄，牙筹所积恐纤微。

公卿文学方矛盾，应待囊封决是非。

（据刘克庄《后村集》卷十三，明钞本）

题韩柳庙碑

刘克庄

韩柳子孙皆物故，士民尸祝尚如新。

吾行天下头已白，三百年唐惟二人。

（据刘克庄《后村先生大全集》卷四十六）

陈倩调真阳尉，奉台檄摄潮阳尉，小诗将别

刘克庄

相阀白眉子，吾家坦腹郎。

莫贪鸢雾里，小住鳄溪傍。

粤囊无卷石，韩祠有瓣香。

两翁各钟念，安讯托风檣。

（据刘克庄《后村集》卷二十，明钞本）

送金潮州（三首录一）

刘克庄

潮人无计驻轩车，来扇仁风仅岁余。

棘院从今添立鹄，金堤亘古免为鱼。

真堪香火陪韩庙，谁采风谣继叶渠。

曾忝史官牛马走，不妨奋笔为公书。

（据刘克庄《后村集》卷二十一，明钞本）

乙卯端午（十绝之九）

刘克庄

韩庙坡为记，罗池愈制碑。

老侬不识字，自唱送神诗。

（据刘克庄《后村集》卷二十二，明钞本）

韩木

黄　补

先生来潮南，先生一时屋。

潮南得先生，潮南千载足。

呜呼！潮南俗亦淳，先生遗树今犹存。

春山二月春鸟响，游人树底罗酒尊。

尊残倚树初不语，暗觉山翁泪如雨。

山翁之泪良可怜，我生不及元和前。

元和万事已尘土，唯有岩边留此树。

树本于人果何识？为是先生手亲植。

先生一去今几秋，岩头满树春风浮。

风从昨夜何浏慄，俨似当年祛鳄色。

鳄鱼东遁不回头，一带韩江绕郡流。

郡人向晚争归舟，树与江波相对愁。

（据《永乐大典》卷5343）

254

（三）元代

和忠佑庙咏韩木韵

张智甫

死生种木昉于唐，木到于今色倍苍。

有大才名蜀相柏，无穷教思召公棠。

人怀遗爱谁甘斧？天鉴孤忠不忍霜。

愿与灵株长不朽，韩山山上一炉香。

（据《永乐大典》卷5345）

送刘叔谠赴潮州韩山山长

贯 柳

揭阳海陬郡，溪谷藏毒雾。灵区乃在城，积居跨南服。

凡今仕者往，喜气溢僮仆。非轻万里途，盖善千金蓄。

子行携束书，言就韩山读。韩山祀昌黎，有酒有肴蔌。

骑麟想未过，盼盼揽遗躅。汛除蛮风清，沾溉时雨足。

以兹为教首，如日升若木。何必鳄避溪，已看鸡应卜。

今人慕古人，未免伤抑促。儒官实闲散，岁廪七十斛。

饱饭取诗哦，云月与追逐。宁无赵子徒，弹琴和予筑。

是将实装橐，果胜美粱肉。毋羞宦辙卑，所志三年谷。

子其厚韩山，听我歌《独漉》。我歌傥无证，并讯两黄鹄。

（据柳贯《待制集》卷二，四部丛刊影印元本）

送方子敬之潮州知事

许有壬

久客归已乐，青衫况有成。

鹏云万里近，鲸海片帆轻。

儒贵知时务，人毋忽旦评。

请观韩庙月，千古照精诚。

（据许有壬《至正集》卷十二，四库全书文渊阁本）

（四）明代

送程松溪翰林谪居潮阳（四首选二）

唐顺之

潮阳何所似，云水日氤氲。

白昼鲛珠落，青天蜃阁分。

山魈迎客旆，海若识人文。

潇洒韩祠竹，清风今到君。

南溟君泛棹，北地我驱车。

忽作分飞鸟，深惭比目鱼。

啼猿三下泪，明月两离居。

岭外梅花发，逢人早寄书。

（据唐顺之《新刊荆川先生文集》）

题韩祠

谢　纪

唐朝三百年天下，独有昌黎道学尊。

谏表一封昭日月，芳名千载播乾坤。

斗山重望文风著，岭海遗徽礼义敦。

喜有潮人思德泽，江山亭木姓长存。

（据民国温廷敬辑《潮州诗萃》）

灵山寺和濂溪韵

陈　江

山斗仰韩千古在，释儒相访未全非。

曾闻更有相忘者，解带江门换衲衣。

（据顺治《潮州府志·古今文章部》）

次韵复潮阳柯二守

叶元玉

麾出潮州四五秋，不才无补合归休。

西山别业云千顷，浮世流光岁一周。

天地有情容我老，海山无分伴君游。

韩祠岁月凭谁记，读到新诗泪欲流。

257

（据曹学佺编《石仓历代诗选》卷四百二十一）

潮州会胡允承佥宪喜而有作，兼柬丁师孟大参，皆旧同寅

林廷选

川经修阻陆崔嵬，迕误无端念已灰。

祗为疾趋御史节，谁知良晤故人杯。

登临韩庙求遗草，拜读苏碑扫积苔。

醉话青山云水窟，谁闻海外更蓬莱。

（据曹学佺编《石仓历代诗选》卷四百二十二）

咏韩子

高　启

自古南方窜逐过，佞臣原少直臣多！

官来泷吏休相诮，天要潮人识孟轲。

（据乾隆《潮州府志》卷四十二）

游韩祠

薛瓒

乘兴登临刺史台，台因多景句难裁。

垂帘燕雀高低舞，泊岸帆樯次第开。

蓝雪消残华日近，秦云收尽化风来。

先生往事今千载，琬琰碑章纳谏才。

（据民国温廷敬辑《潮州诗萃》）

潮州韩文公庙

祝允明

一世北斗望，千秋南海滨。

文章传绝圣，政事泽时人。

姓作儿童字，心将动植驯。

佛灵能有祸，终不下臣身。

（据祝允明《怀星堂集》卷七《近体》）

望韩

祝允明

戊寅之岁四月十九日在潮州，独往谒文公庙，步浮梁百步，方半，当用舟渡，风雨横厉，江水汹怒，素舟不可济，退俟桥尾，风色转厉，乃望拜而返，寄言楚声。

驱尘辙以遵海兮，隃三宿而官未趋。蹑修梁以东骛兮，羌中路而阻予。凄零雨之蒙霢兮，飙长号以颒怒。波峨峨其如击兮，予不知其庋之故。屏息鞠脊以伏处兮，迟公怒之霁也。久僵徊以抑厌兮，曾弗少假以济也。时既暮而气暝兮，予犹惧鳄之至也。乃瞻岩以存清庙兮，敬再拜以退止。昔夫子悲孔之遑遑兮，亦既八千路以浮此。道拙涂棘以趾蹇兮，又何异夫小子。道故至难求兮，予胡以万里而为易。

已焉哉，童既白而日师兮，依门墙而莫引。君臣师友合弗易兮，子宁不与其洁以进。慨旋辕于环堵兮，吾见夫于无隐。

（据祝允明《怀星堂集》卷二《骚赋》）

韩山谒韩祠

张明弼

已知瘴海变华原，犹滞蓝关冻雪魂。

境里川峦归姓氏，南中文藻属贞元。

古三千岁君临郡，今八百年我扣门。

韩山韩水公家物，岐岭青青尚可蹲。

（据光绪《海阳县志·建置略》）

诸子解（二则）

唐伯元

表章《大学》自韩退之始，表章《中庸》自徐伟长始。合《大学》《中庸》为子思经纬之书，自贾逵始。

辟佛老，尊孟子，千百年惟一韩子。其功在吾道，为汉唐儒者一人。郑康成、朱元晦皆圣门游、夏之列，而特其百代之后，事难而功多。郑师马，青出于蓝。朱去程门未远，源流各别。

三贤祠碑记（节录）

唐伯元

潮之有祠，自韩公始。后之纷纷祠者，亦公乎？何其易也。然必其人与公皆公而后祠乎？又何其难也。公之生也，当有唐三百年元气。公之来也，以七月刺史，开百代文明。斯人也，世无尼父，不当在弟子列。其在潮，即尼父让功焉。祠必如公，孰肯闻而兴起也。故凡有一操之特，一树之美；或揭秽林之清标，或高虐后之仁闻，往往生于情之所触，义之所起，夫孰得而废之。乃有喜名之徒，眇修而表巨，自侈以导谀，久之而伪者真，莫之考也。夫伪者以有闻也，伪而闻则必有真而无闻者矣，是仁人之所恶也。故凡有功于境内，巨细必书，一以劝功，一以传信。夫使人力于功而不敢伪，王者励世之大典也，安可忽也。

（据唐伯元《醉经楼集·记类》）

谒昌黎祠

梁亭表

背郭韩亭近，临江古殿幽。

南天归正学，北斗跂前修。

地僻仙踪邈，书传佛骨愁。

我来邀翰墨，此道足千秋。

（据光绪《海阳县志·建置略》）

凤城谒韩昌黎先生祠

梁亭表

远韵悬今古，雄文泣鬼神。

从来香案吏，多作谪居人。

瘴疬江花冷，松杉庙貌新。

眉山堪接武，莫惜共沉沦。

（据《粤东诗海》卷四十三）

韩公二祠沿革

郭子章

苏文忠曰：潮人焄蒿凄怆若或见。韩公其专祠固宜。今祠有二：一在河东韩山上，一在城南。韩山祠近林麓，杂迹樵苏；城南祠虽集诵读，裂为蓬荜。皆守臣责也！予守潮，严韩山祠门禁，无故不许擅辟。复命海阳典史林汝瀚，督工修葺城南祠，以光俎豆。顾二祠沿革，近志未备。即王翰林思《韩祠录》也未载，特详著之。按《三阳志》：韩山书院，地在州城之南，昌黎庙旧址也。淳熙己酉，丁允元以溪东之山乃韩公登览之地，植木在焉，乃建庙于其地，而城南遂墟。庆元己未，沈杞即墟创亭曰盍簪。淳祐癸卯，郑良臣以韩公有功于潮，书院独缺，相旧地而开创焉。外敞二门，讲堂中峙，匾曰城南书庄，后堂匾曰太山北斗，公之祠在焉。旁立天水先生赵德像，翼以两庑，四辟斋庐，曰由道、行义、进学、勤业。山长、堂长位于祠堂之左右，仓廪、庖湢、井厕悉备。复拨置田亩山地为廪士之计，租入附于学库，收支董以金幕。洞主，郡守为之；山长，郡博士为之。职事则堂长、司计各一员，斋长四员。斋生以二十员为额，春秋二试则用四书讲义，一如郡庠规式；春秋二祀则用次丁，郡率僚属以牲币酒醴献，工歌东坡祀公诗以侑之，此书院创始之规模也。淳祐乙巳，陈圭来守是邦，尤切加意。春秋躬亲命题课试诸生，讲明四书及濂、洛诸老议论，以示正学之标的。捐金市朱文公所著书，实以书庄，以广诸生之见闻。拨钱一千五百贯置田益廪。增塑周濂溪、廖槎溪二先生像并祠其中。以濂溪持节按临，槎溪尝以郡倅，继而为本路宪帅，故并祀焉。越路之东，对望有亭曰南珠，祀本郡九贤。至元戊寅兵火后，亭院无遗。迨二十一年甲申，复建书院，山长一员以主之。寻复立夫子燕居室于公祠之前。神位皆西坐东向，因地势也。泰定间仍构庙于书院燕居之南，徙公之旧祠遗像北坐南向。至顺辛未夏，郡守王元恭议改创新祠，迁公像于燕居室之后，以天水先生赵公德、文惠陈公尧佐坐堂上左右享。两庑之东西则以前代贤守王涤、李迈、丁允元、廖德明、郑良臣、林寿公、陈圭从祀，所以表有功也。书院之前，复创旧南珠亭，祀本郡九贤，所以崇有德也。书院后有池广十余丈，深亦丈余，复僦工填塞，建堂于其上，匾曰原道。两庑辟二斋，西曰原道，东曰进学，以为诸生肄习之所。董是役者，海阳宣差忻都、山长陈文子、直学郭宗苏。又云，忠佑庙即韩文公庙也。咸平二年，陈文惠公倅潮，辟正室之东为公祠，寻迁于金山。元丰七年诏封昌黎伯，乃跻从祀。元祐五年，王涤迁城南五里，苏文忠公为记。淳熙己酉，丁允元又迁于州东韩山之麓，盖昌黎游览之地，手种橡木犹存。庆元丁巳赐今额，己未进封公爵。泰定三年，郡长亚中马合马委教授何民先重建。至正甲申，郡守张弼建思韩亭，知事张宗元撰记，今碑犹存。由此言之，今韩山祠，即《三阳志》所谓忠佑庙，城南祠即《三阳志》所谓书院也。由元入国朝，韩山祠永乐十三年知府雷春偕郡庠训导邓祐复修；宣德丁未，佥事余姚顾立重修，教谕袁均哲记；正统己未，知府王源增修，自记；天顺壬辰，参政刘炜立石华表，题曰韩文公之祠。成化戊子，知府陈瑄修韩山清趣亭；成化甲辰，御史广平徐琛重修，侍讲江朝宗记；弘治十七年，知府叶元玉重修，三山林廷㙊记；嘉靖二十五年，知府郭春震修葺，易土垣以石，匾曰泰山北斗，并修清趣堂及曲水流觞亭；万历乙亥，副使金渽重修，布政刘子兴记。城南祠，元至元间郡守王用文创，祀韩文公、赵天水先生、陈文惠公；国朝永乐甲申，增塑宪佥梁公像，指挥赖洪重建，斯院前有池，亭匾曰鸢飞鱼跃。天顺癸未，参政龚毅市地广基，院宇一新；万历五年，巡道副使夏公道南重修，后堂曰明经馆，潮阳林大春书。四围起书房以馆士，置田租六百石以赡士。万历七年，以士散逸，归田学庠为学租，而祠规复废。诸生至，以蓬荜夹祠为书肆。万历十一年，子章重葺之。查田租既入府学，偶因军民争田，查匿田八十四亩，上之巡道副使郑公岳，批发祠中并祠前塘租，永为修葺之资，其春秋祠事，海阳县另费，不在此内。工竣，郑公来祀，匾其堂曰三代遗英。对联云"道振有唐，千载心传光不坠；泽遗滨海，百年禋祀报无穷"。其旧对云"声教迄长存，三代斯民还此地；斗山应共仰，百年吾道更何人"。后仍为明经馆，子章匾其堂曰浩然；堂对联"跃虎风、翔蛟龙，斯文百代雄山斗；尊孔孟、排佛老，正气千年配鲁邹"。浩然堂左右官房为斋宿所，前门内贮二碑，一刻苏文忠公手书韩庙记，元总管灵武王那木罕立，碑阴刻元至正丙午重修韩山书院记略，晋安刘嵩记，张泰书；一刻吴临川澄韩庙记，碑阴刻文信国题双忠庙沁园春词，字并佳妙。向俱寝蓬荜，今始蔚为大观。门前仍匾韩文公祠，门外新砌屏，匾曰泰山北斗，潮阳林大春书。屏外为巨塘，岁入租以修葺者。庙中原有文公并有赵天水二士像，子章以其似浮屠，敬为藏之，易以木主而告以文，其文曰："呜呼，天下读唐书佛骨疏而知公刺潮，天下读苏文忠韩祠碑而知潮庙。公移太山于岭外，揭北斗而南耀，公于潮重矣。"子章守潮三日庙见，睹公之貌俨若浮屠，退而思之，窃不谓然。土偶桃偶，载在国策。金人法轮，梦自汉明。故土木形骸，佛之余也。公一生精力，酷排二氏，至其坳而俎豆，乃桃土其形，金碧其貌，袭佛之迹，受世供养，此必非公所欲也。天水赵公，潮产也。守潮者即世异犹邦大夫，而赵公以乡先生箕踞于旁，坐受其献，此亦非赵公所安也。肃皇帝时议礼贞教，洗刷元习。凡学官贮孔子像，悉毁而易木主。而二公以孔子之徒，犹然安胜国之故，而守潮者亦悖于从周之义，无能改其旧，则亦非王制所宜也。且神之格思，不可度思。故君子三日斋，思见所祭者，今一举目而顾乎口耳，逢乎衣冠，则亦非鬼神之为德也。权此四者，谨因修公之庙，藏公之像，新易木主，肃将祀事。庶几上以遂公排佛老之心，下以安赵先生居乡党之义，明以昭国家典礼之制，幽以顺鬼神幽黯之意，且令潮人亦知子章非乐于纷更也。谨告。田塘租谷，岁久恐湮没，并刻于石：一张天显入官田八十四亩，坐落土名戴姐坡。每田一亩带租一石六斗，共该谷一百三十四石四斗。每谷七石折银一两，共该银一十九两二钱。内每年除一两付张天显纳粮并杂差。一旧塘一口，在祠前，岁纳租银九两，每年给二两为守祠人工食，五钱为香灯费，余留修理本祠。

263

（据顺治《潮州府志》卷十二）

韩公与大颠书及《昌黎别传》辩

郭子章

韩公与大颠三书，今刻外集中，盖自宋欧阳公以来，辩之屡矣。欧公直以为韩语，取"非所恋著，则山林闲寂与城郭无异"之句，非韩公不能道。乃苏子直凡鄙之，谓退之家奴亦无此语。朱子又疑有脱误，以为僧徒所记不成文理，而直指韩公崇信佛法。有明潮郡丞车份谓韩《答孟简书》云，自山召至州郭，未尝言以书请之，则书疑后人假托。潮阳林井丹又谓车太泥，可以造庐留衣，独不可以书遗之乎？海阳林东莆直指朱子之说，真可以折衷欧苏二家之论。黄文裕公《通志》谓外集皆非公作，此书正在外集。予意亦太泥。《顺宗实录》诸卷亦在外集，谓非公作可乎？予取三书循环读之，其高处在"劳于一来，安于所适，道固如是"三语，恐非出家奴僧徒之口。一曰奉迎，二曰咨屈，三曰劳于一来，韩公此处极有斟酌。此与孟书所谓召也、曰造其庐，而先之曰因祭神海上、曰留衣，而先之曰及至袁州为别，则犹三书意也，但其迹则已崇信之矣。故周茂叔题大颠堂壁诗曰："退之自谓如夫子，原道深排佛老非；不识大颠何似者，数书珍重更留衣。"此足为三书断案，故三书出韩无疑，而崇信之说亦恶得为公讳哉？至于《昌黎别传》诬公太甚，则不可以无辩。尝考方氏崧卿云："世俗伪造诬谤之书，即今所谓别传者，洪氏考证云，别传载公与大颠往复之语，深诋退之，其言多近世经义之说，又伪作永叔跋云。使退之复生不能自解免。吴源明云，徐君平见介甫不喜退之，故作此文。"方氏又云："周端礼曰徐安国自言年二十三四时戏为此，今悔之无及。"然则其为徐作无疑矣！夫以徐君平戏作之书，而今潮寺所刻者诬为孟简，既诬作欧公跋，又诬作虞伯生赞，而薛翰林侨序之首简，亦无一语为韩公辩诬，是何视颠僧过高、视退之过卑也！嗟乎，古今戏拟问答者伙矣，至于李陵、苏武诗，犹疑为后人拟作，何潮人信徐君平之深也？！

（据顺治《潮州府志·古今文章部》）

赠刘印山先生序

肖与成

潮之为郡旧矣。其有闻于天下，则自韩昌黎始。韩公之谪潮也不能一岁，而潮人之思之也越数百岁，至今尤不忘。惠化之在心者，何若是其深也耶？今去韩也久，当行事之迹，不可一二知。据史传及苏文忠碑，其大且著则曰驱鳄鱼远徙，置乡校延进士赵德为师，使潮人知学而已。夫祛其为民患者、与迪民和厥衷，皆大裨益于民，民思之愈久而不忘也固宜。后之吏兹土者，弗惟民之承则已，苟志于民矣，则必以韩为师。然而师之有浅深也。今贰守刘君，其得韩之深者乎？君以秋官郎出佐外台，察畿辅近地，忤内珰被斥。既移贰吾郡，至则事事无少懈，略不以迁谪介意，是盖充养有素者。潮远郡，政弛民玩。君政尚严，爬剔蠹弊，豪右敛迹不敢肆，民畏而爱之。日造韩公祠瞻依仰止，坐原道堂与书生陈说奥妙。自选举之贤、胶序之英，下及编氓，罔不峨其衣冠，肃然默坐以听。每行部至属邑，亦惟以谆谆训迪为急，他皆在所缓也。今天子德渐寰海，鸟兽鱼鳖咸若。潮固无所谓鳄者也，但除其为民害者而已。脱有鳄如昔时焉者，亦当为君远徙乎否也。唐时潮人未知学，韩公之教之也，终虽翕然以信、笃于文行，其始也未免有驱遣督责之劳，固未有如今日一倡群和，而皆有志乎穷其秘焉者也。以今视后，则千数百年之余，潮民之思刘者，亦当如今日之思韩者乎？君迁临安守，潮之士民不能挽留君也，属吾言以寓其思。君行矣，以所以治潮者治临安，则临安之民之思之也亦然。

（据顺治《潮州府志》卷十二）

原道堂记

邹守益

圣人之道，尽其性而已矣。性也者，天地万物一体者也。充其一体之量，而无弗爱焉谓之仁；裁成辅相，而各适其宜焉谓之义。故君臣父子，昭其伦也；冠婚朝聘，昭其仪也；车服放瘗，昭其政也；蚕桑畎亩，昭其养也；诗书礼乐，昭其文也；斗斛权衡，昭其用也。夫是以仁育义肃，四达而不悖；天得以清，地得以宁，禽兽得以畜，草木得以繁。大哉圣人尽性之学乎！由此以治民，尧、舜、汤、武之为君也；由此以事君，伊、傅、周、召之为臣也；由此以范后，孔、颜、曾、孟之为师也。圣学不明，而老与佛之徒，乘其废坏而入之。自以为道德，自以为性命，而藐视仁义，若有所不屑者。故其为教外伦理，蔑礼法、遗弃事物，以得罪于圣门。后之儒者，蒐猎缀缉以求宣畅先生之典则，又多其辞说、繁其仪文，而未能及身而诚以诋诐行，或乃陷于子子煦煦，以为二氏所哂。甚者至于静言而庸违之，贼仁与义而莫之省忧也！呜呼！圣道何由而兴乎？苏吴虞山陈君原习，自太常卿贰谪署海阳之教事。恻恻然思进诸士于道，而士犹旧习未释也。默自思曰："潮之所尊信，莫如韩子。韩子之学，固辟佛老以闲圣道者也。牖明而祛蔽，其在兹乎？"乃请于前郡守山阴王君袍，深以为然。始与郡丞萧君世科，郡倅陈君硕，计赀庸而授厥事。既先后代去，功未用就。今郡守莆田丘君其仁继至，亟谋诸郡丞刘君秉，力图厥终。胥相茸祠宇，复侵田，以树风声。鼎建原道堂，辟斋舍以居诸士，相与洗濯而新之。未几陈君量移广信以金浙枭，具书征记，惓焉以嘉惠潮之多士。嗟乎！陈君之爱于潮者勤矣，尔多士其勤于自爱乎！陟降斯堂，顾名而思义。勿惑于异端之空寂，勿溺于俗学之泛滥，毅然充恻隐羞恶之良，以达诸家国天下。曰富贵、曰贫贱、曰夷狄、曰患难，不使须臾离焉。夫是之谓志道，夫是之谓据德，夫是之谓尽性以至于命。庶以无负尔陈君，直以无忘尔韩子。碑在县学。

（据顺治《潮州府志》卷十二）

祭韩文公文

冯元飚

古来文人，晔晔数辈。汉陆唐韩，宋苏盖代。九州之远，岂能尽芟。胡此岭表，接翼而徕？若器有型，何锷不淬？于铄韩公，特为潮赉。尸而祝之，千秋弗怠。所以然者，公道如春，人心如莱。日夜息滋，自然菱荇。某童而习，维公之爱。步公趋公，有去未逮。嗟我先人，仿佛入寐。公之传衣，未知何在。顾予小子，官焉兴慨。三百年来，冠裳车载。其或继公，宁遂不再。爰有季簿，又有高尉。气节文章，奉为公配。呜呼！陆在公前，潮耳尚瞆。苏来公后，潮魄巳朏。焉得我公，曩兹莫对。挹江之水，采山之艾。聊奠公居，歆斯一酹。愿言佑启，凤飞翙翙。

（据顺治《潮州府志》卷十二）

九日登韩山

郭廷序

松风满袖觉身轻，蹑屩登临逸兴生。

夹路野花迎客笑，隔林幽鸟对人鸣。

爱闲愁向尘中老，吊古能无物外情？

百岁重阳逢有几，浩歌归去月华明。

（据顺治《潮州府志》卷十一）

今昔篇送陈梦庚

欧大任

君不见，悠悠世上情，焉知管鲍在千古。论交今昔几人存，翻覆轻薄何足数。忆我与子昔壮时，居贫嗜古两不疑。虽然邹鲁诸生学，半似幽并游侠儿。志将百万振寒馁，家无甔石供烹炊。自从折节事谈讨，研经辨史更相师。朝览五车赵尉里，夕横千卷杨公祠。春夏弦歌东序侧，秋冬射猎南山陲。直谓公卿能自致，岂知骐骥久相羁。我今下秋始通籍，子亦儒林拜卑职。相逢乍击燕市筑，相对犹惊赵城璧。回首穷交四十年，子行别我酒垆边。金台一望凤城驿，忽觉潮州路九千。九千不隔铜鱼使，昌黎庙下韩山寺。唐代广文为谁置？汉家掌故旋待次。沧江频望孝廉船，长安已拥先生彗。此心炯炯见平生，立马斯须还揽辔。马不行，酒不醉；滹沱寒，太行翠。白首赠子今昔篇，青云佩我烟霞字。

（据欧大任《欧虞部集》十五种《西署集》卷二）

故太子少保南京礼部尚书前督闽学
宪使姜凤阿先生祠碑记（节录）

黄凤翔

祠既成，而吾郡之缙绅庶士属记于不佞。翔窃谓兹举也，犹齐人之祠石相，潮人之祠韩昌黎乎？先生家行直与石相差肩，而节概文章，拟诸昌黎。当亦不让，皇皇祠庙，真足令人祗肃已。昔苏文忠公纪《韩昌黎庙碑》，谓潮人饮食必祭，水旱疾疫有求必祷。藉令其祷而求者，止是耶，则董如柳子厚之在罗池能惊动祸福之以食其土，亦浅之乎……

（据黄凤翔《田亭草》卷八，明万历四十年刻本）

韩文公祠（之二）

汪言臣

开云容易遇君难，马首潮阳万里寒。泷吏无心嘲拙宦，湘仙有意说还丹。泰山北斗天中见，秦岭蓝关雪里看。今日凤栖城下水，如公文藻起波澜。

（据光绪《海阳县志·建置略》，其第一首已刻石，参见本书碑刻部分）

谒昌黎先生祠兼呈王潮州

林 鸿

穷冬到南海，驱马韩山湾。

繁霜野水落，鳄溪清且寒。

伊昔潜修鳞，白日飞风湍。

壮哉昌黎翁，洪流静而安。

伊余谒遗庙，兼以穷遐观。

地古白云灭，潮来沧海宽。

夫子继芳躅，而能障波澜。

丈夫遇知己，迟暮弹吾冠。

（据林鸿《鸣盛集》卷一）

韩文公度蓝关图（光福徐太守家藏）

吴 宽

韩公上书谏佛骨，自分投荒生不还。

忍寒作诗示侄辈，千古增重蓝田关。

关门雪深阻去马，直气早已开衡山。

唐皇殂矣骨亦朽，瘴江无墓空潺湲。

呜呼！瘴江无墓空潺湲，潮州庙碑不可删！

（据吴宽《匏翁家藏集》卷六《诗四十三首》）

题潮州韩文公祠

陈献章

刺史文章天下无，海中灵物识之乎？

可怜甫李生人世，不及沧洲一鼍（鳄）鱼。

（据陈全之《蓬窗日录》卷七《诗谈一》）

韩文（节录）

朱国祯

……潮州韩文公像状如浮图，此后人因公辟佛，而故以此挫之，以实大颠之说。郭青螺为守，易以木主，最是。

（据朱国祯《涌幢小品》卷十八）

韩山行送邢令公之华州

林熙春

韩山高，韩山高，韩山参列耸千尺。

昌黎刺此数登临，千年山斗留方迹。

手植韩木尚繁华，繁华科第占破白。

韩江涨海水连天，长虹跨渚号鞭石。

山川草木尽呼韩，只是忠贞系今昔。

今昔由来未易攀，忽有仙凫飞赤舄。

飞从建业渥洼来，毛有文章常五色。

只爱翔云入青霄，不溷鸡群啄秀麦。

不为搏击效鹰鹯，不受樊笼染污泽。

数年展翼蔽韩山，天涯三老咸啧啧。

一朝丹凤衔书来，为怖鳄鱼胥辟易。

仙凫闻书旋建业，建业未须停六翮。

太华十倍韩山高，每有神仙为窟宅。

卜师昔骑龙，叔卿时驾鹿。

神女餐玉浆，安期炼金液。

不可为榻亦为鼓，偃卧敲推真适适。

君不见、四方削成两山开，关系巨灵伸手擘。

试携谢朓惊人诗，搔首青天问消息。

须臾雷动与云行，霖雨苍生千古只。

（据民国温廷敬辑《潮州诗萃》）

游灵山寺

吴仕训

吏部何缘到海崖，耽奇还此问三车。

忽看坞里长生木，遥忆樽前顷刻花。

瘗眼①山头淹日月，留衣亭子驻烟霞。

千秋远地谁堪话，玉峡溪边有汉槎。

（据民国温廷敬辑《潮州诗萃》）

潮阳八景·灵山留衣

吴仕训

一衣一钵是禅装，何事留君云锦裳。

城郭山林浑不异，空余神木不为梁。

（据民国温廷敬辑《潮州诗萃》）

271

谒景韩祠

周弘禴

蔡州新破鬓毛斑，持节东都甫赐环。

肝胆一封排佛骨，姓名千载识韩山。

恶溪水净鱼归海，秦岭云深马度关。

五百年来重去国，妙高台下泪潸潸。

（据顺治《潮州府志·古今文章部》）

---

① 眼，顺治《潮州府志》、光绪《潮阳县志》均作"镜"。

韩山亭子

谢宗铠

韩子去已久，空山今有亭。

秋烟荒橡栗，古壁暗丹青。

城抱江如带，天垂障列屏。

双旌余片石，啼鸟下林坰。

（据民国温廷敬辑《潮州诗萃》）

谒韩祠

谢元忭

驱鳄文章泷吏诗，闻风廉立亦吾师。

千年封事争传诵，一札留衣尚费疑。

未必非同文畅意，安能不作区宏思。

阳山字子潮山姓，五岭姓名草木知。

（据光绪《海阳县志·建置略》）

昌黎《潮州谢表》跋

侯方域

昌黎一代人杰，谏佛骨几致杀身尤（犹）挺立不挠，迨贬潮州，而其《谢表》亦何哀也？昔人论其欲以词赋述封禅，几于相如逢君，此诚太苛。使昌黎而自此贬道趋时，岂遂安坐不至卿相？乃官侍郎日，明知王延凑不可犯而必啣命宜论（宜谕？），叱驭不回。何哉？盖士君子自处，固有生死不难决绝而落寞悲凉之际，反惘然不能自持者，如苏子卿娶胡妇，寇莱公陈天书，与昌黎不安于潮阳，其病一也。呜呼！三君子岂非铮铮者哉？而性之所近，不能自强。故曰君子之学，变成以成德，自知其病，矫而克焉，变化之谓也。

（据乾隆《潮州府志·艺文》）

（五）清代

重建韩文公原道堂碑

仇昌祚

潮州府韩文公祠后，旧有明经堂一区，岁久颓圮，数十年来无复议及修举之者。予奉简命监守是邦，奋然起修复之志。爰是检涩囊得若干缗，兼谋诸府县同志，共得若干缗。卜日兴工，起于某，竣于某。落成之日，乃更明经之旧名，而易以原道之新额，盖因韩子之有原道论也。是日也，官吏咸至，师生毕集，爰举三觯而告之曰：众亦知易名之意乎？自孔子没而微言绝，数千年来学者多推尊宋代周程紫阳氏之学，汉唐诸儒俱在所略，不知论道统之传，其微心相印，由尧、舜、文、周至孔子而大其成，及门颜、曾而降，后百年始有子舆氏。犹之嫡祖血裔，丝毫不相贷。汉代董仲舒差有儒者气象，其他各有训诂、注疏，颇能窥道之涯涘而未得其传。东汉道丧而文亦弱，两晋则浸淫乎老庄之学矣，独昌黎韩子出六朝绮靡之后，承八代颓敝之余，慨然以排异端、宗孔氏为己任。《原道》一篇，直接千圣将坠之统。观其《谏佛骨表》，浩然刚大，与日月争光，虽万死投荒而不少屈，子舆氏后一人而已，何可谓遂出程朱下？而或以昌黎特文章之士而少之，不知文者，载道之器也。间尝谓天地万物之用，惟虚以动者为至妙，是以水流花开，鳞游翼翔，云霞变而草木蕃。众籁之作，群动之宣，莫不皆然，而文章之妙犹是也。千载而下，文之妙者首推昌黎。昌黎之文，风行波漪，秦汉以来作者第一，随性效灵，驱役千古，如淮阴之将兵，邓林之伐材，恣其所取而纵横左右，无所不宜，且其为文关伦常，通日用，磨历身心，经纬世务，巨之忠孝节仪，机智才略。细之山川风俗，夭乔禽鱼，苟可以谕志通训，靡不胪列而表彰之。辨不必非马，词不必雕龙，皆可得之心而笔之书，令读者于天性事理交印互证之间，其中若有所开明，油然而不自己者，斯何故哉？岂非入道之户牖，而贤圣之津梁欤？后之学者，因文而见道，因道而识千圣之心欤。韩子之功，所以为孟子与后一人也。倘更舍文而求道，譬公刘迁豳不舟瑶瑲刀，陟巘降原，逝百泉而望溥原，不能夹皇涧，溯过涧而即芮鞫。马伏波不遨游二帝之间，不足以识帝王之自有真，萧相国不收秦图籍以知天下户口多寡，形胜要害之处，不足以佐汉高三尺而奏混一区宇之烈，故有文即有道，而因文即可以见道，无二理也。昔禹之治水也，凿龙门、排伊阙，水行乘舟，陆行乘车，山行乘樏，泥行乘橇，至于股无胈、胫无毛，以疏九河、导四渎、引百川而会之海，会之海而禹无事矣。元圭告成而舟车樏橇皆长物也。《原道》一篇，其韩子之舟车樏橇乎，亦惟引斯人同归于孔子之道而已。呜呼！大道云亡，斯文将丧，俯仰当世，谁是主者？余于原道堂所以毅然奋修，命名取义者，岂徒然哉？爰伐贞珉，揭诸亭表，以待后之学者，是为记而系之以铭，铭曰：

爰有太极，如炉斯冶，是生民物，名曰道者。精一危微，传之虞夏。文武周孔，如门斯闿，迨及孟子，杨墨乱疋（雅），为我兼爱，似是而假。辞而辟之，道廓如也。孟子之功，不在禹下。自汉迄唐，谁主斯社。厥生韩子，志存大雅，文起八代，洋洋洒洒。《原道》一篇，如湍斯泻，所以大道，赖不砾瓦。书谏佛骨，力排二贾。万死投荒，保其项踝。朝脱其冕，暮秣其马，载驰载驱，聿来斯野。贤者以褒，黠者以赭。驱逐鳄鱼，不用鞭打。八月赐环，攀辕卧辖，千载以来，俎豆不舍。嗟予小子，后公而假，诵公之文，使我心写。爰作新宫，渠渠大厦。凤山之梓，鲶浦之櫄，是断是度，松楠有鸟，孔曼且硕，万民是若，时维上辛，大小众寡，跻跻跄跄，有萋有且。其肴维何，炰鳖脍鲋，其菽维何，维芹及苴。何以奠之，清酒三斝。韩侯顾之，永锡纯嘏。

（据雍正《海阳县志·文集》）

笔峰晚凉

陈衍虞

三峰脱颖壮文园，黛染浓如醉墨翻。

俯瞰层城围锦堞，还看峻嶻滴仙源。

山容不为军容变①，松色常随霭色昏。

几阵凉飔霏彩笔，珊瑚是架②插天门。

（据乾隆《潮州府志》卷四十二）

戊申九日谢霜崖同年招同宜兴史樵岩仁和
宋右侯慈溪冯子重史伯仁家克桒集韩祠登高二首

陈衍虞

攀跻偶遂白云期，猎猎西风动晓吹。

一瓣香魂留鸟篆，九秋渚色醉江篱。

山顽未放陶潜菊，阁迥长存玉局碑③。

欲折寒花簪野鬓，几茎短发已成丝。

叶声蝉响彻高祠，万蝶鳞鳞对夕曦。

戎马频年余战垒，郊村满目半颓基。

长虹久断横江彩④，古橡空传拂槛枝⑤。

此会不劳嘶落帽，科头却好罄秋卮。

（据民国温廷敬辑《潮州诗萃》）

---

① 原注：山经置营。

② 原注：原名笔架山。

③ 祠有苏文忠碑。

④ 桥为海寇焚毁，以木代之，今又已毁。

⑤ 祠有旧橡木，云是韩公手植，近摧残尽矣。

韩山晓望

陈衍虞

鳄雾横山取次清，七年逃雨负山情。

亭因刺史长留姓，鸟向瞿昙自唤名。

插汉摩云今杰阁，吹笳击鼓旧连营①。

几回凭吊伤麋沸，犹识松风是战声。

（据民国温廷敬辑《潮州诗萃》）

游韩山谒昌黎祠

王　岱

昔入迁谪地，此日号韩城。

踵事追遗迹，随声逐盛名。

几筵千嶂绕，衣带一江横。

祠庙何人继，徒深向往情。

（据光绪《海阳县志·建置略四》）

和明经陈克斐过景韩祠有感原韵

杨钟岳

当年黎火傍韩祠，往事何人不系思？

山斗群瞻犹在是，文章代起岂惟斯。

空庭落落异滕塔，蔓草凄凄怀谢碑。

一瓣馨香应有待，素心宁许逊前揆。

（据康熙《潮州府志·艺文》）

① 甲寅乙卯间，寇兵营垒。

上当事修堤策（节录）

陈 珏

窃潮郡城势处下流，由闽汀江右及本省梅州以上，众水会同，俱取道于韩江入海。每至春夏雨潦，又有诸山坑水奔注至江以助其狂澜。泛滥横决，往往为患，则海潮揭普四县接壤，皆赖北门一堤堵御之力。实奕民命攸关非止一日也。自唐韩文公筑堤，而后至明……

（据光绪《海阳县志·建置略三》）

潮州昌黎庙碑，东坡手书者久亡，后人摹刻者亦毁。拗斋砻石，要余书之，因系以诗

赵执信

潮阳文物区，韩公实肇造。至今斗牛间，光焰缠遗庙。

汤汤恶溪流，鳄尾不返掉。峨峨笔架峰，嘉树留他耀。

庭阴映江空，碑势挟山峭。苏公振雄词，言大而体要。

仰追申吕生，深契天人奥。衣公云锦裳，骑龙发长啸。

两公于二代，日月迭为照。陋儒肆谤讥，吾意甘洒扫。

游踪接后尘，适愿忘绝徼。残碣手摩挲，悲吟向同好。

使君苦要余，炫弄嫫母貌。宁辞白茅籍，从被青云笑。

我拟谢尘赏，春风理归棹。孤琴南海头，寄此千秋调。

（据赵执信《饴山集》）

登韩山谒文公祠

夏之蓉

万峰回合高插天，大川浩浩当其前。

中有韩祠何孤骞，觚棱突兀山之巅。

我来肃拜趋几筵，冠裳玉珮遗像悬。

岂惟文章开橐键，道衰百代能独肩。

277

岭南化雨毋乃偏，白鹦鹉赋何年镌？

壁上惨淡生云烟，右陈左赵相后先①。

不俎豆此岂曰贤，嗟我潮士同勉旃。

（据夏之蓉《半舫斋编年诗》卷八《古今体五十首》）

读昌黎《上宰相书》因呈执政

郑板桥

常怪昌黎命世雄，功名之际太匆匆。

也应不肯他途进，惟有修书谒相公。

（据郑板桥《郑板桥集·诗钞》）

278

谒韩文公庙

吴震方

幼读文公文，神怪诧驱鳄。稍壮知爱诗，惟公乃愿学。

文笔固起衰，诗篇尤卓荦。刮摩去翳盲，心盲口开凿。

运思入微茫，混荡不可捉。高撞万里涛，清闻九天鹤。

汉魏存古风，齐梁卑龌龊。讹体竞流滥，元音渐渺邈。

芸锄出芜秽，开辟见荒度。元和诗格精，孟张共犄角。

不然宋元制，蚤已恣轻薄。公生孔孟后，斯道独先觉。

天不生文公，日中成晦魄。尧舜传精一，非口孰与托。

原道原性篇，终唐无此作。自公明绝统，程朱照高躅。

其功在万世，名与邹鲁若。当时惑佛老，朽骨势薰灼。

一表批龙鳞，朝奏夕贬削。万里来潮阳，瘴疠不敢虐。

先生得赵子，乡校兴礼乐。若潮有璠玙，惟公剖之璞。

若潮有梓材，惟公勤斫朴。遂合海滨士，弦诵并京洛。

---

① 唐朝赵德、宋朝陈尧佐配享。

庙貌千载余，俎豆馨笙籥。我来寻鳄溪，遗迹俨如昨。

公门久私淑，再拜契冥漠。荔丹与蕉黄，椒浆跪倾酌。

有唐第一人，题字实无怍。翱翔丹霄凤，岂类笑鹏鷃。

谁与挤公者，消灭随燐爝。兹公以山名，特立参乔岳。

乔岳有时泐，此山终不剥。

（据光绪《海阳县志·列传三》引《岭南杂记》）

谒韩文公祠

张尚瑗

总角诵公文，不啻编三绝。

半世味公道，无能剑一晱。

维公不朽姿，薄云贯虹霓。

谤伤与夸衒，两者均蠓蠛。

氤氲一瓣香，万古应同爇。

举举何末生，敢云景行切？

潮阳谪宦区，偶然鸿爪雪。

藉此涤炎陬，海滨斗杓揭。

湖流漾清派，峰势环飞岊。

江山衔明德，临眺心神澈。

白云飘檐楹，恍忆灵旗掣。

（据乾隆《潮州府志》卷四十二）

韩江

惠士奇

一曲清江绕郡流，东洲云起接西洲。

雨晴蝴蝶飞花圃，日暮昏鸦集戍楼。

丞相祠前山似戟，侍郎亭畔月如钩。

木棉开遍芭蕉展，肠断春风凤水头。

（据乾隆《潮州府志》卷四十二）

韩山游必憩亭（亭内有曲水流觞）

陈士规

久忆烟光好，重来似昔年。

遗名师晋代，胜迹附唐贤。

泉石欢相得，江城望欲连。

凭高无限意，沉醉晚风前。

（据民国温廷敬辑《潮州诗萃》）

谒韩祠

陈　贲

韩江城下水溶溶，祠宇临流枕碧峰。

近郭江山争冒姓，古龛香火肃遗容。

文经衰后真难起，谏匭明时定不从。

谁似先生心力尽，瘴乡千载待相逢。

（据民国温廷敬辑《潮州诗萃》）

笔架山

佘志贞

珊瑚笔架矗峰尖，泽国声华景倍添。

曲水亭边鸣碧涧，仙人桥上飐青帘。

梦花五色文章丽，驱鳄千秋庙宇瞻。

不是嶙峋螺髻秀，奎光那得照炎炎。

（据民国温廷敬辑《潮州诗萃》）

潮阳东山韩祠

李象元

古木森森荫石桥，高甍飞宇接平潮。

元和不黜西曹直，扬粤空瞻北斗遥。

溪鳄避文波浪靖，湖神歆德雨旸调。

如何偏有参禅事，留得衫巾迹未消。

（据乾隆《潮州府志》卷四十二）

秋日偕诸弟谒韩祠

黄有源

江山占断韩夫子，姓氏千年此地闻。

北阙批鳞传谏草，南天驯鳄见雄文。

白浮雉堞三分雨，碧锁虹桥万派云。

片石更能留稳坐，好凭杯酒话斜曛。

（据民国温廷敬辑《潮州诗萃》）

韩山春望会可继可侄留酌

陈 玙

偶来乘暖日，绝顶望川原。

春入前峰碧，沙平旧涨痕。①

天宽迟去鸟，野尽接孤村。

鸡黍能相款，欢谈共一樽。

（据民国温廷敬辑《潮州诗萃》）

---

① 时溪涸甚。

偕张韩起游灵山寺

周硕勋

寺建于唐，以韩昌黎得名。当公刺潮时曾访僧大颠于此。壬午腊，余按潮普清厘粮务，回郡偕张君往游，乃慨昌黎之不朽也。越千余载，灵山增色而缁流托庇焉，因各赋一章以纪之。

> 松竹阴中选佛场，灵山终古梵天长。
>
> 烟霞惟爱群僧领，礼法都教侯吏忘。
>
> 石塔深藏明镜在，林亭空峙宝衣亡。
>
> 此间陈迹堪惆怅，为忆昌黎到后堂。

（据乾隆《潮州府志》卷四十二）

潮州留别

周硕勋

> 垂老二千石，浮名四十年。驽骀疲北道①，烟雨瘴南天。
>
> 漫识珠官富，遥惭吏部贤。仪型肃草木②，姓氏詟山川。
>
> 旷世余生晚，乘时我辈先。双旌开鳄渚，七载凛冰渊。
>
> 饥溺胥由己，痌瘝未忍捐。海滨潮应月，洲上屋如船。
>
> 曲曲晴虹障，青青再稻田。凭城疏绣壑，匝地泻云泉。
>
> 粮擘蛮陬赋，村酤午夜眠。行春人买犊，论秀士安弦。
>
> 膏火重林密，馨香一饭虔。肯容狐穴踞，常虑鼠牙穿。
>
> 吊古秦碑在，探奇汉畤迁。栾公存旧社，石相辟新椽。
>
> 举废聊循职，依违耻备员。恶闻多市虎，愁说畏霜鹯。
>
> 锄艾株难尽，崩榱瓦不全③。未能除蜃尾，耐可息牛肩。

---

① 自注：余官直隶十五年，近由廉州守调繁潮州。

② 自注：韩祠橡木，相传昌黎手植，又山水俱以韩名。

③ 自注：潮阳命案迭出，令削职，余亦镌级。

澹若升沉迹，凄其聚散缘。攀舆劳怅望，去辙几回旋。

甑堕尘频积，堂虚鉴自悬。破觚恩浩浩，案法日乾乾。

只字毋文致，群黎莫漫连。农桑家有庆，礼教户应宣。

任侠羞鸣剑，忘身戒引弦。崇朝须制忿，三尺果谁怜？

绿野升平福，乌衣得让传。赠刀为别重，解佩此情牵。

惘惘临岐泪，依依祖别筵。深惭尸畏垒，差喜拂归鞭。

鸿入层霄里，帆飞落照边。那堪留爱字，犹复镇瀛堧①。

（据邓显鹤辑《沅湘耆旧集》卷七十二）

陪周太守游灵山寺

张裕炉

留衣亭畔小桥西，来访灵山古衲栖。

不是清时贤太守，那偕倦客到招提。

游踪偶向蛮陬寄，禅蜕翻教净宇迷。

忘却形骸陪杖履，闲吟应共忆昌黎。

（据乾隆《潮州府志》卷四十二）

如此江山·谒潮州韩文公庙

陶元藻

蛎墙围绕檐楹叠，正在乱峰青处。瘴雨销沉，蛮烟开朗，不是元和风土。灵斾长驻。应忘却蓝关，雪中辛苦。夜静山空，大颠飞锡犹来去。江流苍莽一檄，严于铁钺，鳄鱼羞沮。八代文章，三唐人物，只有公平其庶。黄蕉丹荔，我瞻拜徘徊，邯郸怎步？榕树阴中，手扪碑字古。

（据陶元藻《泊鸥山房集》卷三十六《词》）

---

① 自注：郡人为余建生祠于凤凰洲畔。

潮州谒韩祠（十韵）

翁方纲

公来八月住，地特爱东山。栽植芃葱处①，登临莽苍②间。

淳熙重建屋③，文惠昔披菅④。亭已南珠换⑤，人犹北斗攀。

升阶循岌嶪，凿井问潺湲。神岂潮专在，文卑汉以还。

起衰随地化，原道尚堂颜⑥。峰倚青三架⑦，江空碧一湾。

苏公文不朽，元祐迹谁扳。剩有重摹字，模糊绿藓斑⑧。

（据翁方纲《复初斋诗集》卷二）

题袁州昌黎书院壁示学宫弟子用旧题
潮州韩山韵二首（其一）

翁方纲

西江旬日櫂澄澜，为学津梁渐有端。

忠孝即从谈艺起，师儒莫作具文看。

雨余蚕月农功卜，春动芹池士气欢。

忝荷衡才弥愧甚，步趋处处得瞻韩⑨。

（据翁方纲《复初斋诗集》卷三十三）

---

① 原注：公手植橡木。

② 原注：上声。

③ 原注：郡守丁允元。

④ 原注：宋咸平二年，陈文惠公倅潮，始建祠于韩山。

⑤ 原注：祠旧在城南，其旁有南珠亭。

⑥ 原注：韩山书院有原道堂。

⑦ 原注：一名笔架山。

⑧ 苏碑久不存，今庙中成化间重刻，已漫漶。

⑨ 原注：昔于潮州试士毕，恭拜韩祠。又翰林詹事内皆有韩祠。

附书《原道》后

翁方纲

昔于潮州韩祠集诸生讲此篇，手题于原道堂之东壁，此仅论文耳。其后又有书后之作，然仍非敬跋于此篇也。今则窃附书者，盖道备著于圣言，无待于原也。韩子作《原道》者，唐承魏晋六朝后，群言蔽惑，不得不原也。今则六经如日中天，群言无自而疑之，更无事乎原之矣。然而圣经之言道，各指所归也。率性之谓，一阴一阳之谓，此即各有指归焉。夫非道之无定名也。与观道者言之，则各指其所之也。《易》与《中庸》皆言天道人道，实则彻上彻下，固非二义而其得闻之者。层级浅深则有间矣。圣人之言，有推以探原者，有切以示人者，即同一对学人言，而圣人曰吾道，曾子曰夫子之道。此虽皆非以天道言之，而已有语言详略深浅之次第矣。况诸经之或就人言，或就事言，或就政治言，或就文辞言之指归互发者耶。若因此为虚位，若有待于后人条分缕析者，则不若熟玩经义，各就所言以求其合一之为得也。是以研经宜知所折衷，而训释辨证宜慎于立说。《易》曰："天下之动，贞。夫一者也。"孟子曰："夫道一而已矣。"千圣之传，六经之蕴，后人何从而以所见质之。故惟韩子《原道》在其时不得已而作也。后学惟有善读书，善持身，博闻慎言而已，更不可著述以谈性道也。

（据翁方纲《复初斋文集》卷十七）

遍访韩山石刻，苏碑原石竟不见，余无佳者。
独拓公所书《白鹦鹉赋》分遗幕中诸君并诗邀和

翁方纲

韩祠诸碑非不妍，绘画山斗本自难。为言苏学士碑，石色稍近古，谛视刻自成化年。王维鹦鹉赋，大字东墙镌。如听郁轮袍，逸响飞云泉。霓裳三叠初拍弦，兴到非仿祢生篇。翠衿丹嘴词更俊，阿买八分退缩不敢前。蛟虬一腾趩，姿媚百态捐。若非铁锁古鼎跃，定是魋倒科斗拳。公名两字磊磊如日月，况乃前后二百四十二颗明珠圆。渝州龙君所摹勒，云此获自羊城边。犹憾八月公守此，吏民胡为一字无流传。怀贤意良厚，此语殊不然。潮人未知学，公始赵子延。从兹铿锵出文彩，比户渐晓诵与弦。于今衣冠照岭海，诗书科第争联翩。鳄鱼徙后一丘亦栖凤，丹篆吞来凡骨皆成仙。公之笔力入人肝脾作元气，岂特公姓留山川。光芒发泄处处是，公字但患摹勒不到学不全。归来偏旁细与数子辨，一笑琐琐何拘牵。

（据翁方纲《复初斋集外诗》卷四）

由西湖山老君岩至城东韩山，
谒文公祠，登凤皇台六首（其二）

翁方纲

祠屋山椒辟，斯文仰在兹。请看从祀者，尽作是邦师[①]。
闻说城南庙，犹余半段碑。摩挲重勒石，檐下立多时[②]。
片石传公迹，莓墙转曲廊。英灵同俎豆，忠义即文章[③]。
潮起厓门暮，风来海口凉。

（据翁方纲《复初斋集外诗》卷四）

韩祠

翁方纲

水从韩祠分，山从韩祠合。故因祠为关，又以秦岭匝。
此岭本一岭，霍与宫吐纳。置祠于中间，响然风云喝。

---

① 原注：唐天水赵公德，国朝学使惠公士奇。
② 原注：城南亦有韩祠，闻其中有苏文忠碑原石半段，而今无有知者矣。
③ 原注：东楹一壁勒公所书《白鹦鹉赋》，中祀文丞相、陆丞相、张枢密。

下视入潮路，远见江州塔。江东西萦带，山百千开阖。
然后为韩江，倚祠一讲榻。后夜山月明，水窗支南阁。

（据翁方纲《复初斋集外诗》卷八）

和广州太守张公（道源）丁未三日韩庙

黎　简

广州太守潮阳道，献岁三日登韩庙。
残梅香已拂暖波，古橡风犹肃寒啸。
庙前海势排阔白，瓦上苔阴积年碧。
鲸钟噌吰四壁冻，螭鼎潎淈孤烟直。
春云沉沉不狼藉，翠旗金支迎青霓。
匹练神光落瑶席，虚帷飒飒人脉脉。
遥知默祷格神听，但见忧农形义色。
须臾庙外韩山青，蒸蒸喜气云开屏。
共传是日五马歇，亦似昔年南岳灵。
船头逢逢打鼓鸣，使君发船吉日晴。
光风泛泛神送行，绿波悠悠摇旆旌。
舣舟江路夜吟声，隔桃李花明夜檠。
魂清意诚结幽梦，新诗自与神官评。
朝来一字险破胆，纸上五云光射睛。
五云飞翔散好语，化作千里车后雨。
五色仙禾穗两岐，一骑行骀天尺五。

（据黎简《五百四峰堂诗钞》卷十八）

谒潮州韩文公祠

乐　钧

凤翔佛骨存不存，公像巍巍山岳尊。

圣贤俎豆享崇报，精蓝香火羞同论。

公居潮阳八月耳，手搜榛莽开蒙昏。

佛示降灾天护佑，匹马旋入长安门。

何充萧瑀世不乏，爝火岂敌扶桑暾。

生能佞佛没则已，馁鬼乞食随诸髡。

潮人感公永勿替，庙下岁岁陈羔豚。

魂魄恋此理或有，骑龙冉冉来帝阍。

绍圣迁客亦人杰，身宫磨蝎同遭迍。

狂澜砥柱百川障，非公孰能当此言。

我来肃拜后千载，若探积石通昆仑。

白鹦鹉碑传刻在，蛟龙郁律不敢扪。

大贤余事尚如此，况乃道德凝胚浑。

梦中丹篆谁会得，长与元气相氤氲。

海国斯文未坠地，韩江泯泯犹东奔。

（据王昶辑《湖海诗传》卷四十一）

苏文忠昌黎伯韩文公庙碑

黄　钊

井络一星出岷峨，度入牛女周天河。

森然北斗灿南纪，精气互贯参羲娥。

城南夜光烛万丈，蒙荆密莽同搜罗。

韩祠断碑鬼物守，苏公奋笔如挥戈。

扶桑咸池大伞拥，祝融海若长绅拕。

秕糠扫尽汰蜉蝤，云锦织就遗龙梭。

投文徙鳄遣衙吏，作书诋佛驱天魔。

大荒披发返阊阖，焄蒿荐祀悲滂沱。

丹黄蕉荔期肨蚕，水旱疾疫烦抟呵。

精神在地若井水，至理妙喻无差讹。

伊苏距韩三百载，元祐事略同元和。

斗牛不神坐埋困，磨蝎守命遭谗诃。

蛮荒窜谪等一辙，沈吏后有春梦婆。

天其以我为箕子，要荒此意留则那。

当时饱吃惠州饭，乌云红日楼头过。

游潮六日访遗泽，韩山片石来摩挲。

经师已少赵天水，子野绝粒为头陀。

存神过化理则一，海潮元气相荡摩。

潮阳儋耳两开辟，手凿混沌芟蓬科。

此碑百世立师表，不与荆棘悲铜驼。

雨淋日炙半蚀剥，尚镇魍魅褫蛟鼍。

我来睹此思石鼓，两公旷代同赓歌。

（据黄钊《读白华草堂诗初集》卷七）

鹦鹉碑歌（并序）

徐 青

昌黎草书王右丞《白鹦鹉赋》真迹，雍正间潮州太守龙公为霖得之羊城，因勒石祠中。或云此米元章书所祖也。昌黎书不多见，所见只此碑及阳山"鸢飞鱼跃"四字而已。歌以纪之。

海风吹破蛮烟昏，奎光夜烛南天门。

一朝大儒谪荒域，斗凿顽障开浑芚。

真书大诰迪矇瞍，昌黎教化真如神。

至今祠祀东山麓，时有野老羞苹蘩。

祠旁古碑嵌两壁，墨花累赘无苔痕。

僧言书是韩公笔，龙公太守镌贞珉。

法兼行草字奇兀，老树樛结盘霜根。

古钗屋漏相断续，王维赋笔增斑斓。

退之二字更奇绝，斜拖凤尾梢腾骞。

又如空中卷风叶，欲起忽落飘纷纷。

或言米颠此师法，追摹得巧忘蹄筌。

昌黎文章遍天下，希余墨迹藏人寰。

淋漓大笔九州横，岂与王庾争轻轩。

诗成掷简不自写，惟令阿买书八分。

固知俗书非所屑，脱略细务操经纶。

精奇到底弥必发，随意弄笔皆超群。

譬如大将具神力，余勇亦足摧三军。

试看壁上蛟龙走，兀傲气象今犹存。

名贤手泽世所宝，一石何啻千玙璠。

精灵夜半闪光怪，恍惚神鬼来扪枌。

我昔阳山看碑版，摩娑四字来往频。

濒行手榻得数纸，什袭藏弆逾家珍。

岂无晋唐诸老帖，蠹鱼剥蚀俱泯泯。

与公千载一投契，对此不觉神明亲。

昔公登探岣嵝迹，犹劳搜索悲猱猿。

公诚好古我生晚，安得追蹑穷崖垠。

（据刘彬华辑《岭南群雅》二集三）

韩祠落成歌

徐　青

火维赤熛怒攸居，重离继照阳明区。

沧溟炉朗明月珠，宝贵孕毓英奇储。

泰山北斗仰规模，溯厥初生民睢盱。

榛榛狉狉群鹿麖，汉立君长摇母余。

侏僸魋结俗疏粗，洎魏六朝迄唐初。

浑庵纷屯棼可吁，喜则甜飶怒则呼？

格斗睒睒操戈殳，祝融恚上诉天都。

帝愍蚩氓亦孔愚，畴其往哉五教敷。

佥曰韩子擅闻誉，帝曰俞汝诚通儒。

勅汝驰驱岭海隅，免兹芸芸耳目涂。

锡汝金简书五车，高文诘屈艰茹咀。

决其龈腭相灌输，退之衔帝命奔趋。

令赵天水集生徒，远究羲皇说唐虞。

听众颔首心欢愉，负者释担农辍锄。

填门塞户摩肩臑，公曰今上崇诗书。

迎枚邹以蒲轮舆，文如杨雄赋相如。

立召金马承明庐，讦谟子非冥顽夫。

民饮斯言犹醍醐，剔抉胸膺凤荒芜。

呕浊垢沫餐经腴，学海瀚濊乐涵濡。

八月教泽沦肌肤，北趎人去南人忓。

思公何以慰烦纡，意溪之东山之嵎。

遗植橡树盘根株，攀思道貌追眉须。

缭以垣墉构以栌，以时肃荐罗肴蔬。

祠云蒸腾翔斗枢，飓风不兴巨鳄驱。

连天涨海波澜舒，毒雾瘴氛潜消除。

公灵将其安徐徐，潮烦淫祀悦浮屠。

崇奉□惜糜青蚨，矧公训士流典谟。

聿新庙堂岂曰谀？斯役鼓舞者谁与，

太原观察之劳劬。

（据刘彬华辑《岭南群雅》二集三）

和又白韩祠落成歌

吴恩纶

潮阳避处岭海滨，飓风鳄雨长簸掀。

韩公只手开烟氛，千年巨刃摩乾坤。

忆公约经旨成文，淋漓大笔浩无垠。

谏迎佛骨批逆鳞，大放厥词理则醇。

元和天子真圣神，欲令边海雨露匀。

遣公远来布经纶，公念斯民犹浑沦。

延赵天水相陶甄，小民郁缩不敢喧。

鱼贯膜拜头如鼋，令掉缺舌哦羲轩。

枭鸟尽化为凤鹓，归时男女环攀辕。

万民泪洒意溪渊，南人思公不复还。

东山立庙崇明禋，植以橡木根盘盘。

溯而上之自宋元，不知谁塑浮屠颜。

木主始以青螺刊①，经今世远年亦湮。

城东庙貌俄凋残，曾闻南海古庙新。

康熙甲子帝东巡，特遣词臣祭告频。

行以王礼玉币陈，皇皇天使跪拜寅。

蛮人供奉日更虔，银簪叩鼓百里闻。

祝融享祀如云云，公亦有功德于民。

不崇厥祀心谁安？太原观察爰雕镂②。

聿新庙宇昭尘环，吾党又白峨诗坛。

大书韩祠落成篇，句奇语重神骨寒。

呕心沥血招公魂，公魂含笑吾道存。

---

① 原注：公像有作浮屠形，潮守郭青螺易以木主。见《涌幢小品》。

② 原注：时温观察承志重修韩。

持此卷叩天帝阍，稽首顿首谨上言。

臣昔衔命除淫昏，整顿八月初调驯。

帝曰咨愈克有勋，汝勋长著南粤间。

文章世宝如玙璠，今兹犹作光烂燃。

下界有人张汝军，其人心貌孟郊邻。

身宫磨蝎名日振，往钦哉扶大雅轮，

泰山北斗万祀尊。

（据刘彬华辑《岭南群雅·初补下》）

鹦鹉碑歌为又白题《韩山读石图》（并序）

汤贻汾

潮州韩山有文公祠，公草书王维《白鹦鹉赋》，雍正间，太守龙为霖得之南海，以勒于祠。公书存于粤者，他惟阳山孔庙"鸢飞鱼跃"四字而已。又白尝读书于祠，故属予图之。

我生不喜吟公诗，公之文章我实师。

公诗公文在人口，书法尚未一见之。

鳄鱼嘘腥瘴母丑，畲摇歧黎浊身首。

洪荒以来文字无，仓颉畏鬼望却走。

我公巨手天可开，一呼万人齐上阶。

咨汝顽愚不知古，古贤圣书当读来。

读不一年尽识字，我公治绩成在此。

公诗公文与公书，蛮人至今遂能指。

祠堂两壁苔斑斑，鹦鹉一赋千秋传。

龙蛇出壑鹰攫草，意造夐夐神天全。

羲之俗书趁姿媚①，公不屑为固求异。

---

① 原注：公句。

想见临池磅礴形，尽发胸中不平气①。

公书既佳乃罕存，阳山而外吾无闻。

岂公著作等身富，尽付阿买书八分。

摩诘文章敢公比，因公一书得彰美。

徐君实公诗替人，见之忽烦三拜起。

徐君语予为写图，图名读石人须无。

图成又复索题句，题不称意尤惭书。

（据汤贻汾《琴隐园诗集》卷七）

潮州风俗考

蓝鼎元

潮郡依山附海，民有杂霸之风，性情劲悍，习尚纷嚣，其大较也。苏子瞻作《昌黎庙碑》，谓潮之士皆笃于文行，延及齐民，号称易治。当时朴陋初开，旋登彬雅，海滨邹鲁之称，所由来乎。历年既多，流风日下，文士渐趋浮华、习奔竞，先名后实，而邹鲁为之一变矣……

（据蓝鼎元《鹿洲初集》卷十四）

韩山橡木

郭殿捷

东山久已属公家，橡木栽来是异花。

留与后人烧佛骨，千年根在此萌芽。

（据民国温廷敬辑《潮州诗萃》）

---

① 原注：公《送高闲上人序》称，张旭善草书，无聊不平有动于心，必于是发之。

韩文公愈

陈王猷

昌黎令阳山，期月化已洽。

虽伤风露侵，未苦锦作袷。

读书山县斋，题诗同官峡。

区刘远相投，览登互标插。

州治时往来，探胜阅硗碛。

至今燕喜亭，一记挂倾压。

百世兴闻风，岂独文字法。

邈焉增怀思，云水空串狎。

（据民国温廷敬辑《潮州诗萃》）

295

留衣亭故址

陈王猷

佳树何茏葱，灵山岞崿起。

渺渺陈仙桥，西来四五里。

大颠老野狐，遁栖汰秕滓。

只手刊荆榛，亭边伏虎兕。

卓哉韩退之，物外得知己。

双旌鲸海来，五马鹿园止。

行当生别离，言自袁州始。

持赠七斤衫，永怀三叩齿。

荒山白日黄，高寒落江水。

天地飘逝波，人间一弹指。

古刹销蜃楼，孤亭散海市。

舌根空复留，鉴光徒为尔。

寥邈千载余，昌黎亦不死。

后来杖藜人，凭吊独徙倚。

（据民国温廷敬辑《潮州诗萃》）

韩山饮家兄会可斋中

陈王猷

出门山气佳，胸臆荡空洞。暖日披寒云，遐瞩骋同岤。

十载青松姿，枝干交蓊蓊。地灵培本根，人事薙荒茸。

濯濯昔童山，兹焉巅种种。彳亍来孤亭，流觞涸石孔。

再拜韩公祠，遗容敛兢辣。同时天水公，俎豆合双珙。

釜钟称微施，配食俨推奉。拜罢生慨叹，祀典一何冗。

蹑蹬上层冈，扶杖览原陇。江底平作沙，中流隘而壅。

五月六月间，流波没城甬。物理互盈虚，时序递静动。

聊尽斯日游，宁知息以踵。主人烹鸡豚，倾壶气怂恿。

三椽峛屿中，回峰面相拱。居居良独娱，远避目皮恐。

讲堂足徜徉，肯令意纷酕。吾道无常师，解易得箍桶。

瓣香迩先贤①，岂歆门间耸。使我生徘徊，吾庐苦倥偬。

薄暮归迟迟，登陟尚余勇。安得老屋移，住此百城拥。

（据民国温廷敬辑《潮州诗萃》）

阳山县东访韩文公钓台因入祠瞻拜

陈王猷

远谪当穷僻，丝纶素愿违。

痛心灯市节，垂手钓渔矶。

片石龙蛇势②，荒祠蝙蝠飞。

---

① 斋近昌黎庙。

② 有钓石，多名人题咏，已泐不可读。

我来荐蘋藻，遗迹一长欷。

（据民国温廷敬辑《潮州诗萃》）

过蓝关谒韩祠

杨之徐

步出蓝关上，古碑峙庙坛。

昔来曾雪拥，今此亦秋残。

南海鳄波净，西天佛骨寒。

拜余凭四望，英气冷云山。

（据民国温廷敬辑《潮州诗萃》）

韩山书院落成

翁廷资

书院韩山麓，原道旧有堂。堂开不设讲，笔峰空低昂。

况经岁月多，遗构亦已荒。贤守新增廊，茂草化文场。

危楼鸟飞革，百室蜂结房。拔萃十一邑，优优弟子行。

杞梓归大匠，参苓入药囊。课读分藜火，考艺亲丹黄。

跃冶经陶铸，绝足自腾骧。邹鲁一至道，文章三变唐。

岂惟傍祠宇，直欲见羹墙。源流江海阔，薪传日月光。

前后两刺史，西川与南阳。承流有俊令，购书充书仓。

天禄富奇字，龙威出闳藏。当年天水外，未闻此赞襄。

伊余老倦教，言辞文献乡。韩泷罢溯洄，韩山复徜徉。

蓑笠依衮绣，矇瞽看琳琅。道旧陪笑语，论文错羽觞。

快闻中和诗，出入大历章。执笔效纪述，自视真秕糠。

（据民国温廷敬辑《潮州诗萃》）

蓝关谒昌黎祠

杨天培

蓝关高高出天半，危峰巉壶蔽层汉。

五岭支流此为尊，隔越循梅势中断。

古榕杈枒八九株，重阴碍日迷昏旦。

凛凛天风起杳冥，落叶满山人迹乱。

往事传闻是耶非，令我远瞩生长叹。

岭南宦辙古来多，过去第如萍水散。

韩公八月莅潮海，踪迹依然认丛潆。

栋桂椒题悬日月，高祠终古长璀璨。

漫执雌黄辨春雪，公神何处不浩汗。

我亦潮人公后学，年年浪迹经祠畔。

瞻拜遗容气俨雅，起读残碑字漫漶。

岭头高咏公应闻，关下长途日已晏。

（据民国温廷敬辑《潮州诗萃》）

思韩堂咏古

杨天培

潮阳海畔临扶桑，今之邹鲁前要荒。

此堂要为何人作，昌黎旧爱留炎方。

数月移官如传舍，刺史声名高太华。

岭云关雪一时开，恶水无波饥鳞化。

古今官迹不绝书，前踪渺若雁与鱼。

思韩堂上重回首，一官落落未安居。

君不见，韩山苍苍韩水碧，山水为公留氏牒。

对此茫茫思不禁，我思我公获我心，翩然乘风相追寻。

（据民国温廷敬辑《潮州诗萃》）

谒韩文公祠

郑高华

潮郡称邹鲁，韩公冒雪来。

颠僧能解语，天水实真才。

骨毁章远在，江清鳄不回。

居官才八月，随处尽栽培。

（据民国温廷敬辑《潮州诗萃》）

韩山怀古

郑安道

潮阳刺史今何在，百里江山尚姓韩。

佛骨未烧吾道恨，鳄鱼已去海滨安。

三河秋水淡云汉，八景芳洲忆凤鸾。

寂寂高风谁可继，千秋一柱砥狂澜。

（据民国温廷敬辑《潮州诗萃》）

韩山怀古

张对墀

刺史南来雨雪寒，八千里路荐艰难。

身当九死尚驱鳄，山到三唐始姓韩。

碑藓重摩鹦鹉绿，盘芳欲荐荔枝丹。

登临莫厌山峰小，北斗高明一样看。

（据民国温廷敬辑《潮州诗萃》）

韩山咏古

张对墀

三山苍碧郁沉沉，遗爱那分昨与今。

策马南来寒雪暮，骑龙归去白云深。

香生古庙蕉盘洁，翠落空阶橡木阴。

独倚斜阳禽上下，眷公披发下高岑。

（据民国温廷敬辑《潮州诗萃》）

书昌黎集后

杨廷科

文章载道始为高，醇茂人知贾董豪。

我爱斗山韩吏部，六经根柢压离骚。

（据民国温廷敬辑《潮州诗萃》）

韩庙棉红（并序）

郑昌时

在城东双旌峰，韩公刺潮游览处也。传公手植橡木，花开可卜科名。其地林红岫碧，入画宜朝。旧云韩祠橡木，今见木棉。

韩文春丽蔚鲸铿，千树棉花簇绛英。

廊下珊瑚齐出海，枝头蓓蕾欲飞琼。

扶桑日御辉南国，织锦星机丽太清。

瑞彩葩流映霞珮，还同橡木纪科名。

（据民国温廷敬辑《潮州诗萃》）

韩江竹枝词（之五）

郑昌时

侍郎亭下半斜晖，游女齐歌缓缓归。

看花莫到春归后，春到归时花乱飞。①

（据民国温廷敬辑《潮州诗萃》）

韩江竹枝词（之二十一）

郑昌时

三年科举一离家，郎有文笺夺彩霞。

好载书囊郎赴省，今年多放橡林花。②

（据民国温廷敬辑《潮州诗萃》）

韩文公庙

郑昌时

岭表峦烟一卷空，南珠辉映斗山东。

狂澜人作中流柱，瘴海春回八月风。

鳄渚每添香草绿，橡林长卜好花红。

双旌缥缈云霄外，犹见骑龙下帝宫。

（据民国温廷敬辑《潮州诗萃》）

韩山双旌石怀古

郑昌时

双旌之石高摩天，激宕江风消瘴烟。

刺潮八月韩夫子，尝扪此石登山巅。

此山终古得韩名，山花秀发山水清。

水作韩江花韩木，南邦文物增辉荣。

邦人祀公韩山下，金阶玉圮依螺青。

301

---

① 原注：亭在韩山，多木棉花，争飞春暮。

② 原注：城东韩山故有橡木，为韩文公手植，花开可卜科名。

濯磨韩院读书客，风雨勿弃墙边檠。

我来高山追仰止，攀龙一举飞云汀。

俯视潮头驱鳄处，仿佛雷电收六丁。

起衰八代扫巨笔，壮志勃勃胸棱棱。

霞佩斓㻞垂锦裳，踌躇四顾何苍苍。

碧玉坛宇蟠山骨，遥祝云龙一瓣香。

（据民国温廷敬辑《潮州诗萃》）

驱鳄行

郑昌时

奔雷激电驱鸿波，大地立海天悬河。

黑云四起风雨作，鳄鱼南徙惊蛟鼍。

三日五日至七日，凛约命吏去之他。

命吏来奉天王令，虎符佩印马鸣珂。

四隩六合仰清照，扫除鬼蜮降妖魔。

是鱼敢祟扬州土，吞噬民畜牙齿磨。

涵淹卵育秽群丑，出没飓母骄潮婆。

异物有知布晓谕，未烦弓矢挥干戈。

文严字重六丁下，羊豕刚没霹雳过。

嗟哉！刺史韩公之贞诚，肃将王命宣威明。

驱除民害康乃生，鳄鱼远遁风波平。

州南涨海多鲲鲸，神鳅潮汐大鳢横。

蛇龙放菹圣所膺，功在禹下莫与争。

至今父老为说恶溪事，按歌翻作驱鳄行。

（据民国温廷敬辑《潮州诗萃》）

鳄溪①

郑昌时

黑风天外倒鲸波，极浦雷声昨夜过。

鳄徙南暝知政肃，溪回北郭沛恩多。

半川树影悬青幔，两岸山光点翠螺。

此日平澜安泽国，放桥人狎浪花歌。

（据民国温廷敬辑《潮州诗萃》）

韩庙碑②

郑昌时

辟佛锄奸正气伸，后先岭外作孤臣。

道原三古惟归一，政率旧章容说新。

两代诗文配潮海，千秋穷达证天人。

巍碑巨笔明师法，语契心源若有神。

（据民国温廷敬辑《潮州诗萃》）

303

侍郎亭③

郑昌时

侍郎当日此停骖，留得孤亭着翠岚。

共仰骑龙来帝侧，不妨驱鳄到天南。

寒江吊古枫初落，绝徼怀人酒正酣。

驿路微茫瀛峤外，断云疏雁夕阳含。

（据民国温廷敬辑《潮州诗萃》）

① 在郡北数里，昔有鳄鱼，韩公为文驱之。一夕暴风震雷，悉徙去云。

② 宋苏文忠公，公制文并书。

③ 在韩祠左，公刺潮时尝游于此。

南珠亭①

郑昌时

海上星晖晓未收，南珠亭对浪西楼。

玲珑水槛侵鲛室，依约风帘卷月钩。

古藓润添鹦鹉碣，晴川媚绕凤凰洲。

登临谁是探骊者，掌握婆娑敢暗投。

（据民国温廷敬辑《潮州诗萃》）

橡木②

郑昌时

南州昔日破天荒，橡木花添蕊榜黄。

瀛峤储材皆秀发，旌峰摘藻总飞扬。

桂林人得一枝隽，杏苑春归十里香。

从此幽遐蔚文物，韩公手泽在潮阳。

（据民国温廷敬辑《潮州诗萃》）

曲水流觞

郑昌时

九曲涧边水，三春掌上杯。

临流人对酌，一笑山花开。

（据郑昌时《韩江闻见录》）

---

① 宋太守郑厚之所建，义取韩公别赵子"婆娑海水南，簸弄明月珠"之句。

② 在韩山麓韩公祠内，传为文公手植，故名韩木。郡人恒以花开卜科名。

橡木遗迹

郑昌时

科名以人重，重人及此木。

后来科名人，尝以花开卜。

（据郑昌时《韩江闻见录》）

鹦鹉碑歌（并序）

吕玉璜

此碑为昌黎墨迹，藏于羊城故家。雍正六年，龙太守为霖购得之，勒石附韩祠旁寺壁。考公所存在岭外真迹，惟此及"鸢飞鱼跃"四字，"千岩表"三字而已。此后出犹为完好。夫公在有唐以诗文名，至书法少有知者。今观此碑，书法遒劲飞动，浩然之气溢于行间。开后苏米一派门户，真为可宝。吁，以千余年物，一旦归于灵爽赫奕之旁，岂非有数存其间耶？爰作歌以纪之。

我昔尝读右丞鹦鹉赋，今乃得见韩公鹦鹉碑。碑高二尺字手大，行草相间分葳蕤。钩画轩然坚骨格，非蛇非蚓非游丝。翕如长鲸吸大海，纵如神龙跃天池。乾端坤倪露轩豁，横斜敧侧皆合宜。我闻元和才人公第一，金石刻划诗文词。那知墨迹更奇伟，波磔不受钟王羁。宝物从来不易得，况历唐宋元明非一时。渝州太守称好事，真迹购来无缺亏。念公于潮过化地，此书合傍公灵祠。骑龙人上白云去，在天灵爽来扶持。风雨时时发光怪，尚恐六丁制电搜蛟螭。君不见，贤令山下千岩表，大字久著天南陲。鸾翔虎卧此碑字，当有群仙来下窥。浩然正气见楮墨，匹夫百世争相师。平生仰公见公字，珍重不让钟鼎彝。案头摩挲日不足，想见斗山落笔挥淋漓。

（据民国温廷敬辑《潮州诗萃》卷十八）

305

梅州六怀诗（之一）

吕玉璜

秋水红桥望转迤，双旌石自映晴霞。

不知梧院琴书罢，是检诗牌展画叉。

（据民国温廷敬辑《潮州诗萃》卷十八）

韩江秋泛

范秉元

千载溪山尚属韩，扁舟秋水更盘桓。

江涵海势连天阔，风卷潮声到郭寒。

橘柚绕堤烟漠漠，蒹葭依渚露洄洄。

欲从驱鳄寻遗迹，久庆安流指点难。

（据民国温廷敬辑《潮州诗萃》卷十九）

李榕舲太史（佩蘅）偕冯默斋郡博（奉初）
夏日过访同谒韩文公祠遍观韩山古迹
并谈本郡名胜兴废得失之由以诗见示
即元韵奉和并呈默斋
（四首录三）

吴世骥

居傍韩夫子，幽怀澹一江。

敲门惊老宿，订谊切乡邦。

越俗人争御，寻诗吏笑泷。

敬通旗鼓整，健笔许同扛①。

---

① 王竹航刺史时主讲韩山书院。

山水自清绝，先生多古风。

来潮偏藉佛，原道最思公。

学正民心变，碑荒庙貌崇①。

昔称邹鲁地，惆怅鳄溪东。

古木渺无迹②，祠边片石尊。

双旌留姓氏，一海辟乾坤。

桥亘如横笔，泉飞欲到门。

南珠亭外月，好与契心源。

（据民国温廷敬辑《潮州诗萃》）

长至前八日王小山观察（贻桂）枉驾过访
巡阅诸学舍因步至韩祠寻鹦鹉碑迹赋呈一律

吴世骥

鸣驺来踏岭头云，笑语追陪大雅群。

片石摹碑寻旧迹，十条课士振斯文③。

巨公持鉴明犹在，小草披榛采倍勤。

为惜海滨荒学久，瞻韩余思溯河汾。

（据民国温廷敬辑《潮州诗萃》）

东山韩祠和韩东园邑侯原韵

姚弼贤

留衣一去渺难攀，今日贤侯捧檄还。

蛮触已看安北境，旌旗每爱驻东山。

---

① 谓默斋。

② 苏东坡所作庙碑已不可考。

③ 指橡木。

论文八月扶风后，讲学千秋仰斗间。

最羡公余吟兴剧，推敲尽得簿书闲。

（据民国温廷敬辑《潮州诗萃》）

丁未三月初六，谒赵天水先生新祠恭赋

杨世勋

夫子生唐代，先民独有闻。

诗书通大道，教授启斯文。

俎豆韩山配，祠堂讲院分。

千秋增缺典，信足张吾军。

（据民国温廷敬辑《潮州诗萃》）

橡木

杨世勋

祠前橡木护阑干，长作昌黎手泽看。

七里州南香簇簇，双旌石上影团团。

诅偕冠服留遗迹，已共江山得姓韩。

千古甘棠歌勿剪，况将花放卜春官。

（据民国温廷敬辑《潮州诗萃》）

由岐岭至老龙口占（之一）

杨世勋

崔巍石磴古蓝关，老树槎枒四面环。

闻道当年曾拥雪，于今庙貌镇屝颜①。

（据民国温廷敬辑《潮州诗萃》）

---

① 上有韩文公庙。

谒韩祠

金武祥

韩山、韩江皆以昌黎得名。文公庙在韩江之东、韩山之顶。丁丑年，余入庙瞻谒，见旧刊公所书《白鹦鹉赋》及东坡所撰《庙碑》，曾有诗云：

秦岭蓝关外，炎荒万里投。

公神在天下，庙食此潮州。

蛟鳄文能约，江山姓尚留。

至今称易治，师法重千秋。

（据金武祥《粟香随笔》卷三）

祭韩公祠文

曾国藩

维年月日，具官某谨以清酒庶羞，致祭于先儒昌黎韩子之神：维先生之明德，宜祀百世。文人学子，皆所喻愿。而礼典所载，独配享先师孔子西庑，他无特祀。国藩前官翰林院詹事府，皆有先生祠堂。今承乏礼部，亦祀先生于官署之西北隅，而皆称曰土地祠。国藩履任之日，敬谨展谒，乃神像之旁有先师孔子之木主，俨然在焉。窃以土地之称，非经非训。古者惟天子得祭天地，诸侯则社以祭土，大夫以下，成群立社，多者二千五百家或百家以上，小者二十五家。盖土爱稼穑，民生所赖，凡食毛践土者，皆得祭以报功，义固然也。自唐以下，有城隍之祀。世传张说所为祭文，及李阳冰碑记，旧已。今天下由京都以至行省郡县，皆立庙以妥城隍，原《易》有"城复于隍"之占，礼有"八蜡水庸"之祭。高垒深池以捍民患，推社之义而为之立祀，理亦宜之。独土地之祀不可究其从始，国藩所居之乡，或家立一神，或村置一庙，大抵与古之里社相类，而京师官署，尤多有土地祠，往往取先代有名德者祀之。先生之生，未尝莅官礼部。今殁已

309

千年，所谓神在天上，如水之在地中，无所不际，而谓仅妥侑于一署之内，丈室之中，如古所称社公云者，亦以黩慢甚矣！若先师孔子，则先生所诵法终身者也。先生尝羡颜氏得圣人以为依归，若深自叹恨不得与于弟子之列，而无知者乃位孔子于尊容之旁。先生若果陟降在兹，其必蹙然不安也。国藩瞻礼之余，询诸胥吏，举不辨其由来。旧例，春秋以萧艼奉祀先生，国藩亦且循沿习之常，以致吾钦向之私。惟于孔子之位，措置失宜，则不敢须臾蹈故，惧干大戾。谨奉木主爇香焚之，既敬告所以，因为之诗歌，使工歌以人声，冀先生之神安休于此。不腆之诚，庶为歆鉴。诗曰：

皇颉造文，万物咸秩。尼山纂经，县于星日。衰周道溺，踵以秦灰。继世文士，莫究根荄。炎刘之兴，炳有扬马。沿魏及隋，无与绍者。天不丧文，蔚起巨唐。诞降先生，掩薄三光。非经不效，非孔不研。一字之惬，通于皇天。上起八代，下垂千祀。民到于今，恭循成轨。予末小子，少知服膺。朗诵遗集，尊灵式凭。滥厕秩宗，载瞻祠宇。师保如临，进退维偭。位之不当，宣圣在旁。大祀跻僖，前哲所匡。我来庋止，神其安怗。敬奠椒浆，式告来叶。

（据曾国藩《曾文正公文集》卷二）

韩江记（摘录）

林大川

韩山

韩山在城东，旧名双旌山。其顶有三峰，形类笔架，又名笔架山。因昌黎刺潮时，常登眺其上，故曰韩山。宋学士杨万里有诗：

老大韩家十八郎，犹将云锦制衣裳。

至今南斗无精彩，只放文星一点光。

天水先生

韩祠左，以我郡天水先生赵德配祀。先生大历进士，排异端、宗孔氏。元和中，昌黎之治潮也，置乡校，命先生为之师，潮人由是知学，至今称海滨邹鲁。石门吴震方，谒韩庙诗中有云："先生得赵子，乡校兴礼乐。若潮有玙璠，维公剖之璞。若潮有梓材，维公勤扑斫。遂令海滨士，弦诵并京洛。"

希元先生

韩祠右，以宋希元先生陈尧佐配祀。先生坐言事，降潮州通判。修圣庙，作韩祠，选潮民秀者劝以学。时鳄鱼肆虐，捕而斩之。岁饥，捐俸劝赈，全活数万人。民德之，以配祀昌黎。余拟十字短联："范模继赵子，道德匹韩公。"

苏碑

苏碑，东坡苏轼所书碑也，在韩祠东壁。相传东坡在惠撰碑文，得"匹夫而为百世师，一言而为天下法"，不禁拍案大叫曰："文成矣！"碑阴题"两代文章配潮海，千秋穷达证天人"，乃我邑平阶郑昌时诗也。

庙联

韩祠长联林立，其最著人口者，惟："天意起斯文，不是一封书，安得先生到此；人心归正道，只须八个月，至今百世师之。"

韩山怀古

韩山怀古，诗歌林立。余最爱张对墀之"身当九死犹驱鳄，山到三唐始姓韩"。奇语独造，戛戛生新。至姚竹园之"星日千秋佛骨表，风雷一夜鳄鱼文"。则又正正堂堂，望而知为大将旗鼓。

走马坪

走马坪，在县北十里。坪上平坦，可容数百人，南越王刘安仁古迹。余每上坪游览，最喜吟王渔洋《呼鸾道》之"刘郎去作降王长，斜日红棉作絮飞"。

采卿题壁

梅州李采卿，道光间发解过潮，谒昌黎庙，留题阶下粉壁云：

"瘴雨蛮烟地，居然邹鲁乡。天将开草昧，公竟贬潮阳。佛骨千秋表，臣心百炼钢。著书原性道，辛苦挽狂澜。一自公归后，颓波又此时。士无真气节，人不假慈悲。厦屋连墙火，春田带剑籽。转移原有术，此事果谁司？"司民牧者，读之当亦汗颜。

橡木花

橡久不花。乾隆九年岁次甲子，花忽盛开，或红或白，簇簇附枝。士民欢忭，咸称文明之兆，是科中谢文在等二十人，国朝乡榜，以甲子为最。

橡木像

韩木有盈尺故干，作漆光色，铁石尤坚。为大埔明经李诗捷取去，略作韩公立像。嘉庆间，重建韩山书院，李拟以此木像，奉于院中书楼，题为橡木楼，后未果行。郑昌时咏韩木故干，有"飘香几阅科名盛，化石不知霜雪深"。

韩山书院

雍正间，郡守龙为霖，以书院为士子讲习之所，起而新之。辟其院址，增其学舍，经营修补，严立课程，厥功甚巨。改昌黎书院为韩山书院，堂仍其旧，曰原道堂，题有长联一幅："多士讲习斯堂，当思文起衰、道济溺，体具用周，方信韩山有地；大儒温饱非志，与其月费钱、岁糜禄，名存实亡，何如橡树无花？"

韩公厅上有韩文公庙。

韩公厅，在韩山书院内，嘉庆庚午辛未间重新。厅有短联："苏学士前称谪宦；孟夫子后拜先生。"联语极佳，士林脍炙。

观鱼亭

观鱼亭，在院前池上，花木萧疏最佳胜。岁戊辰，巡道温承志倡改书院，立石坊于内，曰"抉汉分章"。因亭碍于方向，起去而未重立。

振华楼

振华楼，在原道堂后，楼下祀韩昌黎、赵天水。岭东使者胡恂题

"韩模赵楷"一额。左祀郡守龙为霖，额曰"教思无穷"，郡守长沙周硕勋撰。右祀郡守林杭学、巡道史启贤，额曰"明体达用"，聊城邓钟岳撰。

大魁楼

大魁楼，在原道堂左。郡人林梅芳悬有一联："秀色挺三峰，岭表人文推第一；奎光腾五夜，海滨邹鲁洵无双。"

城南书院

韩山书院，昔在城南，屡建屡圮。宋淳祐间，知州郑良臣，改祠堂，建斋舍，犹以韩山称。迨元至顺间，总管王元泰（按：应作恭）修葺落成，乃改为城南书院。前明郡守郭子章，始题其堂曰浩然堂。康熙间，郡守石文晟，又立为南隅义学。至嘉庆间，郡守韩义，重倡修建，复题为城南书院，中祀昌黎，联云："吾道非耶？茫乎未堕之文，犹明于孔孟之后；先生往矣！浩然独存之气，则塞乎天地之间。"

（据林大川《韩江记》）

过蓝关韩文公庙题壁

丁日昌

寄声收骨瘴江边，直谏心原铁石坚。

何事诚惶又诚恐，当时谢表太凄然。

风涛险恶骇潮州，今日行人任去留。

翻笑龃龉泷吏语，附公诗集有千秋。

云横雪拥出蓝关，邹鲁淳风变百蛮。

谁使九原公再起，斯民今比鳄鱼顽。

（据丁日昌《百兰山馆古今体诗》卷二）

韩江泛舟

陈方平

万里鳄波秋，烟江一叶舟。

西风吹碧水，白日下平洲。

陈相今难作，韩公去不留。

年来波浪恶，回首几离忧。

（据民国温廷敬辑《潮州诗萃》）

谒韩文公庙

杨 淞

一疏方期动主听，岭云关雪忽身经。

公知去国仙难挽，民喜来潮佛有灵。

从使江山尊姓氏，岂徒蛟鳄避雷霆。

海滨瘴毒须臾过，百代丹黄庙荐馨。

（据民国温廷敬辑《潮州诗萃》）

蓝关谒韩文公祠

徐赓华

两峰劈屴崱，石磴盘礌磈。名山辐辕险，阴崖络枯藤。

古驿抱绝顶，荒祠明孤灯。扣门揖羽流，栖神非颠僧。

瞻拜肃遗像，飘然灵式凭。忆公赴潮阳，八千里孤乘。

南天瘴雾重，西岭寒云蒸。策马问前路，蓝关雪拥冰。

荒烟走合沓，冰蹄驱凌兢。吁嗟公去后，馨香蕉荔登。

吾闻古蓝关，京兆志可征。胡世慕荒诞，真仙来祇承。

岂知一封奏，劲骨本棱棱。俗子好附会，名胜习相仍。

贤人过化地，繄予待文兴。回瞻屹重峻，石栈俯层层。

（据民国温廷敬辑《潮州诗萃》）

拟元人十台诗咏潮州十台之"写经台"①

谢锡勋

高台兀坐写黄庭，八百年来山尚灵。

添砚鸽归坛月午，听经虎啸谷风腥。

于今瘗舌犹存冢②，终古留衣憾筑亭。

空说维摩三十部③，拈花我爱荔枝馨④。

（据民国温廷敬辑《潮州诗萃》）

潮州荔枝词百首（之一、二）

谢锡勋

橡木千年老有枝，恨无遗植及离枝。

粲然今与黄蕉荐，为补生前南食诗。

留衣亭畔话灵根，守荔呼来猛虎蹲。

一滴铜壶千树遍，杨枝甘露此山门。

（据民国温廷敬辑《潮州诗萃》）

韩山亭

释超雪

集仰小亭间，幽人独往还。

风微花气足，树密鸟声闲。

鱼跃有源水，云登无尽山。

骋怀神自远，万汇各开颜。

（据民国温廷敬辑《潮州诗萃》）

315

---

① 在潮阳灵山，唐僧大颠写经处。

② 唐末贼发颠墓塔，舌根犹存。复瘗之，号瘗舌冢。

③ 颠尝自写《金刚经》千五百卷，《法华》《维摩》各三十部。

④ 山有荔枝，系颠手植。

韩山谒文公祠

彭孙遹

山因文公得名，有古木参天，士人呼为韩木。

韩山郁以特，韩木何苍苍。
乃有韩公祠，气色参相望。
我来拜祠下，拜罢重登堂。
披帷觌公像，俨若在我傍。
身黜名愈显，事久泽不忘。
风流千百世，被此蛮蜑乡。
烈士殉节义，达人重文章。
寄托苟有在，贬窜其何伤。

（据彭孙遹《松桂堂全集》）

韩山亭

彭孙遹

岚气凌高秋，冈势日嵂崒。
欲问山中亭，迹与寒烟没。
藤梢罥客衣，屐齿粘苔发。
下山不见人，海水摇明月。

（据彭孙遹《松桂堂全集》卷四十二《南游集二》）

林子寿主政春初再招饮韩山书院

钟声和

雀舞莺歌引兴长，鳣堂窃喜又飞觞。
剪将春韭添诗料，留得梅花伴酒香。
话久岂愁门外雪，醉余翻忘鬓边霜。

回廊日落书声起，风景依稀似故乡①。
抛书重鼓旧囊琴，原道堂前遇赏音。
侍侧惟凭挥麈尾，升阶独许唉牛心。
俄传锦鲤来蛮海②，还喜云鹏集艺林。
酒罢推窗望山色，元和遗迹到于今。

（据民国温廷敬辑《潮州诗萃》）

韩江竹枝词

钟声和

侍郎亭畔绿波浮，亦觳春朝半日游。
无数筝琶来水面，听歌齐上浪西楼。

（据民国温廷敬辑《潮州诗萃》）

317

九日登高韩山谒昌黎伯庙有感（四首）

杨少山

喜逢佳节强登高，访旧同游少有曹。
东去野桥成独步，霜风吹雨怒秋涛。

阅尽韩江廿四楼，当年云物想风流。
风流吾与孟嘉异，破帽多情却恋头③。

韩山寂寂庙犹存，降诞人传北斗尊。
我亦思公欣一谒，松风有意为开门。

---

① 《汀风俗志》云："人安朴素，士乐诗书。"
② 席间接升授太守喜函。
③ 用东坡词句，时戴小帽。

文元社散故人稀，当日同盟梦已非。

笑我如今头半白，何须更插菊花归。

（据杨立高、杨少山、卢蕴秀著《三渔集约钞》）

谒潮州韩文公祠（二首）

丘逢甲

一疏真教佛可焚，中朝无地得容君。

孤臣去国关初雪，逐客呼天岳不云。

金石流传鹦鹉赋，风雷趋奉鳄鱼文。

寻碑独向城东路，古木萧萧冷夕曛。

318

江山得姓总公遗，有客观潮发古思。

失路英雄凭吏笑，投荒心迹岂僧知？

千秋道学重开统，八代文章始起衰。

北斗声华南斗命，海天来拜使君祠。

（据丘逢甲《岭云海日楼诗钞》）

韩祠歌同夏季平作

丘逢甲

前溪后溪海气黄，东山西山山色苍。

临昆邑徙新兴乡，谁与主者韩侍郎。

辟佛不得来南方，其年元和国号唐。

八千里路嗟潮阳，岭云不热关雪凉。

泰山北斗公文章，安知天使文蛮疆？

畀易椎结为冠裳，止八阅月教泽长。

风雷驱鳄宵奔亡，祷雨大湖岁乃穰。

两至相度溪山旁，乃移新邑居中央。

先立学校登秀良，余事更为游山忙。
去乃留衣老僧堂，公德在民民不忘。
千年雄邑成金汤，祠公东山慰民望。
青山碧海开堂皇，公衣冠坐清而刚。
森森古木皆甘棠，官吏习礼交趋跄。
春秋荐馨如烝尝，推公遗教道益彰。
讲院前辟环书廊，后翼以楼奉文昌。
祀朱子兼周程张，斋舍书声夜琅琅。
我归黔突初不遑，前年韩山留瓣香。
今年东山陈修羊，为赵天水何敢当。
海南闲弄明月光，海水四立天苍茫，
山精白日争披猖。

安得巨刃摩天扬，手毄长鲸刲封狼。
思公不见心徬徨，骑麟披发下大荒。
狮山山人何昂藏，万里访我浮海航。
宝剑夜解千金装，出示肝胆腾光芒。
相与谒公神慨慷，誓继公志回澜狂。
骨藄仇国无能强，磨蝎厄宫无能殃。
手持芙蓉方南翔，中天霞拥双凤凰。
前山龙首抉云骧，南风吹雨声浪浪。

（据丘逢甲《岭云海日楼诗钞》）

东山谒韩祠毕，得子华长句，次韵寄答

丘逢甲

新市楼头和诗毕，舟师告行仗风力。
谁知大句捷于风，六百里程远追及。
于时我正从韩公，捕逐八荒两翅疾。

乾坤雷琅摆光焰，青莲乐府少陵律。

时虞仙官敕六丁，白日青天起霹雳。

岛瘦郊寒混籍走，落落人才困驰骤。

终须载笔缚元济，岂惟奋舌诛廷凑。

偶语龙湫窥砐礍，群鬼闻之惊破胆。

不知此特不平鸣，愚儿但妒词何赡。

古人余韵吁莫追，嗟我与君犹斗险。

书生今日良可哀，有策难上黄金台。

燕赵曾闻古多士，悲歌慷慨安在哉！

空谈横磨十万剑，言者自愤旁人哈。

汉家不出卫霍才，西极天马何时来！

（据丘逢甲《岭云海日楼诗钞》）

光绪《海阳县志·古迹略》（摘录）

浪西楼　遗址未详。

揭阳楼　在韩山。唐韩愈建，后改为侍郎亭。

盍簪亭　在城南书院。宋庆元五年，知军州事沈杞建。

泰山北斗亭　在城南书院。宋淳祐间，知军州事郑良臣建。

南珠亭　在城南书院。宋淳祐间，知军州事陈圭建，祀本郡九贤，取韩愈别赵德诗意而名。韩亭在韩山昌黎登览旧地，俗呼侍郎亭。元延祐中，张处恭建。

鸢飞鱼跃亭　在城南书院池中。元至正间总管王翰建。戴希文诗"西郭云连沙树晚，前池风荐水花凉"，即谓此也。明正统三年，知府王源重修，今废。

仰斗亭　在东山之腹北面，故名亭。刻韩愈像及诸贤墨迹。

景韩寺　在城柳衙巷。郡人李应甲舍宅为之，国朝康熙间知府林杭学重建。

叩齿庵　在城南。韩文公招大颠至郡日住此。

大士庵　在韩山坡，旧傍山麓韩祠左。乾隆间，知府周硕勋、运同马兆登、知县金绅同建。光绪十四年，知府方功惠新韩祠，增拓祠基，移今地。

后记（初版）

　　1985年笔者供职于潮州市韩愈纪念馆以后，即萌发了一个愿望：编写一册反映韩愈在潮州的资料集，以满足各方面人士了解韩愈、韩祠的需要。当时还初拟了一条"信、达、全"的编写标准，满以为经过一年半载的努力即可毕其功。但真正动笔以后，才深感成书之不易。其中当然有诸如资料匮乏、记载欠详、文物残缺、景点分散等实际困难，但主要是由于本人学识有限，因此常有力不从心之叹；加上事务冗沓，虽在业余时间亦往往身不由己，以致编写工作时断时续，历时数年而无甚进展。此间幸获学界同仁的多方敦促，复承文物出版社盛永华、王扬先生的热情鼓励，方能勉力为之，克底于成。

　　本书旨在述评韩愈贬潮期间的作为，介绍潮人缅怀韩愈的文物胜迹和历代评论韩愈治潮的有关文献，借以反映韩愈在潮州文化发展史上的地位和影响。因此，凡与题旨不合或关系不密切者概不收入。为节省篇幅，除了较简短的如韩愈《潮州请置乡校牒》、王大宝《韩木赞》等重要篇目以及部分楹联以外，其他文献资料仅作标点而不加注释。

编写过程中，曾先后得到陈创义、文衍源、周继生、陈伟明、陈香白、杨树彬、陈作侬、李伟浩、许永光、许泽香、黄舒泓、张榕宁、林加会、李春等同志的热情帮助，他们或提供资料，或协助摄影，或核对碑刻、誊校文稿，使编写工作得以顺利完成。国际知名学者、香港中文大学客座教授饶宗颐（选堂）先生为本书赐签，于此谨致衷心感谢。

限于水平，疏漏、谬误之处在所难免，敬请读者指正。

曾楚楠
1992年3月18日于潮州韩祠

跋（二版）

　　1993年8月，拙著《韩愈在潮州》刊行，迄今已历时22年。期间，随着"韩学"研究的不断深入，有关韩愈治潮之史料及评述与日俱增，而潮州韩文公祠景区之建设亦时有进展，并于2006年5月被列为全国重点文物保护单位。于是，在潮州市韩愈纪念馆的大力支持下，笔者在保留初版概貌的基础上，对原书予以修正与增补，力求能更恰切、全面地反映韩愈在潮州文化发展史上的地位和影响。但因学识、水平所限，疏误之处仍难避免，敬请读者有所教正。增订期间，韩山师范学院吴榕青副教授、潮州市慧如图书馆陈贤武先生惠赐大量文献资料，潮州市韩愈纪念馆李春馆长主持一应再版事宜，黄智敏、林雪敏、林寿春、李虹、黄殿槐等同志协助誊稿、校对、摄影诸工作，使本书得以顺利出版，于此一并致以衷心谢忱。

曾楚楠

2015年4月22日于拙庵

后记（增订本）

拙著《韩愈在潮州》于1993年8月由文物出版社出版，2015年5月经对原书予以修订后由暨南大学出版社再版发行，2020年8月，中共潮州市委宣传部拟编印《潮州文化丛书》，拙著列为该丛书著述之一，因此再次对原书稿作修订，主要是：在第四章"潮州纪念韩愈的文物胜迹"中，增加了"思韩堂""盍簪亭、八贤堂、南珠亭、九贤堂""仰韩阁"三个部分；在第五章"韩愈贬潮诗文汇编"中，附录了《旧唐书》《新唐书》的《韩愈传》；在第六章"历代咏韩诗文、史料选辑"中，增录了宋代郑侠《祭韩文公》、明代侯方域《昌黎〈潮州谢表〉跋》等文献资料；等等。增补字数近2万字，定名为《韩愈在潮州》（增订本）。成书过程中，幸蒙中共潮州市委常委、宣传部部长王文森等领导的关心支持，市委宣传部宣教文艺科廖泽远、陈晓婷，潮州日报社吴维英等同志的精心编排、校对稿本，潮州韩愈纪念馆李春馆长提供本书一应图片，谨此致以衷心谢忱！

曾楚楠

2020年大暑于拙庵